西班牙美術之旅

Viajando a Través del Arte Español

徐芬蘭・著
Hsu Fen-Lan

藝術家出版社

作者簡介　徐芬蘭

學經歷

1965 年　一月一日生。
1990 年　七月，國立藝專（今國立台灣藝術大學）畢業。
1990-1991 年　任教私立及人小學。
1991 年　八月，至西班牙進修。
1995 年　六月，巴塞隆納大學碩士畢業。
1996 年　就讀巴塞隆納大學美術史博士班——研究當代藝術思想與政治・宣言。
1998 年~ 藝術家雜誌駐西班牙特約記者

策展

1998 年　策畫國立歷史博物館「高第在台北——高第建築藝術展」。
2001 年　策畫國立故宮博物院「魔幻・達利特展」。

曾獲

1992 年　入選巴塞隆納加馬袞獎。
1993 年　再度入選巴塞隆納第三屆加馬袞獎。
1993 年　榮獲巴塞隆納寫生比賽特別榮譽獎。
1994 年　入選優加國際素描比賽。
1994 年　加拿大楓葉特優獎。
1995 年　榮獲巴塞隆納畢業藝廊免費團體獎。

著作

1997 年　譯作《瞭解米羅》／藝術家出版社。
2000 年　《維拉斯蓋茲——畫家中的畫家》／藝術家出版社。
2002 年　《瞭解高第》／藝術家出版社

西班牙美術之旅

Viajando a Través del Arte Español

徐芬蘭・著
Hsu Fen-Lan

藝術家出版社

本書使用規則

《西班牙美術之旅》精選三十一家（內含於2003年開放的馬拉加畢卡索美術館）分佈於西班牙十個自治區包括馬德里、巴塞隆納兩大城市的知名美術館，做深入的藝術旅遊導覽。每一篇美術館大致分為「建館緣起」、「建築物」、「典藏品」三大部分，有些為紀念藝術家設立的美術館，還附有生平簡介，配合美術館位置圖、美術館外觀及典藏品圖片，使讀者可先行在書上瀏覽豐富的西班牙藝術文化。書末並附有實用資訊，提醒讀者參觀美術館注意事項。

地圖標示說明

■美術館　■地鐵站
■火車站、廣場、政府機關
■河流

泰森美術館地圖

關於西班牙各美術館分佈區域，均有標誌色碼：

■馬德里自治區　■加泰隆尼亞自治區
■亞拉崗自治區　■卡斯提亞—拉曼加自治區
■卡斯提亞—里昂自治區　■巴利阿里群島自治區
■瓦倫西亞自治區　■巴斯克國自治區
■那瓦拉德福拉自治區　■安達魯西亞自治區

美術館所在區域位置

美術館中文名及西班牙原文

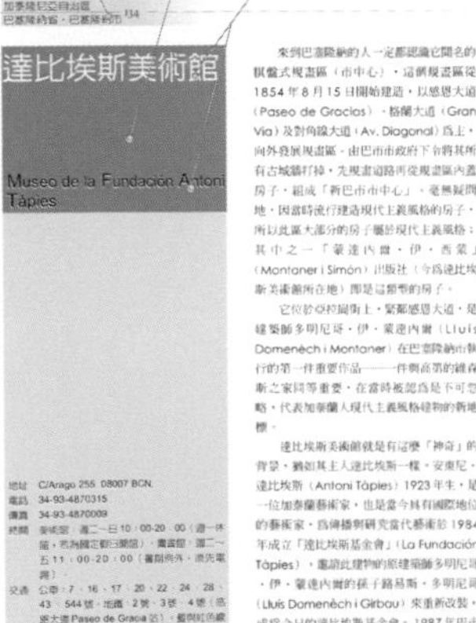

詳細資訊：附上美術館的地址、電話、傳真、開放時間、交通、門票價格，有些美術館設有網站，可上網查詢。對於是否提供導覽服務以及攝影，也有說明。

內文章節標題

自治區示意圖

每個自治區均以不同的顏色標示

自治區內的所有美術館

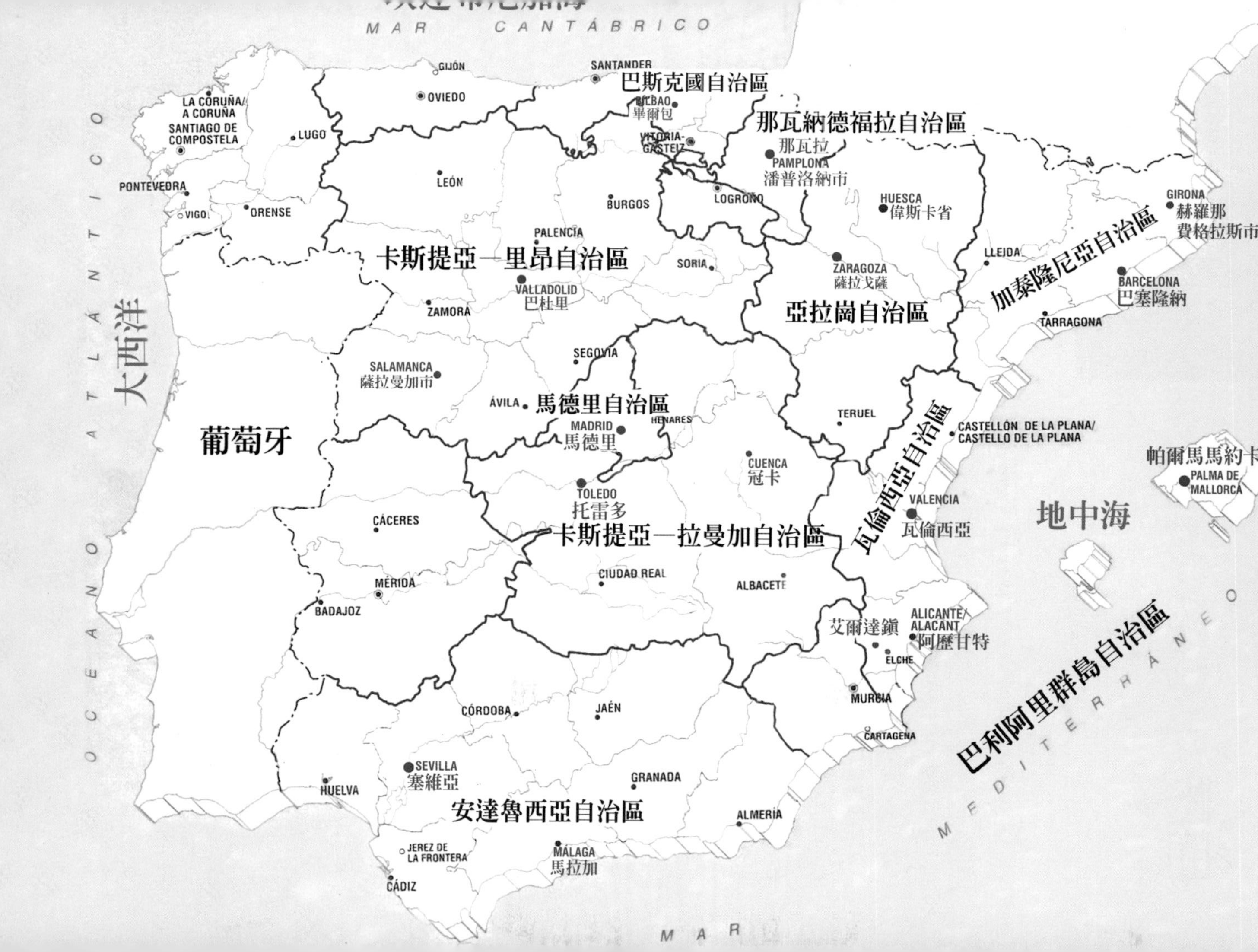
MAR CANTÁBRICO
OCEANO ATLÁNTICO
大西洋
葡萄牙
地中海
MAR MEDITERRÁNEO
巴斯克國自治區
那瓦納德福拉自治區
加泰隆尼亞自治區
亞拉崗自治區
卡斯提亞—里昂自治區
馬德里自治區
卡斯提亞—拉曼加自治區
瓦倫西亞自治區
巴利阿里群島自治區
安達魯西亞自治區
GIJÓN
OVIEDO
SANTANDER
BILBAO
畢爾包
VITORIA-GASTEIZ
那瓦拉
PAMPLONA
潘普洛納市
LOGROÑO
HUESCA
偉斯卡省
GIRONA
赫羅那
費格拉斯市
LLEIDA
BARCELONA
巴塞隆納
TARRAGONA
LA CORUÑA/
A CORUÑA
SANTIAGO DE
COMPOSTELA
LUGO
PONTEVEDRA
VIGO
ORENSE
LEÓN
BURGOS
PALENCIA
SORIA
ZARAGOZA
薩拉戈薩
VALLADOLID
巴杜里
ZAMORA
SEGOVIA
SALAMANCA
薩拉曼加市
ÁVILA
MADRID
馬德里
HENARES
TERUEL
CASTELLÓN DE LA PLANA/
CASTELLO DE LA PLANA
帕爾馬馬約卡島
PALMA DE
MALLORCA
CUENCA
冠卡
TOLEDO
托雷多
VALENCIA
瓦倫西亞
CÁCERES
MÉRIDA
BADAJOZ
CIUDAD REAL
ALBACETE
ALICANTE/
ALACANT
阿歷甘特
艾爾達鎮
ELCHE
MURCIA
CARTAGENA
CÓRDOBA
JAÉN
SEVILLA
塞維亞
HUELVA
GRANADA
ALMERÍA
JEREZ DE
LA FRONTERA
CÁDIZ
MÁLAGA
馬拉加
MAR

自序

這本網羅西班牙三十一家美術館的導覽書，花了將近四年（1998-2002）的時間才寫成，包括上至西班牙最重要的國家館——代表西班牙宮廷美術館的普拉多美術館，下到不爲一般人所知曉的素描美術館，林林總總，可說是包羅了所有西班牙比較可看性的美術館。當然其中也有可能不是閣下喜歡的，但多多少少一定有讀者喜歡的美術館，精彩之處且由各位品評。

不過想到四年來撰寫這本書的辛苦，實是點滴滋味在心頭，每一座美術館都親自去採訪，然後寫稿、照相、做地圖、打字等等。從策畫開始，除了是館方溝通上是一種新的經驗，而爲了求好心切，連在照相技術上也花了許多心思。雖然書中有些相片是由館方提供，但由於「它」的關係，使我的照相技術也進步很多，而四年多來的採訪撰稿，更促使我的電腦打字快得連自己都有點驚訝。

本書中有一些比較少人知道的西班牙美術館，例如素描館、哥雅版畫美術館、巴杜里國家雕塑館、馬拉加畢卡索美術館及冠卡西班牙人當代抽象繪畫美術館等，但卻是値得一看的好館，所以我不惜跋山涉水的收取資料，只想讓讀者能一探究竟。也有一些館方可能因資訊的不夠詳細，我未能滿足各方面的需求，希望讀者能體諒。

在此我要感謝藝術家雜誌社的栽培，給我機會鍛鍊，不只讓我幾乎成爲攝影高手，也讓我鍛鍊成電腦打字高手，箇中滋味只有我知道，別人是無法體會的。同時，透過藝術家雜誌社的關係，讓我取得了西班牙新聞局正式給的國家記者證，在採訪各家美術館館長時以方便達成任務，並聽到他們親口說明對掌管美術館的看法，這些都是難得寶貴的收穫，「館長專訪」也就構成了本書另一項的特色。所以這本書是我希望能向藝術家雜誌社「致敬」的書。

西班牙是適合旅遊的勝地，尤其對喜愛美術的朋友來說，到西班牙旅遊一定不能錯過到各地美術館參觀。《西班牙美術之旅》這本書，是我以在地的觀察，深入西班牙美術館文化層面的一本導覽專書。

它的呈現，希望讀者喜歡；它的出版，也要謝謝西班牙政府給予的協助。

2002年3月

感謝單位

Museo Nacional del Prado
Museo Nacional Centro de Arte Reina Sofia
Museo Thyssen-Bornemisza
Museo de la Real Academia de Bellas Artes de San Fernando
Palacio Real
Museo Sorolla
Museo Picasso de Barcelona
Fundació Joan Miró
Museo de Arte Contemporaneo de Barcelona
Museo Nacional de Arte de Catalunya
Museo de la Fundación “La Caixa” Barcelona
Museo de la Fundación Antoni Tàpies)
Museo Cerámica y Arte Decoracion de Barcelona
Teatro Museo Dalí
Museu Del Joguet de Catalunya
Museo de Zaragoza
La Fundación-Museo Pablo Serrano
Casa Museo de Goya
Museo de Dibujo en Castillo de Larres
Museo de Arte Contemporaneo Abstracto Español
Casa-Museo de El Greco
Museo Art Nouveau y Art Deco
Museo Nacional de Escultura
Museo de la Fundació Pilar i Joan Miró a Mallorca
El instituto Valenciano de Arte Moderno IVAM de Valencia
Museo del Calzado en Elda
Museo de Bellas Artes de Bilbao
Museo Gugguenheim de Bilbao
Museo de Navarra
Museo de Bellas Artes de Sevilla
Museo Picasso Málaga

目錄

馬德里自治區

索羅亞美術館

馬德里皇宮

聖・費南度皇家美術學院美術館

泰森美術館

索菲亞國家當代美術館

普拉多美術館

普拉多美術館

Museo Nacional del Prado

比亞努內瓦館（Villanuevà）

地址　Paseo del Prado s/n 28014 Madrid

電話　34-91-3302800

傳真　34-91-3302857

時間　週二～六 9:00-19:00。週日、假日、12/24、12/31 9:00-14：00。每週一、1/1、5/1 及 12/25 休館。

雷汀洛館（Retiro）

地址　Alfonso XII,28 28014 Madrid

電話　34-91-4200568

傳真　34-91-4292930

交通　地鐵：1 號（Atocha 站）、12 號（Banco España 站）。公車：9、10、27、14、19、34、37、45。機場：有公車直達哥倫布廣場再轉 27 號公車即可抵達。

門票　個人或團體均 500 西幣。半票：學生及有國際青年證，教育文化團體。免費：65 歲以上退休人員，18 歲以下，美術館會員，教育文化義工，失業者。週六下午 14：30-19：00，星期日 9：00-14：00。5/18（博物館節）、10/12（國慶日）、12/6（行憲紀念日）。特惠價：訂「藝術散步區」聯票 9 歐元。訂一年票價 24.05 歐元。

網址　http：//museoprado.mcu.es

一座原本不太受國王喜愛與重視的美術館普拉多美術館，如今成爲世界十大名館之一。在1819年11月19日正式對外開放後，從此在不斷變遷下與馬德里結下不解之緣。

對於任何一位熱愛繪畫的人而言，或是甚至對於任何一位中產階級來說，普拉多在他們的心目中已是一個非常熟悉的名字與令人神往的地方。毫無疑問地，因爲在那道新古典牆內藏有大量且豐富的歷史美。但在四、五十年之前一般人都認爲它的典藏品只不過是一些類似相片與海報的作品而已，可是今日的普拉多美術館卻如一種神奇特殊的香氣令西班牙人展開笑顏。普拉多改變了，它企圖尋找一種與觀賞者更親切、更直接的藝術語言，現代化了整體建築物呈現出明亮的感覺，現在又正在擴建它的設備與展室。

不過，最重要的是，近年來參觀人潮的暴增，幾乎可說是隨時隨地都擠滿了觀賞者。也許就是在這種風潮下，許多人去參觀普拉多只是爲了要說一句：「我曾去過普拉多！」一句代表高等文化身分的驕傲吧！

雖然它也曾被批評爲老舊、吵鬧、沒有用，但卻因其典藏品自身的魅力，提昇它在今日藝術界的地位。不過，無論它怎麼歷經時間的轉換，普拉多一直是一座具有「深度」的美術館。也許您會在布斯哥（Bosco）或維拉斯蓋茲的畫筆下發現新美學觀，直接觸發您躍動的心情；或許您只不過是哥雅彩筆或魯本斯「奔放」心情的「過路客」；但無論如何普拉多在那裡，它都是一座外表擁有極美的玫瑰牆，裡面展現「歐洲最傑出的美術史」，替西班牙寫下驕傲一頁的美術館。

普拉多美術館左方入口處（哥雅門）（上圖）

哥雅專室：右方是哥雅的名作〈穿衣的瑪哈〉與〈裸體的瑪哈〉（右圖）

建築物

目前普拉多由二座館組成：一座是一般人熟知的普拉多（比亞努內瓦 Villanuevà 館）；另一座是古雷汀洛（Retiro 靜宮）館：一座在十七世紀爲菲利普四世蓋的靜室。在西元二千年由名建築師拉斐爾・摩內歐（Rafael Moneo）負責擴爲五館；分別爲：1.主館比亞努內瓦館爲常年展。 2.阿德阿沙

哥雅　穿衣的瑪哈　油畫　95 × 190cm

哥雅　裸體的瑪哈　油畫　97 × 190cm

館（Aldeasa），主要爲辦公用地。3.新館（Edificio nuevà）做爲時段展、修復室、視聽室。4.雷汀洛館和卡索（Casón）館將聯合成新雷汀洛卡索館（Casón del Buen Retiro），專門展十九世紀繪畫。5.古皇室展廳（Antigua Sala），展出十七世紀繪畫。

1.比亞努內瓦館：面積39,823平方公尺，佔地28,677平方公尺，展區14,000平方公尺，共藏有三七一九件作品。建築物在1785年由建築師約翰・德・比亞努內瓦（Joan de Villanuevà）所蓋。卡洛斯三世時曾做自然歷史博物館暨科學研究與都市規畫發展室。十九世紀收爲國有，與當時另一座在外省的國家美術館（Trinidad）合併，改掉「皇家」二字，命名爲普拉多國家美術館至今。

內部格局柔順、典雅，外表由優美的紅磚及純樸的白柱組成，具有一種非常傳統及古典的馬德里風味，長久以來莊嚴玉立地挺立在普拉多大道上。不過當初在蓋此館時並沒有注意到展室的條件，只考慮到其外表美不美及傳統規格，所以長久以來留給建築師要擴建時會傷腦筋的問題：展室暗淡、走廊無光、格局稍紊亂，使參觀者非常不舒服及不便。

普拉多美術館決心改良建築物問題，在1996年9月特別頒佈一項國際建築設計比賽，順便擴大普拉多展室範圍。1998年6月拉斐爾・摩內歐脫穎而出，同年11月10日開始動工，1999年6月完成改建哥雅與維拉斯蓋茲專室上的屋頂部分。

其展區大致是第一層展出中世紀至十六世紀的作品，南邊有雕塑專室。樓上是屬於十七世紀到十八世紀歐洲繪畫展區，其北端與右端展室皆屬於哥雅專室。

2.古雷汀洛館目前屬於美術館另一展區，專展十九世紀至二十世紀初藝術作品，

12 號展室（西班牙學院派、巴洛克）：維拉斯蓋茲 酒鬼　油畫　165 × 225cm　1628 （上圖）

32 號哥雅專室（左圖）

和卡索館相連，目前已在修建，將二館結合擴大改爲新雷汀洛館，專展十九世紀繪畫作品。佔地將成爲 6,992 平方公尺，有用之地 3,969 平方公尺，展區 2,124 平方公尺。目前卡索館藏有七九七件十九世紀作品但尚未開放。

3. 皇室展廳（Antigua Salón de Reinos）：它位於雷汀洛館附近，藏有重要的作品；如維拉斯蓋茲的傑作與十七世紀宮廷肖像作品及一些皇室第一次典藏的作品。

建館緣起

普拉多的歷史悠久，可追溯至卡洛斯三世時，大臣梅格斯（Mengs）建議蓋一座屬於「皇家」的美術館，但不了了之。卡洛斯四世時，其大臣烏爾基厚（Urquijo）和戈多伊（Godoy）又再提及蓋一座「皇家」美術館；而一位曾見過拿破崙皇帝統治下的羅浮宮的人：何塞・博納巴爾德（José Bonaparte）就曾籌畫過一座皇室美術館，命爲「何塞飛諾」美術館；一座擁有各派各地藝術作品的「綜合美術館」。但是這座「理想」的美術館並沒有眞正成立過，只在紙上作業而已，不過卻爲現在的普拉多美術館鋪下建館之路。

至費南度七世時「皇家美術館」終於成

立，時爲1819年11月19日。然當初成立時並沒有舉行特別的開幕典禮。那一年的圖錄由館長路易斯・愛烏塞畢（Luis Eusebi）撰寫，集三一一幅作品且都是西班牙畫家，包括一些當時還活著的畫家，如哥雅。這種國家主義指引了普拉多第一期的典藏觀念。起初它只是一座爲展示皇室典藏品而設的美術館而已，之後才慢慢地購進、納入其他美術館的捐贈品或典藏品。據1821年普拉多圖錄記載，館藏品已到五二一件作品了。

第一階段的美術館完全與宮廷息息相關，它的運作皆依宮廷指示處理，連選任館長也都是由一些王宮貴族擔任：如侯爵阿利沙（Ariza）、伯爵伊哈爾（Hijar）及一些宮廷畫家；如：維森德・陸佩斯（Vicente López）、德・馬德拉索（José de Madrazo）等。

普拉多美術館地圖

後來由於國王對此館典藏品愈來愈有興趣，開始加強購進一些重要的作品，也慢慢加入其他館的捐贈品（如Escorial大教堂的作品）豐富館藏品。到1827年4月5日又由伯爵伊哈爾及愛烏塞畢的賣力經營，不但收回卡洛斯三世的私人展廳作品，也購進提香、魯本斯和杜雷羅（Durero）等重要作品，至1828年典藏品已達七五五件。

1833年費南度七世逝世，美術館瀕臨崩裂：因費南度逝世成爲被家屬瓜分的「目標」。幸好有一位聰明能幹的伯爵伊哈爾館長的整合，防止了伊莉莎白二世與費南達公主瓜分父親財產的危機。在此期間普拉多還是持續買進一些名作與裝潢建築物，更開設北門展廳，規模已如同今日的美術館。

1836至1838年此館頭一次成立理事團：由館長伊哈爾及宮廷畫家陸佩斯召集。此機構的成立是爲了擁有完全自我的主控策畫、經營美術館的權力，所以從1838年開始，普拉多（皇家美術館）步上「平民化」的軌道了。

1860年館長德・馬德拉索與里貝拉（Juan Vicente Ribera）引進一些極美妙的作品，如哥雅的素描。但不幸的是，在馬德拉索擔任館長期間因國家經濟問題及伊莉莎白二世對收藏不感興趣，使此館在收購方面稍顯無力，走進黑暗時期，再加上1868年9

月又發生改革運動，眞是「屋漏偏逢連夜雨」帶給美術館極大的震撼：政府換掉馬德拉索，命畫家基斯貝爾特（Gisbert）當館長，改掉皇家名號，使美術館國有化。同時因爲此館位於普拉多大道上所以以之定名爲「普拉多國家美術館」。不久之後在1870、1872年又將西班牙外省一座國家美術館（Trinidad）納入普拉多，從此普拉多成爲眞正的「平民」美術館。

說到混合的這兩座美術館，其典藏品的特色完全不一樣；在皇家美術館方面都是皇家典藏的作品，如大量的義大利、法蘭德斯、法國等作品；在國家美術館方面幾乎是與宗教有關的作品，且大部分的作品屬於馬德里或卡斯提亞畫家的作品。諸如種種的在合併過程的「無巧不成書」將普拉多當初難以執行的「綜合館」美夢實現了。所以將Trinidad融入普拉多眞是改革中唯一一件「喜事」，可說是因禍得福。當然啦！結合之後的比亞努內瓦館是容不下這麼多作品，因此又重新改整了美術館。

1894年整修北面外觀，除去了路堤，放了一些雕塑作品，蓋了新的展室、裝潢內部及再納入一些大師優美作品；如由貴族愛米勒（Emile）捐贈的哥雅黑色時期之作及二百幅由伯爵巴斯德蘭（Pastrana）贈送的作品，其中包括魯本斯大作。

1898至1901年期間，雖然普拉多因兩位館長的相繼去世而失去活力，但還是持續收到外來的轉讓及捐贈品，其中最重要之作是一幅哥雅的〈歐蘇納伯爵全家福〉。

至二十世紀美術館即由另一位名畫家比野加斯（José Villegas）擔任館長執行策畫展覽活動，將美術館重新帶動起來。1912年再成立理事團，原本希望因此能直接改變美術館，但又不幸的是，這個理事團的理想：使美術館現代化、重新整頓它的運作目標、擴建此館、策畫展覽、演講、討論會等，又變成一種「空想」，只執行了1914至1920年期間此館擴建案而已。不過在這些年之間也有一些重要的作品引入；如1915年波希（Bosch Pablo）之作及德菲寶藏（Delfin）。

1922年杜蘭（Fernandez Duran）捐出一百幅油畫（其中五幅哥雅的作品）及三千張素描。1931年共和國來臨，美術館再一次面

雕塑專室　©Museo Nacional del Prado

臨改革命運，政府又撤換掉了索杜馬優（Sotomayor）館長之職，改由一位當時有名的作家德‧阿亞拉（Ramón Peréz de Ayala）擔任。可是沒坐熱就被派到英國做「駐英大使」，重責則由副館長坎同（Sánchez Cantón）負責。1936年7月西班牙發生內戰，再任畢卡索為館長，不過畢卡索還未上任，8月30日美術館就關門了。內戰之後雖然沒有傷害到國寶，但一部分的重量級作品為了安全關係，必須從瓦倫西亞遷到加泰隆尼亞，最後才入國家社會理事團暫時保管，置基內貝拉館中，慢慢地送回普拉多，美術館才又重回1931年之前的平靜狀況；索杜馬優重任館長，坎同再任副館長。

德爾斯　萊奧波爾多畫室　油畫　106 × 129cm　17世紀法蘭德斯學院派

最後階段的美術館，普拉多已增加了許多新設備。現在一些新作品慢慢替換了一些比較不能承受長期「曝光」的作品。另外斯爾奇的作品〈拉達馬〉也由一項與法國政府達成交換合同重回西班牙。從1942到1971年，美術館設雕塑室。1956至1968年，也有一些重量級的捐贈品加入典藏行列；如卡伯（Francisco Cambó）捐贈了波蒂切利（Botticelli）及其他義大利作品。

經過多任館長之後，現任館長傑加（Fernando Checa）決定再改建屋頂、修復雷汀洛及解決比亞努內瓦館展品壅塞的問題，與持續購進世界「極品」。而此館能經常買進作品，這都要感謝美術館正確的運用資金，和多年來日增的拜訪人數所湧進的大量資金。

雖然要在短短的文章內說明整個美術館的發展史是非常困難的！但我們還是可以非常容易從它現在的外表，反映出這一切我們現在所看到的皇家美術館典藏品還是持續增加；雖然有些作品也會因價錢昂貴無法買入，而缺乏這一部分重要畫家的作品，如哈爾斯（Frans Hals）、維梅爾或一些義大利十五世紀大師的作品。但我想此館這幾世紀來的收藏品已足夠彌補這項遺憾；當然館內典藏品在義大利方面嚴格地說是從1500年開始，十四、十五世紀的作品幾乎少之又少，在荷蘭、英國方面只要了解到當時兩國與西班牙的政治關係即可明白到在這方面的典藏也是缺乏的。而在法國方面只有十七世紀的作品，所以證明它還是有一點缺陷的。

魯本斯　被劫持的加尼梅第斯　油畫　181 × 87cm

然這些缺點可由附近的泰森美術館補足。如果您眞的還是要看完美的歐洲繪畫發展史的話，就多花五、六分鐘的步程到泰森逛逛吧！

典藏品

美術館最特別的歷史即是其典藏品與皇家有關。基本上大部分的作品皆是從菲利普二世裡的宮廷畫家到大師哥雅的作品。分別爲西班牙、義大利、法蘭德斯與英法德等四部分。

西班牙繪畫：展有中古世紀的傑作〈聖・包迪利歐・德・貝蘭卡〉與〈聖・十字・德・馬德努內諾〉。而十五世紀中西班牙藝術家風格有了改變，表現出比較強烈的寫實法蘭德斯風格；在卡斯提亞的卡野哥斯畫家（Gallegos），在安達魯西亞的貝梅何（Bermejo），及到義大利學習認識皮野羅（Piero de la Francesca）的貝魯格德（Pedro Berruguete）——也就是在費南度六世時帶入義大利文藝復興的宮廷肖像風格的畫家。在瓦倫西亞，一些義大利畫家從1476年開始就在此工作，醞釀了一種特出的新美學觀：如〈莫德沙・德・神士與聖女〉之作即是一個非常好的例子。再來如亞涅・德・拉阿梅第納（Yañez de la Almedina）的作品就如達文西的影子一樣，爲西班牙藝術界添加一點威尼斯味道。至此如約翰・維森德（Juan Vicente Masip）和他的兒子約翰尼斯（Juanes）皆是具有佛羅倫斯及羅馬風格的畫家，整個西班牙十六世紀幾乎流行著這兩種風格。

在菲利普二世時宮廷也有一些畫家；如哥艾優（Sanchez Coello）描繪人物維妙維肖，完全抓住人的心理狀態，表現出一種成熟、零缺點的具象風格。而和這些大師同時代的還有住在托雷多（Toledo）的葛利哥，一位將自己的情感抒發得淋漓盡致的奇異畫家。

至此西班牙已進入另一種絕妙的畫風；如經常住在義大利，出生於瓦倫西亞的里貝拉，也創出更寬廣的個人風格，被列入歐洲巴洛克主義大師之一。在塞維亞，巴契哥

（Pacheco）培養出西班牙歷史上二大師：一是蘇巴朗（Zurbarán），另一位是維拉斯蓋茲（Velázques）。爲藝術貢獻良多的維拉斯蓋茲在成爲宮廷畫家之後，即有許多機會與威尼斯畫家聯繫交換意見。因政治的關係，他經常要到義大利出遊，其中二次義大利之行都令他的畫風再生，創出一種與眾不同的繪畫技巧、獨特的個人風格。

到十七世紀半，藝術界的美學觀又有了新的轉變。嚴格的說，十七世紀前半段是屬於比較自然主義的畫風，後半段即完全傾向夢幻浮華的巴洛克主義：動力、裝飾、浮華、誇張等。這種風格在馬德里和塞維亞各學院之間流行。此刻的畫家如：穆里羅（Murillo）及雷亞（Valdés Leal）直接與事物交流卻用自己的主觀視覺表現作品的藝術家。穆里羅比較柔和，雷亞比較強烈。

而十八世紀在西班牙繪畫史上是一個少了「味道」的世紀。因爲法國的柔和主義，義大利的洛可可風韻，都佔著美術史光輝的一頁，令西班牙相形失色。但可幸的是，此世紀末卻由西班牙偉大畫家哥雅爲它畫下句點，爲西班牙寫下漂亮的一頁，以他奇異、豪放的風格，將繪畫引向現代。

義大利繪畫：因與皇室有關，所以在義大利典藏品方面大部分是介於卡洛斯三世和菲利普二世之間的大師作品，如提香。雖然此館1940年之前在義大利原始主義或前文藝復興的作品缺乏，不過1940年之後因卡伯的捐贈品算是補足了這方面的缺失。

在十六世紀的典藏品中，尤以美妙的拉斐爾系列爲主；他是菲利普四世最好的收藏品之一。其傑作如：卡爾德內（Cardenal）及卡爾瓦利歐（Camino del Calvario）的肖像。雖然此館缺少了達文西、米開朗基羅或一些矯飾主義大師的作品，但在一些偉大的威尼斯畫家的傑作上有非常豐富的收集：

布斯哥　極樂園　三屏木板畫　220 × 195cm（上圖）

布斯哥　極樂園（局部）（下圖）

56a 號展室：法蘭德斯專室

魯本斯專室 ©Museo Nacional del Prado

如三十六幅的提香之作，二十五幅丁托列托（Tintoretto）、十三幅維賀內塞（Verones）的精品等。

十七世紀時從黑暗、詭異的卡拉瓦喬和精美的雷尼學院主義到那不勒斯大師的呈現，都豐富了典藏品的水準。到十八世紀則以宮廷畫家爲主；如菲利普五世引進阿米科尼（Amiconi）的柔和之美，卡洛斯三世帶入的基亞金杜（Lonrando Giaquinto）；一位具有美輪美奐洛可可風格的畫家。最後一位代表威尼斯色彩的大師提埃波羅（Gian Battista Tiépolo）是爲西班牙灑下五光十色的輝煌調色盤的人。整體來說，在義大利繪畫典藏方面，從1500年到一些十八世紀大師的作品，精彩豐富得足已認識完整的義大利繪畫史，所以也算是對西班牙有了交代。

法蘭德斯：西班牙因政治的關係與當時的尼德蘭關係並不是很好。普拉多大致的典藏品都是由第三國捐贈而來，不過其收藏品可說是世界上最豐富的美術館之一。其代表之大師有：十五世紀的福勒馬野（Flemalle）、包特斯（Dieric Bouts）、凡得威爾（Van der Weyden）等。十六世紀有巴汀尼（Memling de Patinir）、梅特斯（Metsys）或凡歐雷伊（Van Orley），毫無疑問的，都是屬於義大利再版風味。另外一位具有奇特、令人費解且具教化諷刺風格的布斯哥（Bosco）之作，也只有在此可見。而與布斯哥有關的另一位畫家老布魯格爾（El Viejo Brueghel），也是一位不可思議的天才，雖然此館只有一件作品，但足以光耀於世。

再來一位是菲利普二世的宮廷肖像家莫羅（Antonil Moro）也有一系列完美的肖像之作。最後因戰爭的關係尼德蘭分裂爲二（南、北）；北部即是荷蘭，南部是比利時。而西班牙還是只維持與南部比利時王室的政治關係。

在法蘭德斯繪畫史上屬於前期巴洛克風

格代表的莫過於魯本斯：一位皇家最愛的畫家。普拉多藏有其特別重要的作品；包括他私人隱密的遺產之作。然和魯本斯在一起的畫家凡・艾克（Van Dyck）也有精闢之作在此。另一位巴洛克大師何戴斯（Jordaens）：畫風沒有貴族氣息，也是美術館內耀眼之作。

而在尼德蘭繪畫方面最具代表的有細緻大師布魯格爾、德維路斯（de Velours）及其兒子和刻畫平民入微的大衛・德爾斯（David Teniers），此館也有大量的作品。不過一些魯本斯的學生或後學者之作卻被放置在普拉多附近的小山丘別館裡。到普拉多參觀法蘭德斯的繪畫可說是與到荷蘭參觀一樣精彩的。

英法德繪畫方面：因政治的關係，在當時西班牙與荷蘭、英國都是敵人，所以在這方面的作品自然是缺乏了。不過普拉多在這方面要特別感謝十八世紀伊莉沙白・法奈西歐（Isabel Farnesio）的捐贈品；數量雖不是很多且作品也不很有名，但在這些不是很有名畫家之中卻有一位由卡洛斯三世收購閃耀之師林布蘭特的作品。在英國畫家方面一直到 1939 年才有機會購入補足了一點這方面的缺失。

在法國典藏方面：那完全是不一樣的情

14 號展室（西班牙學院派、巴洛克）：維拉斯蓋茲　紡織女　油畫　220 × 289cm　1657

17 世紀法蘭德斯專室　©Museo Nacional del Prado

況。西班牙與法國也是敵人，但在此時期的法國大師如：普桑和羅雷納（Lorena）都是住在羅馬的宮廷畫家，所以這些畫家的作品都是從義大利宮廷與一些義大利畫家收集而來。後來有一些法國畫家如拉克（Ranc）、凡・羅（Van Loo）才替皇室作畫，所以毫無疑問的，留在這裡的作品當然是屬於最重要的。不過此館幾乎沒有十八世紀法國大師的作品；如優美、生動、華麗、雅致的布欣（Boucher）、佛拉哥納爾（Frangonard）等；還好有二幅華鐸（Watteau）的精美之作救了這部分的典藏品。十八世紀缺少了這麼多大師的作品，更不用說十九世紀的光榮法國繪畫當然也是寥寥無幾。

在德國方面：因傳統政治關係也有一些重要作品；如屬於文藝復興的榮耀畫家杜雷羅。在此館雖只有四幅他的作品，但卻都是非常精彩之作。十七世紀的德國，在繪畫史上並不太出色，所以此館沒有典藏這時期的作品，但十八世紀有一系列梅格斯神奇之作及卡洛斯三世的絕妙宮廷畫家提埃波羅的作品，不無少補了德國繪畫史。

雖然普拉多典藏大量且優美的繪畫作品，但它同時也收集一些卓越的雕塑作品，如：文藝復興、巴洛克風格的雕塑，而最重要的是還收藏了華麗的德菲寶藏和四百幅哥雅的傑作；這可是世界上唯一，再也沒有一模一樣的經典之作了。

54 號展室：中間是〈杜勒自畫像〉　木板、油畫
52 × 41cm　16 世紀（上圖）

57a 號展室（法蘭德斯學院派〔哥德風〕）：布斯哥　入地獄（局部）
木板、油畫　120 × 150cm　1480（中圖）

文藝復興繪畫　最後晚餐　木板　116 × 191cm　1560-64 左右（下圖）

索菲亞國家當代美術館

Museo Nacional Centro de Arte Reina Sofia

地址 c/Santa Isabel,52 28012 Madrid
電話 34-91-4675161
傳真 34-91-4673163
時間 週一～六 10：00-21：00 。週日 10：00-14：30 。週二休館。八月：週一～五 10：00-21：00 。週六 10：00-23：00 。週日 10：00-19：00 。**維拉斯蓋茲宮**：週一～五 11：00-20：00 。週日 11：00-18：00 。
交通 公車：6 、10 、14 、18 、19 、26 、27 、32 、34 、36 、37 、41 、45 、46 、55 、57 、59 、68 、86 、119 。地鐵：1 號（Atocha 站）。火車：也是在總站 Atocha 下。
門票 個人 3 歐元。半價：1.5 歐元青年學生證、國際通訊人員、文化教育從事人員。免費：18 歲以下、65 歲以上、退休人員、失業者、基金會人員、（博）美術館會員。免費進入：週六 14：30-21：00 和週日。12/6 、10/12 及 5/18 。特惠價：訂「藝術散步區」聯票 9 元。訂一年票價 24.05 歐元。
網址 http：//www.museoreinasofia.mcu.es
其他 停車場：Sanchez Bustillo

號稱世界上唯一可以一併欣賞到繪畫、雕塑、建築及同時享受自然氣息的藝術遊覽區：馬德里「藝術金三角」散步區；擁有西班牙三座重量級美術館：普拉多、泰森與索菲亞。

普拉多藏有十二世紀到十九世紀歐洲學院派繪畫風格作品及西班牙十九世紀最精華的繪畫作品。泰森（Thyssen-Bornemisza）典藏八百幅從十三世紀到二十世紀各個學院、派別等大師的作品。索菲亞收有西班牙及國際當代藝術家作品，包括繪畫、雕塑、素描及版畫。

建館緣起

索菲亞國家當代美術館前身是一座在馬德里 Atocha 廣場上的綜合醫院。這座醫院原本在費南度六世時就有了建築藍圖，由愛爾摩西亞（Hermosilla）建築師設計，但實際到國王卡洛斯三世才任命建築師沙巴汀尼（Francisco Sabatini）在 1781 年開始建

館長何塞．基羅

索菲亞國家當代美術館夜景華麗燦爛
©Museo Nacional Centro de Arte Reina Sofia
（上圖）

空間派封答納專室（下圖）

造；也就是您現在看到的外觀。

雖然建築物看起來好像受義大利巴洛克影響，不過細瞧之下建築師已開始用自己的詮釋手法呈現它。1788年因國王卡洛斯三世逝世而停止施工，留下大約整座設計圖的第三部分未完成，直到1965年它一直是馬德里綜合醫院。1965年之後即被廢棄，到1977年才由政府買下將它規畫到文化部。1980年被納入西班牙美術發展政策中，開始了被認為是歐洲藝術中心最大、最重要的翻修工程：首先任命阿爾巴（Antonio Fernandez Alba）建築師整修第一期工程，再來由兩位建築師德・卡斯托（Antonio Vázguez de Castro）和奧索紐

兩座玻璃電梯成為索菲亞國家當代美術館的外觀特色 ©Museo Nacional Centro de Arte Reina Sofia

（José L. Iniguez de Onzoño）完成剩餘的修建工程。

1986年5月索菲亞對外開放。因其所策畫的展覽大受歡迎，所以快速地受到國家的重視，在1988年5月27日正式定名爲索菲亞國家當代美術館，以當代館的姿態呈現。然爲了使此館「名正言順」，館長決定休館六個月，做好其眞正具備國家館的水準。休館整修的方向有二：一爲擴大展覽空間，二爲增加科技設備：在整棟建築物上安裝如空調、保全、控濕度等。在1990年10月31日完成整修，以國家館的條件開幕。重新整修之後開放的索菲亞美術館，不只成爲一座在西班牙境內典藏西班牙當代藝術作品最時髦、最完整的文化空間，也成爲一列挽救落後的西班牙當代藝術現代化的火車。

建築物

＞佔地面積

美術館目前總佔地面積54,622平方公尺，共分六層（五樓），是一棟保有古老厚牆式的建築物。可用面積36,701平方公尺；12,505平方公尺做展覽用，5,432平方公尺是辦公室，7,648平方公尺服務區，2,261平方公尺儲藏室，8,361公共用地，除此之外有9,618平方公尺是用在花園和新蓋的停車場上。和其他文化中心比較可由數據看出，它的展覽面積是在這些知名美術館之前；如美國紐約現代美術館（8,100平方公尺）、古根漢美術館（3,100平方公尺）、英國泰德美術館（4,800平方公尺）、荷蘭市立美術館（5,380平方公尺）或東京國家現代藝術中心（6,000平方公尺）等。

＞未來擴建方案

在1999年美術館在財團和文化教育部的支持下通過美術館擴建案。這項擴建案耗資約西幣三十億，其擴建項目有：1.將原有

的常年展場地增加約四千平方公尺，也就是說，將來常年展場地改到二、三、四層（目前是2、4層），而時段場地即增加到地下

索菲亞國家當代美術館修復室一景（上圖）

達比埃斯專室34、35號展室（下圖）

室（目前只有第一層），讓參觀者能在欣賞作品上更舒適與更有規律。2.增加內部行政、服務、通訊區。3.一間可以容納五、六百人的活動室（現在只能容納150人）、一間新招待室。4.一棟約2000平方公尺的新大樓做為儲藏室與修復工作室用。5.蓋一棟大約2,000平方公尺的房子做餐廳和咖啡廳用。6.重新整建玻璃宮（Palacio Cristal）展覽區，專展建築、雕塑及設計作品的地方。7.將圖書館的藏書增至十萬冊。8.最後綠化整座美術館，使它成為一座在都市石叢中突起的綠地。

>三座玻璃電梯

這座美術館內部翻修俱全，館外有三座奇特的玻璃電梯。讓人震撼與驚奇的是，這三座玻璃電梯不只改變了參觀者到樓上欣賞藝術作品的傳統動線，也解決了藝術品輸送到樓上的問題——由於建築物本身結構的關係是不可能在內部建造電梯的，而在不可能改變它原有的結構下，建築師決定在館外建造這三座玻璃電梯；兩座聳立在正門外面並排著，給參觀者使用，第三座是可以承載五千公斤重量的載貨電梯，每一座電梯容納二十人。它由3,500平方公尺的玻璃與3,428個微小不銹鋼條製成。其前衛特殊的設計將玻璃迷人的典型完全表露無疑，與古老的建築物相較之下給人強烈耀眼的印象。

貢薩列茲　一個叫「兔子」的頭　焊鐵 33 × 17.5 × 11.5cm　1930
1973 年羅貝達．貢薩列茲捐贈

索菲亞國家當代美術館地圖

>科技設備

擁有一座全自動感應控制電腦中心，控制整座建築物一切動態；包括每一間展覽室的溫濕度、燈光規則、保全系統及檢測故障系統。館內安裝幾乎近九百公里的水電管路設備，包括水管、電線、冷氣空調等，可說是一項大傑作。

>保全設備

擁有四千個感應器，九十八台攝影機和一座電腦中心，可以這麼說此館已變成歐洲最安全的美術館了。所有展覽室的白牆內暗藏著這些警示設備，可以隨時觀察到整座美術館所發生的事情，例如：每一室的動態、參觀者的數目、室內空調、展室濕度等。每一個警報器可以隨時偵測到突發的狀況，自動發出警鈴。每一台攝影機會隨時將每一區所受到的災害傳送到中心網同時發出警訊。還有一些特別固定暗藏式的感應器是專門爲某些特殊作品或裝置作品製作的，這些都是在中心網控制下聯繫，而且此中心網還可以供應因臨時突發狀況所切斷的電源。所有保全人員經常保持聯繫，不只可知道事情發生的狀況，也可以隨時預防可能造成的傷害。

索菲亞國家當代美術館明亮的圖書館（上／左圖）

＞照明設備

館內共有三二〇萬伏特聯結，一千五百個燈泡做為照明藝術作品用，二七〇個特別燈光照明雕塑作品。大部分的燈光是由中央定時調節，依照作品、地方的需求來增減光線。所有的照明設備都是經過鹵化作用。這些鹵化過的燈管或燈泡會比較耐久，而且它們外表都有一層保險塑料覆蓋著（透明）；一是爲過濾可能傷害作品的輻射線。二是爲防止爆裂時可能發生的狀況；如燈泡（管）爆裂，玻璃碎片傷害到作品或參觀者。

這些燈泡（管）的設計是特別爲美術館設計的。由 Erco 廠商負責製造，花二個月的時間研發，四次正式實驗成功的燈源設計，最後才認定目前這種燈式。它主要的特徵是對作品的照明剛剛好，光的亮度不會使作品黯淡無光又不會強烈到傷害作品，是目前國際照明法中最嚴格的規定了。

＞圖書館與檔案中心

圖書館和檔案中心位於此館第三層，佔地約 2,000 平方公尺，目前藏有三萬五千本書，一萬三千則當代藝術或藝術家新聞剪報，及訂閱一九六本國際專業化藝術雜誌。2000 年底之前已增近一萬五千本圖錄，這一萬五千本圖錄是收集從 1963 到 1984 年期間，在全世界置展的展覽圖錄。

索菲亞圖書館設計特別用心，從照明設備到空調分配的設計都非常細緻，內部種種設計皆是爲讓使用者更舒服、方便並確保書冊安全性。未來圖書館將增加到十萬書目，希望能使它成爲西班牙最專業、最實用的圖書館。

另外檔案中心提供多樣性服務，包括五百卷教學藝術錄影帶，以西班牙藝術爲主。四千卷有聲帶子：當代交響樂、西班牙出版的音樂帶等及七千個當代藝術作品幻燈片。

>修復室

修復藝術作品是一種非常專業的課程，其困難度無論是在作品材料上，或是油畫及其他繪畫技巧上，都是一大學問，所以美術館爲了修復作品的工作品質，規定這些修復工作必須謹慎且持續，避免作品損壞加大。

在此室中除了有化學、物理與生物實驗室外，一些防壓潮濕、防塵等機器都有。這些科技都是專門爲處理藝術作品而準備的，無論在繪畫或雕塑作品，連「紙」材料也有。由於它的設備完美，致使其他文化中心都求助於它。

>教育服務

學校是美術館首要溝通的對象——這是

達利　自慰者（手淫者）　油畫　110 × 150cm　1929

畢卡索　藍女人　油畫　133 × 100cm　1901

教育政策上的規定。

1.藉由參觀藝術作品可與學校直接交流。

2.藉由所參觀的藝術作品（教材），發揮其最大教育效果。

3.由科學與教育處聯繫教材和研究教學方針。

4.美術館的視聽器材與工作室設備也納入教材之內。

另外此館有專業解說員，專門爲學校導覽，這些專業導覽員都是由第三階段年齡層人擔任的，也就是我們所謂的退休人員。在西班牙有許多美術館的義工大部分是退休人員，他們爲回報社會而自願參加這種工作。

這個部門也邀請教授、專業老師授課或演講來幫助他們了解館內典藏品和時段展的特色。此外，也推動一種教育計畫表；包括

米羅　煙斗的男人　油畫　146 × 114cm　1925

達利　丑角　油畫　196.5 × 150cm　1927

兩方面：一是從大派別開始教育。二是從單一藝術家歷史下手，令所有館內的導覽員達到能深入了解藝術，具有藝術知識，呈現專業水準的目標。另外此館也特別為兒童開辦一項小小藝術課程「兒童工作室」，幫助小朋友認識一些基本的藝術歷史和主要的藝術家。課程每星期二次。

畢卡索　哭泣的女人頭和手帕（Ⅲ）　油畫　1937

典藏品

在索菲亞館內的典藏品目前分別在二、四層展出，共有四十五間展覽室。第一層（17間展室）展有西班牙現代藝術演變史和當時國際上藝術派別發展的關係。從十九世紀到第二次世界大戰，以被稱為「改換世紀」的西班牙當代藝術家系列開始；也就是當時西班牙境內最傑出的兩地藝術家：1.巴斯克：包括雷哥優斯（Regoyos）、蘇洛亞加（Zuloaga）；2.加泰隆尼亞：包括有拉蒙．加沙（Ramón Casas）、陸西紐（Rosiñol）、加瑪拉莎（Anglada Camarasa）。再來以各個卓越藝術家專室為主：克利斯（Juan Gris）、加爾加憂（Pablo Gargallo）、畢卡索、米羅、達利及超現實主義的藝術家、西班牙二〇、三〇年代的藝術家到最後十七室的西班牙雕塑家等。

另一部分典藏品在第四層，以戰後藝術派別為主（從四〇年代末到八〇年代初），共有二十七室（18-45室）。主題分別如下：具象與第一代前衛藝術團體、西班牙抽象的開始、歐洲前衛藝術在西班牙前衛藝術的地位，抽象、普普藝術、具象主義等。藉由美術館的典藏系列，觀賞者可以欣賞到在二十世紀被稱為「前衛歷史」的各派各家作品。不過在這一層的裝置作品雖是典藏展，但多與其他常年展的作品展示不一樣，因為它們會因不同的情況（季節）輪換。

泰森美術館

Museo Thyssen-Bornemisza

地址 Paseo del Prado,8-28014 Madrid
電話 34-91-4203944
傳真 34-91-4202780
時間 週二～日 10：00-19：00 。週一、1/1 、5/1及12/25休館。12/24及12/3110：00-14：00 。
交通 地鐵：12 號（Banco España站）。公車：1、2、5、9、10、14、15、20、27、34、37、45、51、53、74、146、150 在普拉多大道（Paseo Prado）下車。火車：Atocha 總站
門票 時段展 3 歐元，典藏品與時段展 5.40 歐元。65 歲以上、學生：時段展 1.80 歐元，典藏品與時段展 3 歐元。 12 歲以下免費，須有家人陪同。特惠價：訂「藝術散步區」聯票 9 歐元。訂一年 24.05 歐元。
網址 http：//www.museothyssen.org/conflash.htm
其他 團體參觀預約：週二～五 10：00-19：00 。週日下午 15：00-19：00 。全館嚴禁攝影、抽煙（咖啡廳除外）。

「一位藝術家的才華是神給予世人的贈品。當我開始典藏作品時，主要是讓自己欣賞，但神的贈品：藝術家創作品，不能只給一個人欣賞而已，所以我的典藏品是必須與大眾共享。」這番話傳達了泰森家族將藝術之美與世人分享的心願，也使我們今日可以在維亞愛爾摩莎（Villahermosa）館享受到如：杜西歐（Duccio）、凡・艾克（Van Eyck）、卡爾巴西歐（Carpaccio）、杜雷羅（Durero）、卡拉瓦喬（Caravaggio）、魯本斯、法蘭斯・哈爾斯（Frans Hals）、梵谷、高更、卻吉納（Kirchner）、蒙德利安、克利、霍伯（Hopper）、勞生柏等大師的才華。

逛美術史一圈

泰森美術館原本是一座在世界上數一數二收藏藝術品的基金會。到 1988 年與西班牙政府達成九年半租借合約，於是將泰森基金會約八百幅作品包括：繪畫、雕塑、黃金古董、銀飾與琺瑯古董等帶來西班牙公開展出，並選擇了馬德里的維亞愛爾摩莎館，由建築師拉斐爾・莫內歐（Rafael Moneo）重新整建之後於 1992 年 10 月 10 日正式對外開放。館內展出的內容從歐洲十三世紀繪畫到二十世紀後三十年（七〇年代）的作品——涵蓋了一切重要派別的藝術家；如義大利原始藝術家杜西歐大師到超現實主義及六〇年代普普藝術大師李奇登斯坦的作品。因反應熱烈，至 1993 年 6 月，西班牙政府再次決定以三億多美元買下泰森這批典藏品，成爲眞

泰森美術館外觀 ©Museo Thyssen-Bornemisza，José Loren 攝影（右頁圖）

巴塞隆納泰森美術館一景 ©Museo Thyssen-Bornemisza

正國有財產。

由於這座美術館的成立，組成了在馬德里聞名的藝術金三角：普拉多、泰森、索菲亞。三座皆是聚集了世界上重量級藝術品的美術館，所以它的成立一下子就將Atocha區裡的普拉多、索菲亞美術館變成了金三角藝術區。

對西班牙人來說，這座美術館最具特色的地方即是完美了普拉多美術館古畫概觀方面的缺點，和索菲亞現代繪畫的補足及一些西班牙美術館大致缺乏的作品。如義大利原始主義作品、荷蘭、德國文藝復興、十七世紀荷蘭繪畫、印象派、德國表現主義、蘇俄結構主義、抽象幾何主義與普普藝術等，特別是十九世紀的北美繪畫作品，這也是歐洲根本不熟悉的作品，而它居然也陳列在此館中，確實是一座一應俱全的美術館，一座用二代金錢堆砌起來的豪門美術館——泰森・博爾內彌沙美術館，簡稱泰森。

馬德里泰森美術館中庭空間，展覽左牆中掛有泰森美術館創始人夫婦肖像　©Museo Thyssen-Bornemisza，José Loren 攝影

建館緣起

這裡展出的藝術作品是經由兩代泰森家族累積起來的作品；首先第一代海利基・泰森男爵（Barón Heinrich Thyssen-Bornemisza）從二十世紀二〇年代開始典藏，以收集古畫爲主。1930 年在德國慕尼黑公開第一次所收集的典藏品，二年之後，海利基又到瑞士買下法沃里答（Villa Favorita）館做爲放置作品的地方。1947 年（他逝世）已收有五二五件作品了。在他死後收藏的工作就由他的兒子哈斯（Barón Hans Heinrich Thyssen-Bornemisza）接棒，也就是現在泰森館的創始人。哈斯接下他父親的遺囑再一次聚合家族力量繼續購買

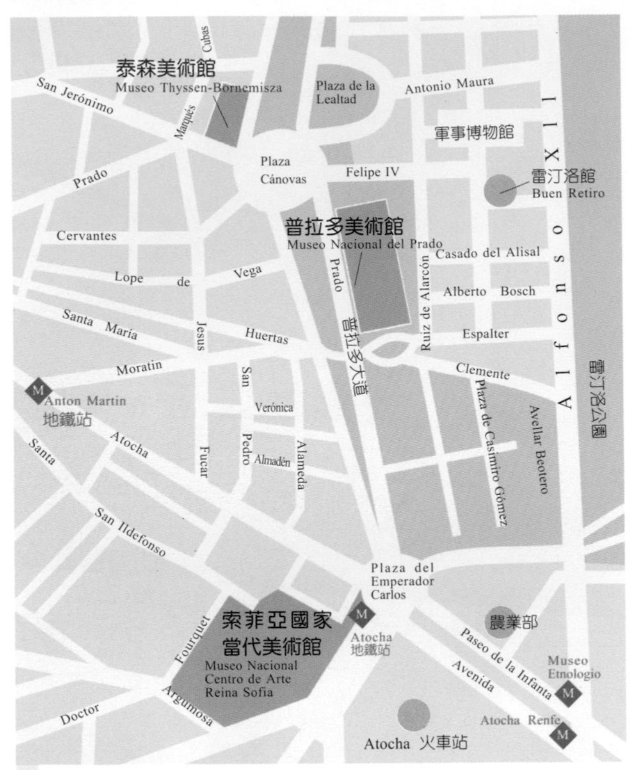

泰森美術館地圖

古畫，但從六〇年代起，因哈斯注意到德國表現主義的作品：一種被納粹認為是「頹廢藝術」的作品，於是決定開始收集現代大師的作品。然鍾愛表現主義的他，在愛屋及烏的心情之下也開始購買如蘇俄前衛藝術家作品、抽象藝術作品、印象派、後印象派、世紀初歐洲繪畫，甚至以巨資收購戰後英國繪畫培根、佛洛依德及十九、二十世紀北美繪畫作品等。

至此，瑞士法沃里答館一下就變小了，已容不下三百幅以上的作品，於是哈斯就決定替他的作品尋找新家。因緣際會的關係，西班牙政府在眾國之中贏得「巨標」：1988年西班牙政府與泰森家族達成共識願意將七七五件典藏品借給西班牙九年半，到西班牙公共場所展出，並在馬德里找到品質優良的建築物維亞愛爾摩莎館，哈斯才將典藏品帶到西班牙展出。維亞愛爾摩莎館在建築師拉斐爾裝修之後，1992年10月正式對外開放，至1993年6月西班牙政府再通過文化決議案，以三億五千萬美元買下，但美術館一切行政運作還是由泰森基金會經營，成為私人機構經營公家財產新政策的一個範例。

建築物

維亞愛爾摩莎館位於普拉多大道上，普拉多美術館斜對面、靠近索菲亞美術館。是一棟十八世紀末、十九世紀初蓋的房子，也是一座非常優美的馬德里新古典主義建築。1988年拉斐爾・莫內歐改建成具有國際條件的美術館，館內隔間設計「超乎」新穎。以一棟古典建築物來說；要保有原始建築結構，又要適合現代美術館條件是非常難設計的。然建築師依照古結構的規則將整座房子畫分得非常有品味：其一，以地下室分為時段展、咖啡廳和活動室。一樓入口區有中庭展覽區、儲衣室、書店販賣處及存放處。二樓、三樓則是做館藏品的展覽區。其二，展覽室與走廊成垂直式，可使觀賞者很舒適地照排號欣賞，每一樓皆由右方走，乘電梯、走樓梯皆可，至左方下，動線設計得有秩序而不致紊亂。其三，展覽牆設計成低矮形式，高一公尺七左右，可藉由低牆射入自然光線，增加展室明度，這對三樓古畫的保存最適合不過了。雖然內部設計並不現代，但美術館自身展示的方式和古典建築相稱起來別有一番風味，觀者置身其中可細細品味，怡然「自得」。

典藏品

收藏品是以編年史的方式陳列，整個陳列方式由三樓的展覽室開始，而且都是以中庭右方的展室開始欣賞至一樓止。

在三樓展有文藝復興、古典主義作品；從杜西歐、喬托兩位大師起到十八世紀威尼斯、德國、法蘭德斯繪畫，同時也插入西班牙、法國與帶有義大利影子的荷蘭繪畫。二樓的展覽室以寫實主義爲主，從十七世紀的法蘭斯．哈爾斯到二十世紀的貝克曼（Max Beckmann），同時也可觀賞到印象派、後印象派及另外兩部分在典藏品中最具意義的

泰森美術館第二層展覽室作品（三樓）
©Museo Thyssen-Bornemisza

泰森美術館第二層展覽室 12 號展室作品（三樓） ©Museo Thyssen-Bornemisza ，José Loren 攝影

一樓展覽作品（47-48 號展室）：李奇登斯坦　在浴缸的女人　油畫 171 × 171cm　1963　©Museo Thyssen-Bornemisza，José Loren 攝影

作品：北美十九世紀繪畫和德國表現主義。到一樓，也就是美術館入口區，專展二十世紀繪畫：從立體派到普普藝術。

泰森基金會

泰森基金會（Fundación Thyssen-Bornemisza）目前是一座管理美術館的私人文化機構，專為泰森美術館典藏品做研究、分析、策展和推廣，同時也贊助美術館策辦一切活動。這個基金會從 1988 年開始即變成西班牙一座私人機構管理公共財產的範例。西班牙政府在同意租下泰森典藏品後，於1992年10月成立初步美術館，到1993年西班牙政府又購下典藏品，而一切行政還是由基金會來處理。同年又在巴塞隆納和巴市市政府成立另一座泰森美術館，可說是一座非常有活力的私人機構。

目前這個基金會在位於巴塞隆納市佩德拉爾貝斯（Pedralbes）的泰森館藏有含古畫、文藝復興到巴洛克共七十五幅。在馬德里典藏品共有七一五件。雖然這些在 1993 年已被西班牙政府收購，但基金會還是保有經營權。

從 1994 至 1998 年以來，基金會被大眾認為是一座展現西班牙文化生活概觀最有朝氣的機構；因為在宣傳典藏品或時段展時，基金會不斷策畫一些非常特殊的活動，在大眾心目中已成為一個生活中重要的文化中心。它所策畫的活動，品質優良、廣受好評，而且為了加強文化服務及培訓專業人才，研究社會各階層對藝術的需求，如參觀者的反應調查等。這些年來，基金會的專職、專業服務已贏得大眾的滿意微笑。

另外，一些基金會發展的活動或合作；如會員制、朋友卡和宣傳活動；如私人參觀或文化部推展的藝術散步大道活動等，基金會都必須扮演著一種介於文化政策與社會之間的導引橋樑。藉由它策畫的活動教育社會大眾去認識「五花八門」的文化藝術世界。

館內活動

＞教學

在最近幾年來，基金會也在馬德里或巴

塞隆納推展教育課程。這些教學活動都是經過教育科學部立案的課程，由大學或高中藝術史的教授安排，課程內容也都與館藏品或時段展有關，甚至每個學校也都硬性規定排入一堂「校外教學」來參觀館內的藝術品。

在1993年馬德里由教授群製作當代繪畫課程，課程由巴洛克、文藝復興大師開始。再來與Inserso公司合作，為社會特殊團體如：退休人員和殘障團體，精心製作了一項教育活動；這個課程，這些年來已頗具成效，加深了基金會再辦、再實驗新的對象活動課程，所以在1995年為一些精神、心理殘障的人開設特殊課程，到目前為止也都一一順利推展。而這些專業導覽的課程都要感謝一些受過基金會訓練的志願服務者。如此，1995年6月又增加為家庭設計的課程。為家庭成員設計的參觀課程包括五至十歲的小孩，時間是每星期六、日，但必須預約。由於此館開幕時，大部分的市民期望有這樣的活動，所以在基金會實施之時即受熱烈歡迎，短短時間就辦得「驚天動地」令市民讚不絕口。

1996年10月為配合文化政策再替學校策畫一些特別課程，使學生能完全認識典藏品與時段展，這也是必須事先預定。除此之外，美術館還舉辦另一項公益活動：為一些

二樓（第一層）展室作品：印象派與後印象派繪畫（32-33號展室）：雷諾瓦　在花園的戴帽女人　油畫 54.5 × 65cm 1873 ©Museo Thyssen-Bornemisza，José Loren 攝影

社會人士或公司成員設計參觀課程；此館特例開放另外時段爲這些平時不能來館的人開設課程，由高品質專業導覽員負責解說。其他新增的教學活動如：1996年12月舉辦的「每月一畫」；至今也是深受大眾喜愛。在這方面，爲了突顯典藏品的特色，館內固定每月選出一幅典藏品做爲研究、推廣的目標。在此同時並行二種教育課程：一方面美術館的義工爲大眾解說作品；另一方面每月固定一個星期六，邀請一位專家來演講，對選出的作品提出個人的看法。另外在1997年3月增加了「交換活動」：巴塞隆納與馬德里兩館的典藏品或時段展做交換，同時基金會也爲每一次交換的主角辦演講說明。

＞演講

然這幾年來美術館所辦的活動比較令人側目的要屬於演講、音樂會與討論會了。這些活動都與館藏品和時段展有關，近年來已成功的深入人心，加深大眾對典藏品及基金會運作方針的印象與認知。目前基金會又與「諾愛梅」（Loeme）和「普洛摩西卡」（Promosica）兩個機構合作策畫二項文化活動：如何聆聽當代音樂，及如何欣賞當代繪畫。希望將來有更具體的成果。

三樓（第二層）展室作品：義大利原始風格作品（1號展室）：杜西歐
基督與撒馬利亞女人　木板　43.5 × 46cm　1310-1311
©Museo Thyssen-Bornemisza，José Loren 攝影

＞會員制或朋友卡

基金會除了辦以上文化服務之外，尚有辦會員制及朋友卡的服務。這是一種與社會大眾建立起橋樑最好的方法，也是發展美術館行政最好的方法。對於一些希望加入的會員或朋友，泰森美術館提供一切優惠服務。在美術館開幕至今，這二種身分的人參與了美術館各項活動，無論是享受美術館所辦的活動或是義務幫忙基金會所策畫的活動，在在顯示他們對藝術的熱忱，這也是美術館一切活動最基本的支持

群眾與贊助者。在這一方面基金會可從一些如私人參觀、藝術散步大道等宣傳活動感覺到，要不是這二種身分的人熱心參與，美術館的知名度也不可能在短短的時間裡唱「凱旋歌」。而且經由這二種身分的人，一傳十、十傳百的加入會員或參加活動，或加入朋友卡等，使美術館可以在這種「公式」下穩定發展。

>書店

美術館在販賣店提供的出版品都與典藏品或時段展有關，如圖錄、導覽冊子（在巴塞隆納除西文、英文外也有出版法語，在馬德里加上義大利語）、教育材料等。而因這些出版品的設計與品質出眾，非常受大眾歡迎，具有強大的銷售能力，這也證明了館方出版策略的成功。

三樓（第二層）展室作品：第一次文藝復興肖像（5號展室）：霍爾班　英國亨利 8 世肖像　木板、油畫　28 × 20cm　1534-1536
©Museo Thyssen-Bornemisza，José Loren 攝影

>人事任用

關於人事任用，此館為了得到「永遠第一」的服務名號，特別注意人事任用。

為了使來者有「賓至如歸」的感覺，自建館以來任用了一些優秀的推廣政策人才，如策展、品質服務、保全人員、販賣政策人員、科技資訊人才等，基金會不只成為一座推廣藝術文化、高水準品質服務的機構外，也藉由前衛的行政管理方式，發現目前社會各層面對藝術需求的方向，實踐基金會正確導航美術館運作完美的目的。

基蘭代奧（Domenico Ghirlandaio）　裘瓦納肖像　木板、油畫　77 × 49cm　1488

聖・費南度皇家美術學院美術館

Museo de la Real Academia de Bellas Artes de San Fernando

地址 c/Alcalá 13 28014 Madrid
電話 34-91-5240864
傳真 34-91-5241034
時間 週二～五 9：00-19：00。週六、日、一及國定假日 9：00-14：30。
交通 1、2、3 號地鐵，在太陽門（Sol）或塞維爾（Sevilla）站下。公車：3、5、15、20、50、51、52、53、15。
門票 2.40 歐元。免費：週六、日和 10/12（西班牙國慶）、5/18（國際博物館節）、12/6（西班牙行憲日）。教授、老師、大學生、失業者、18 歲以下、65 歲以上或退休人員、評論家、記者或從事美術館工作者。ANABAD、AICA、APEME、ICOM2ICOMOS2AECA 會員。半價：1.2 歐元國際青年證、學生證、團體票（15 天前預定）。

建築物

坐落在馬德里的聖・費南度皇家美術學院是菲利普五世（Felip V）於 1744 年統治期間創建的，但正式開幕卻遲至 1752 年費南度六世（Fernando VI），這所學校才在馬德里大廣場上（Plaza Mayor）原是麵包店的現址設立。直至 1774 年國王卡洛斯三世（Carlos III）為了擴充學校規模又租下胡安・德・戈耶內珈（Don Juan de Goyeneche）之家，也就是今日位於馬德里市中心阿爾卡拉（Alcalá）街上的美術館。

這座建築物的風格屬於巴洛克。由當時著名的建築師何塞・裘利圭拉（José Churriguera）負責建造，之後由於時間的摧殘，再由建築師迪戈（Diego Villanuevà）重新修復，這也是我們現在所看到的新古典主義外觀。

皇家學校在建校之初即開建築、繪畫、雕塑三科目，在 1873 年西班牙第一共和國時期，加入音樂科，至今已設有電影和攝影科。而學校的美術館也成為西班牙典藏繪畫、素描、版畫與雕塑作品最好的美術館之一。再加上 1991 至 1997 年期間，教育文化局的幫忙，將美術館變為西班牙所有美術館之中，在資訊、保全和典藏方面做得最傑出的美術館。

在美術館方面最值得一提的是：第二層的十六至十八世紀的雕塑與繪畫，特別是代表西班牙黃金時代的作品。第三層的陳列室，主要是陳列皇家學校與周遭環境發展關係和突顯它所扮演的教育角色；從十八世紀到今天一直都保持增加典藏品和辦藝術活動

聖・費南度美術學院美術館大門口（右頁圖）

MUSEO
DE LA
REAL ACADEMIA
DE
BELLAS ARTES
DE
SAN FERNANDO

聖・費南度美術學院美術館大門口（上圖）

1 號專室：聖・費南度皇家美術館和西班牙 18 世紀藝術，圖中為米契爾・凡羅（Louis Michel Van Loo）的作品〈維納斯、梅哥雷歐和愛情〉。（下圖）

：一些由學校捐贈、收購的得獎作品以及辦紀念展、回顧展等。同時，也在這一層典藏皇家學校收藏的素描和何塞・希內斯（José Ginés）專室。這間希內斯專室專門用來典藏他的〈屠殺無辜的人〉雕塑；它的點子可能是模仿貝勒王子宮裡的雕塑，屬於那不勒斯風格。再來還有一間是特別爲畢卡索而設的專室，至今這間畢卡索專室已收藏了許多這位天才的雕塑作品。最後，是屬於裝飾藝術，來自於馬雷斯（Marés）和吉達德（Guitarte）等人捐贈的作品與古董。

>第一層和入口區

第一層是由長長的走廊加四方形結構組合而成的。從阿爾卡拉街（正門入口街道）到阿杜安娜（Aduana）街（後門出口街道），在這兩條街道之間組成了一種非常棒的建築空間：如沙瓜（Zaguán）羅馬式階梯、開放式中庭、雕塑空間、售票房與門房；樓梯可以直接導引到展覽室和圖書館，之間連接樓中樓。樓中樓右邊是時段展覽室，左邊是國家印刷、雕刻藝廊（Calcografia）和販賣區。

>第二層（一樓）

接下來至第二層，也就是我們俗稱的一樓。展覽的動線非常棒，只要循著年代走即可，但是在此樓最主要還是以哥雅的作品爲基本分區；因爲哥雅是此館收藏十六到十八世紀作品中最具代表性的人物，也是館藏的重點，所以當然是此館最重要的展覽室。

>第三層（二樓）

二樓分三區：第一區是典藏十八與十九世紀西班牙與國外最具象徵意義的作品。第二區是陳列美術館從十八世紀到二十世紀的發展史。第三區是素描與裝飾藝術區。

>第四層（三樓）

三樓有素描室、辦公室、演講廳、修復室與儲藏室。

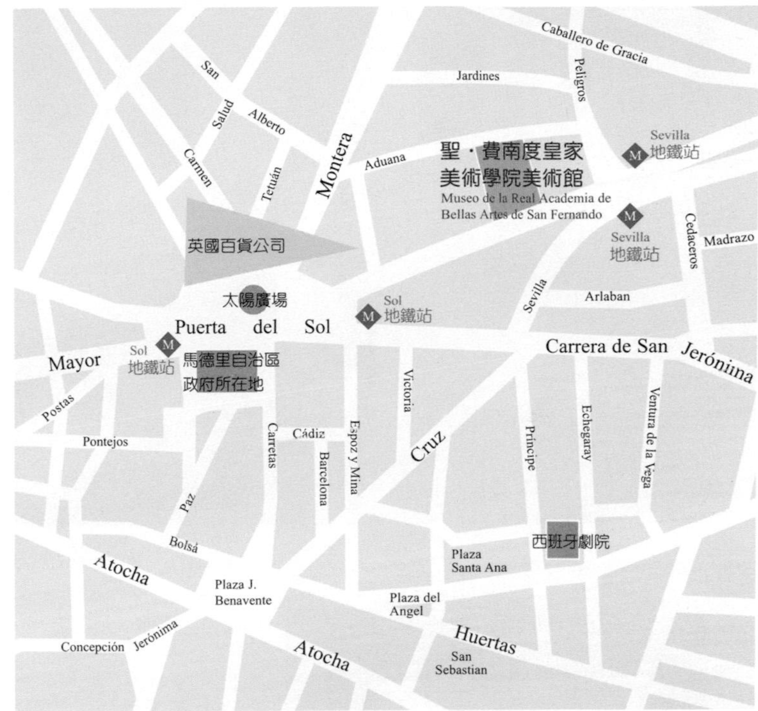

聖・費南度美術學院美術館地圖

典藏品

茲因此館的典藏品非常豐富，所以我按此館所分的主題來介紹，而爲了怕太繁瑣，我也將相似的主題合併一起介紹：此館共分二十七個主題（我合併爲 23 個）、三十五間展覽室。在一樓的有十一個主題、二十一間展覽室；在二樓的有十二個主題十四間展覽室。

>一樓

1 號專室：聖・費南度皇家美術學院與西班牙十八世紀藝術

1 號專室的收藏品都是與學校創立有關，包括創校關係人物、藝術家、貢獻者與當時歐洲藝術環境習習相關的藝術家。當時西班牙菲利普五世（1700 ～ 1746），也就是路易十四的姪子，是將法國一些新的點子和歐洲文化帶入西班牙的人，這種風潮一直到費南度六世（1746 ～ 1759）還存留著。

2 號展室：哥雅（黑色時代）自畫像

3 號展室：17 世紀西班牙繪畫第一部分（上圖）

3 號展室：17 世紀西班牙繪畫第一部分，盡頭處是里貝拉的作品。（左圖）

在此藝術環境中的藝術家如：安德烈・德・拉卡耶哈（Andrés de la Calleja馬德里）、路易斯・米契爾・凡羅（Louis Michel Van Loo 巴黎）、佛朗西斯柯・巴顏烏（Francisco Bayeu馬德里）、希安・提埃波羅（Gian Doménico Tiépolo 威尼斯）、安頓・拉斐爾（Antón Rafael Mengs羅馬）。

2 號專室：哥雅和輝煌時代

佛朗西斯哥・哥雅（Francisco José de Goya y Lucientes）是此館最具代表性的藝術家，也從 1763 至 1766 年在此學院就讀，1780 年 5 月 7 日接受此學院的榮譽勳章，同時也成爲此學校會員。哥雅也趁此回贈給學校一幅十字基督（Cristo Crucificado）做爲紀念。自 1785 年後聖・費南度美術館收藏了哥雅最重要的幾幅代表作：1815 年自畫像（黑色時期代表）、人物肖像（1799）、瘋人院。

3、4號專室：十七世紀西班牙繪畫第一、二部分

假設西班牙繪畫最有成就的時代是十六和十八兩個世紀；十六世紀受義大利和法蘭德斯繪畫影響，十八世紀模仿義大利與法國繪畫；那麼十七世紀的精彩演出，可謂無愧於黃金時代的封號。在此世紀聖・費南度美術學院造就出一些偉大的藝術家。這時正好是奧地利統治末期，無論在政治、經濟或文化上都有重大的改變。而不變的是，如同以往國王與教會的關係卻越來越密、權力混合，教會具有強大的精神領導。所以此時的西班牙繪畫大多以宗教為主題，其重要的畫家如：里貝拉（J.Ribera,1591～1651）、蘇巴朗（Francisco Zurbarán,1598～1664）、卡諾（A. Cano,1601～1667）、穆里羅（B. E. Murillo,1617～1682）、維拉斯蓋茲(Diego Velázguez,1599～1660)。

5、6、7號專室：十九世紀風景與肖像畫第一、二部分

十九世紀的肖像風格具有十六世紀中葉所留傳下來的宮廷肖像風格，也帶有十七世紀藝術家巴契哥（Francisco Pacheco,1564～1644哥雅岳父）寫實、細描與柔和色彩，尚加馬雅（Mariano Salvador Maella）和哥雅的影子。然最具價值的地方即是珍藏了十九世紀末的風景繪畫；其主要的畫家如：卡洛斯・德・哈斯（Carlos de Haes），其他代表的畫家如：陸佩斯（Vicente López,1772～1850）和德・馬

8、9號展室：義大利繪畫第一部分，圖中作品為基屋塞貝的作品〈春天〉。

德蘭索（Federico de Madrazo）。

8號專室：十七世紀荷蘭與法蘭德斯繪畫

在1609年，十二年獨立戰爭之後，古荷蘭分為南北兩部分，因此發展成二種不同的社會制度。在北方，也就是今天的荷蘭，走的是中產階級的社會思想。反之，南方還是保持傳統的宗教主義社會文化，所以反映出南北不同的文化，如此也產生兩種完全不同的藝術風格。其主要藝術家如：魯本斯、德・姆斯（Martin de Vos, 1532～1603）、

16 、27 和 28 號展室：20 世紀皇家學院的雕塑，圖中為卡卡憂的作品〈學校〉。

凡・艾克（Antón Van Dyck, 1589～1641）、漢森（Jans Jannsen, 1590～？）、黑達（Willem Claeze Heda）。

8 、9 號專室：義大利繪畫第一部分

義大利藝術曾在歐洲藝術史上建立起最輝煌的一頁，成爲歐洲文化藝術中心，這也就是此館典藏重要的理由與奇特的原因。此館收集了十六到十八世紀一些重要的義大利繪畫作品來豐富此學院的收藏，象徵意義特別重要，因爲它不只留給古典主義藝術本身一種感動，另外也令後學者對人物的描繪感興趣、對自然的觀察細心，所以特別具有教育作用。其重要畫家有：貝里尼（Giovanni Bellini,1430～1516）、基屋塞貝・阿爾西保度（Giuseppe Arcimboldo,1527～1593）、杏西納達（Romulo Cincinato, 1520～1593）、卡畢亞索（Luca Cambiasso,1527～1585）、沙畢利（Doménico Zampieri,1581～1641）。

9 號專室：十六世紀歐洲繪畫

這間歐洲繪畫展覽室並不是用來與西班牙繪畫做比較，也不是與此學院有密切關係，大致的作品是歐洲十六世紀畫家的代表作而已，不過「麻雀雖小，五臟俱全」，是很值得一逛的專室。

12 號展室：當代學院藝術

這一主題代表了出身於學院派的藝術家

的作品，目前共有五十三位學院會員。這些作品表現了二十世紀下半期多種風格的概況，因爲他們已發展出各自獨立、獨特的藝術風格，不能將他們整合成唯一風格，所以此館將他們聚集此室，讓參觀者能瀏覽西班牙二十世紀下半時期的藝術全景。其重要代表藝術家有：歐秋亞（Luis García Ochoa, 1920～）、沙內汀（José Vela Zanetti, 1923～）、里貝拉（Manuel Ribera,1927～）、黑藍德斯（Julio López Hernádez, 1930～）、慕諾斯（José Hernádez Muñoz）、蘇畢拉斯（José María Subirachs, 1927～）聖家堂主要建築師。

16號展室：二十世紀繪畫

在此展覽室的作品大部分是屬於學院會員的作品或他們家庭捐贈的作品。而大致的作品是顯示二十世紀上半葉西班牙藝術的概況，不過有些卻是屬於非常棒的十九世紀末的繪畫作品。其重要的畫家有：索羅亞（Joaguín Sorolla, 1860～1923）、德・索杜馬優（Fernando Alvarez de Sotomayor,1875～1960）等。

16、27、28號展室：二十世紀雕塑在皇家學院

在十九世紀末與二十世紀初，雕塑才開始又爲人重視，表現的方式也發展出多種不同的材料來傳達感情。一方面仍保有傳統路線或保守風格；另一方面發展前衛路線，象徵著無主線派的藝術風格。然而兩方面都表達出一種眞正走向前衛語言的「癥兆」；在此有從十九世紀末古典寫實雕塑家貝利雷（Mariano Benlliure, 1862～1947）所作的雕塑作品到二十世紀雕塑家與收藏家馬雷斯（Marés,

22號展室：16至19世紀繪畫，圖為巴羅米諾（Aciscio Antonio Palomino）的作品〈女神接見〉

版畫室

奇里達的作品因榮獲國家版畫獎，所以在此國家藝廊展出。

1893～1991）的作品。其他代表雕塑家有：馬利納斯（Aniceto Marinas,1866～1953）、伊魯利亞（Mateo Inurria,1867～1924）、卡卡憂（Pablo Gargallo,1881～1934）、塞拉諾（Pablo Serrano,1908～1985）、維塞憂（Juan Luis Vasallo, 1908～1986）。

20 、21 號陳列室：吉達德遺產

聖・費南度從建立學院開始就收到來自各地的捐贈作品，至今持續增加中，而且作品都是一流的水準。因此吉達德的捐贈品，不只是量多的象徵，作品水準也相當整齊。這些作品包括：葛利哥（El Greco,1540～1614）、海門（Juan Van de Hamen,1596～1631）、哥雅、索羅亞、畢卡索等和一些貴重的古董。

>二樓

二樓共有十二個主題，十四間展覽室，順序大致如下：

何塞・希內斯專室：3、4、23、26號展覽室

希內斯（José Ginés,1768～1823）是西班牙十九世紀雕塑界最具新古典風格的代表。1778年就讀此學校，1784年榮獲雕塑獎的這件作品帶有那不勒斯的古典模型，至今展示在此專室供人欣賞。希內斯1794年榮獲卡洛斯四世榮譽雕塑獎，1817年成爲此學院雕塑主任，直到1823年逝世。他的雕塑風格別具一番甜美風味與柔和美，很有女人味。

22 號專室：十六到十九世紀繪畫

在此典藏的作品大致是屬於西班牙巴洛克主義的繪畫，深受法蘭德斯的影響，如克拉耶爾（Gaspar de Crayer）和西德斯（Franz Snyders），他們的藝術會在後面三十二號室介紹，在藝術史上也算是走出自己西班牙藝術風格。除此之外，尚珍藏了二幅蘇俄馬特威福(Theodore Matweeff)畫家的風景作品和四幅十六、十七世紀柔和的風格作品。

23、25、26號展室：十七世紀西班牙繪畫第三、四部分

巴洛克繪畫在所有西班牙藝術學校裡烙印最深，也是近代所有美術館典藏的重點，扮有非常重要的角色。不只是因爲所有美術館珍藏了大量的此時期作品，而且也因這些作品無論在量與質方面都令人驚嘆！前面一樓展覽室第一、二部分已說明過一些作品的大概歷史，現在再細加說明。十七世紀的西班牙最突出的兩條藝術路線分別是馬德里(宮廷所在地)：也就是許多塞維爾、馬德里藝術家聚集的地方；另外是瓦倫西亞的藝術運動。

在瓦倫西亞藝術運動中，最傑出的藝術家即是里貝拉。他是當時的領導人物，崇拜卡拉瓦喬的風格，後慢慢磨練出自我繪畫風格。我們可以如此形容他的畫：享受自然律動的線條、強烈對比的明暗、結構簡潔有力與如同雕塑地突顯畫面中的聖者肖像。而他的這些作品都是由富翁哥杜(Godoy)在1816年捐給此館的。在此我們也必須要加入義大利畫家厚汀(Lucas Jordan)的作品和一些重要的古董。其他的代表藝術家如：巴契哥(1564～1644)、巴羅米諾(Antonio Palomino, 1655～1726)、利西(Francisco Ricci, 1614～1685)。而走至此，有一間中庭非常値得介紹，是一座非常漂亮的「大教堂」，也是十九世紀皇家教堂的所在地，至今還保留著亮麗的外表。

24號專室：馬雷斯的捐贈品

美術館裡的二十四號陳列室，典藏了馬雷斯(Federico Marés,1893～1991)的雕塑品和他私人的收藏古董作品。在1986至1987年馬雷斯捐贈給此館織品、扇子和雕塑共三十八件作品。

馬雷斯是一位非常投入文化生活的人物，在西班牙歷史上具有重要的地位。他不只是一位傑出的雕塑家，更是一位非常優秀的收藏家。身爲雕塑家，他處理作品的手法非常細緻而柔和堅定，不只帶給西班牙雕塑界一股新的雕塑美，也將雕塑帶進更傳神的境界。在收藏家上，他的收藏品不只是使此

3、4、23、26號專室：何塞・希內斯　屠殺無辜的人

館典藏品在量與質達到頂點，也使此館在收藏古董方面另有一番特色。1946年他在巴塞隆納成立博物館，主要是他自己的雕塑作品和收藏的古董。

27、28號展室：十九和二十世紀西班牙繪畫

這兩間展覽室可以讓我們了解到十九世紀末以來至今西班牙繪畫的發展全景。我們在一樓開始已有說過；西班牙當代藝術已失去統一的路線，每一位藝術家都有自己想要的風格來突顯地方特色或區域傳統習俗，所以在此我們即可看到如此特性的藝術。其代表畫家有：阿爾瓦雷斯（Fernando Alvarez,1875～1960）、卡蒙內羅（J. Moreno Garbonero,1858～1942）、蘇比亞歐雷（Valentín de Zubiaurre,1879～1963）、阿吉亞爾（José Aguiar,1898～1976）、加瑪拉沙（Anglada Camarasa, 1872～1959）、羅汀吉斯（Miguel Rodriguez, 1927～）、阿哥羅（1935～）、安東尼・陸佩斯（Antonio López Torres, 1902～）、佩德羅・威諾（Pedro Bueno, 1910～）。

27、28展室：十九和二十世紀雕塑

這兩廳我們可以看到二十世紀雕塑的研究現象；有以母性為主題的雕塑，也有以男性為主題的雕塑。一般來說，十九、二十世紀的學院或私塾中幾乎都只作男性主題的塑像，很少表現女性甜美的一面，所以此館收

聖・費南度皇家美術學院大教室內景

藏的這兩間展覽室讓我們可以看到兩性的處理方式與其發展特色，其重要的雕塑家有：德畢納（Prosper D'Epinay,1836～?）、伊圭拉（Jacinto Higueras,1877～1954）、羅貝多（Roberto,1886～1965）、羅哥多（Victoria Macho Rogodo, 1887～1966）。

吉達德專室，圖為其捐贈的古董。

29、30號展室：十八世紀與十九世紀學院藝術

此展覽室展示十八與十九世紀馬德里，一些獲得獎學金到羅馬藝術學院學習的藝術家作品。

這座學院從創校開始就設立三項獎學金：1.榮譽獎。2.創作獎（比賽）。3.國內外交換學生獎。在此三項獎之中，其傑出的藝術家有：貝哈拉諾（A. Cabral Bejarano, 1798～1861）、愛吉達諾（José López Engu-danos, 1760－1812）、維拉斯蓋茲（Gonzalez Velázquez, 1763～1834）、維加（Preciado de la Vega,1715～1789）、德歐菲洛（Dióscoro Téofilo, 1832～1901）、貢薩雷斯（Antonio González, 1723～1793）、西斯內羅斯（Ximénez de Cióneros, 1743～1828）。

31號專室：義大利繪畫第二部分

如同此館第二層（1樓）義大利繪畫第一部分作品一樣，除了給觀賞者一種完整的收藏感，尚可由此認識義大利藝術演變史和看到西班牙藝術在當時受到義大利繪畫影響的痕跡。這部分在質與量的收藏都是一流的。其重要的藝術家有：包吉亞尼（Horacio Borgianni,1578～1616）、達・蓬德（Leandro da Ponte, 1557～1622）、西沙利（Cesari, 1568～1640）、雷尼（Guido Reni, 1575～1642）、卡瓦羅西（Bartolomeo Gavarozzi, 1590～1625）、瓦卡羅（Andrea Vaccaro, 1604～1670）、菲利（Ciro Ferri,1634～1689）、吉歐達諾（Luca Giodano, 1632～1705）、馬德伊斯（Paolo de Matteis,1662～1728）、索利門亞（Francisco Solimena, 1651～1747）。

30、31號專室：十八與十九世紀的雕塑

聖．費南度皇家美術學院美術館內部設有販賣區

1742～1803）、羅布歐特（Theodor Rombouts, 1597～1637）、阿可斯達（Pedro de Acosta, 1741～1755）、斯納耶（Pieter Snayers, 1592～1666）。

33、34號展室：十八與十九世紀肖像畫

這兩間展覽室有大量的肖像作品，尤以十九世紀肖像爲主，我們稱爲肖像黃金時代。在此典藏作品可分兩種畫風：1.官方肖像也就是俗稱宮廷肖像。2.感性肖像。其重要的代表畫家有：米納特（Pierre Mignard,1612～1695）、陸佩斯、路易斯（González Ruiz,1711～1788）、布羅內（Henriette Browne,1829～1901）。

最後剩下三十五號的素描專室——俗稱藝術之父的素描，在此館專闢一間收藏室，藏有歷代代表之父的素描作品和一些與此學院有關的素描家。

三十、三十一陳列室基本上展出十八世紀的雕塑作品（木雕與石雕）和一些當時與此學院有密切關係的人物，具有特殊的歷史意義，其傑出的人物如：卡爾摩納（Salvador Carmona,1708～1767）、海威聖（Christopher Hewetson,1737～1798）、卡爾尼塞羅（Isidro Carnicero,1736～1804）。

32、22號專室：法蘭德斯與靜物畫

靜物畫在十六世紀末歐洲藝術史上佔有極重要的地位，它代表著可見的「寫實」歷史，一般來說是用在裝飾家庭上。然西班牙在這一方面卻一直遲到獨立戰爭之後才開始有此觀念，而且受法國的影響極深，主題大致是：水果、瓶子、罐子、廚房和打獵。傑出的藝術家有：德．莫斯（Paul de Vos, 1595～1678）、西德斯（Franz Snyders, 1579～1657）、維勒亞（Cristobal Vilella,

35號專室：藝術之父素描

素描，我們可以稱爲線條畫，是繪畫、雕塑、建築和其他藝術的身體、支架或組合。而藝術學院一開始建校時就開設了素描理論課程，以從義大利最有名的佛羅倫斯（Disegno Florentina）到最具代表法國藝術學院裡的素描理論來教導學生。而這也就是此學院學生所奠定下來的素描理論基礎。

館長專訪

聖・費南度皇家美術學院美術館
博內茲・科雷亞

聖・費南度皇家美術學院美術館館長博內茲・科雷亞

位在馬德里市中心的聖・費南度皇家美術學院美術館，是一座具有兩百餘年歷史的美術學院，收藏西班牙及歐洲大畫家名畫。此館現任館長安東尼奧・博內茲－科雷亞（Antonio Bonet Correa），1925 年生，1948 年畢業於西班牙聖地牙哥歷史大學文學碩士，1957 年獲馬德里大學博士文憑，其後出任馬德里大學藝術史教授。1965 至 1967 年出任塞維爾美術館館長。1981 至 1983 年出任馬德里大學副校長。其後出任文化部藝術創作部顧問，1994 年出任聖・費南度美術館館長至今。

王怡文（以下簡稱王）：首先我要非常謝謝館長今天能讓我們有此機會做訪問。接下來我第一個問的是館長的經歷？

館長（以下簡稱館）：我曾擔任過塞維爾美術館館長（1965～1967）。因為我通過藝術史教授主任一職資格測試，所以順其自然就被此學院請來當館長。

王：請問您的專長在哪一部分？

館：主要是巴洛克的藝術史；巴洛克建築、巴洛克的繪畫、雕塑，我很喜歡。

王：我也是！因為我的論文（碩士）是十七世紀黃金時代的繪畫（巴洛克繪畫）。那麼在擔任館長之前？

館：在此之前我在馬德里藝術大學西班牙藝術史系教書。

王：什麼機緣下當上此館館長？

館：因為學院制度的問題。學院在選館長的時候必須考慮到什麼樣的條件是符合此館長的身分，而我既然是通過西班牙藝術史最高級主任一職測試，所以順理成章的此學院，也就是我的一些同事即考慮到我，請我來當此館館長。

王：此館目前共有多少職員？

館：本館包括典藏主任、保養技術人員、建

築師、修復人員與警衛、工作人員大約六十人左右。

王：比普拉多美術館還多，還是……？

館：本館是比普拉多小，但品質卻和普拉多一樣好。

王：這所美術館如何成立（收藏作品如何累積）？

館：據資料記載，這所學校是在十八世紀創立，剛開始的時候即有一些收藏作品是讓這所學校用來當做教學用的，如繪畫、雕塑、建築作品等方面。這些作品如同樣品一樣讓學生能由此學習或練習模仿。而眾所周知這所學校也是從創校開始即有收藏作品的習慣，所以慢慢的即成為美術館（十九世紀），開放給民眾觀賞，而且有許多作品是捐贈的或捐款購買的。這種捐贈行為至今一直讓本館的典藏品持續增加中，例如有一位富豪，曾留下一大筆捐款給學校購買藝術作品，讓我們至今還可以繼續在拍賣會上收購藝術作品，使典藏品持續增加。

王：但是，為何您們購買的作品大多偏向十七世紀？

館：不，我們這座美術館典藏的作品有十六世紀的葛利哥、十七世紀的哥雅，總之是收藏從十六世紀到二十世紀的藝術作品。如我們購買了一件畢卡索的雕塑作品，你可以在專室看到。另外我們也購買了胡安・葛利斯（Juan Gris）的作品；在當代油畫作品上，我們也收購了非常棒的作品，但我們通常還是收購二十世紀以前的作品較多。

王：目前此館共有多少作品？

館：非常多，大概接近一千件以上，多數放在庫藏室。雖然妳看到我們美術館非常大，但是還是不夠將所有的作品展出，所以有些必須放在庫藏室。然有時因要換檔、交換展或辦展，我們會輪流展出。

王：這些作品大部分是雕塑和繪畫？

館：是的！大部分是繪畫和雕塑，但我們也有非常重要的素描作品，如維拉斯蓋茲的素描，知名建築師的素描等。

王：那麼可否依您個人的觀感，談談此館的特色？

館：本館的特色與普拉多美術館相似，主要收藏西班牙黃金時代畫家的作品，也有非常規畫性的典藏代表作品及國外傑出大師的作品，如魯本斯、迪耶波、貝里尼等，同時也收藏國際藝術的作品。總而言之，經由本館的典藏品可以認知西班牙藝術史概況——主要是哥雅的黑色時代作品、傑出版畫作品和他第一次製作的版畫作品。哥雅是曾經在此就讀過的藝術家。

王：這座建築物曾是一座私人住宅嗎？

館：是的！這座建築物在十八世紀之初曾經是一位有錢人——胡安・德・戈耶內珈的住宅；他是一位在菲利普五世時非常重要的人物，在社會上有崇高的文化地位，曾是馬德里大教堂創始人（到一樓中庭即可看到的禮堂）。在他死後這座建築物就變成製煙廠，有辦公室。此時聖・費南度皇家學校設址在馬德里大廣場上的麵包店之家，因學校需要擴大，所以就決定收購此建築物當做學校的所在地至今。然在收購成為學校之前它是屬於巴洛克建築風格的建築物；設了學校之後由建築師重新修改成如妳現在所

畢卡索專室

看到的新古典主義風格的建築物。而且開始的時候，此學校也曾是自然科學博物館，就是在大門口看到的標誌。

王：那麼這些收藏的自然科學作品現在在哪裡呢？

館：現在已搬到自然科學館了。

王：可否談談此館未來運作的方針？

館：我們致力於讓此館在典藏和各方面趨之完美，將典藏品最精彩的一面展現在大衆面前。而且我們也有辦時段展和演講、教學活動等，這都是非常具有教育意義的方針。

王：現在美術館的運作如同一般美術館，也有開放課程給大衆學習嗎？

館：課程沒有，但本館有開放給學校、專校教育參觀，藝術學會、美術館從事人員免費觀摩等活動。

王：這座美術館曾和其他美術館或藝廊及國外美術館做過交換展嗎？

館：是的！和其他美術館曾交換過。

王：是其他國家的美術館嗎？

館：是的！和一些外國美術館。

王：有東方的美術館嗎？

館：沒有！因為沒有聯繫過，這必須先要互通關係之後，才能談交換條件等。不過那將是非常棒的一件事，也將是一件非常重大的事。因為東方的藝術是非常奧妙、美妙的，亞洲的歷史又比較古老，一些智者、先知都是博學深奧，所以非常值得讓我們學習。東方是非常具有靈性的！

王：我想西班牙也是非常具有靈性的！然依您認為，您們會期望與台灣的美術館交換藝術展嗎？

館：會的！會的！和台灣的美術館做交換展那將是非常好的點子。

王：您知道嗎？在台灣展出的畢卡索展就是法國和台灣故宮做交換展的展覽！

館：非常好！希望我們也能有此機會。

（王怡文訪談／徐芬蘭記錄）

馬德里皇宮

Palacio Real

地址　c/Bailén,s/n.28071 Madrid
電話　34-91-4548800
傳真　34-91-5426947
時間　一般是週一到週日都有開，但有時候因國家有重要慶典或接待即不開放，所以去之前先打電話比較保險。
交通　地鐵在 Ópera 站下
門票　6.61 歐元（有導覽員）。6 歐元（沒有導覽員）。學生及退休人員 3 歐元。週三只有西班牙籍的人才免費。

建館緣起

這座皇宮原本是阿加沙爾（Alcázar）館所在地，是一座西元九世紀末，北非摩爾帝王穆哈梅一世（Mohamed Ⅰ）爲了統一位於北方的托雷多（Toledo）所建造的防禦官邸。經歷時間演變，逐漸變成目前的皇宮。它曾於十四世紀重新整修，建築師胡安二世（Juan II）將它改建成國王居住的房子，附加可以做禮拜的小教堂，以便皇室行宗教儀式。1434 年，整棟建築物擴大，加建大廳。十六世紀，卡洛斯五世與菲利普二世（Felipe II）將它改建爲現今的規模，在1561 年正式轉爲一座在馬德里的西班牙皇室宮廷所在地。

菲利普四世時，皇宮變得更具風格：當時外觀由二位建築師德・莫拉（Juan Gómez de Mora）和克雷西塞斯（B. Crescenci）負責設計，內部則請維拉斯蓋茲佈置。但在 1734 年菲利普四世時的一場大火，幾乎燒毀了所有皇宮，所以又將皇宮重建。

這場大火發生於 1734 年的平安夜，大約凌晨二點，馬德里皇宮的守衛在皇宮的二樓走廊上大喊：救火喔！驚動了所有皇室人員。這場火災引起的原因，是因畫家海拉克（Jean Ranc)在裝飾宮廷時，一時疏忽忘記把油燈關掉，以至於引起大火。這場大火完全毀壞了老舊的皇宮；一座從北非阿拉伯帝國建造，經歷代西班牙奧地利皇族所整修的伊斯蘭教風格皇宮。

這場無名火使皇宮必須完全新建，此時正是菲利普五世執政的時候；菲利普五世是第一位正式名爲西班牙王的國王。火燒皇宮之後，他命一位在杜林（Turin）工作的建築

馬德里皇宮及前方花園夜景 ©Palacio Real

師胡維拉（Filippo Juvarra）到馬德里來執行新皇宮整建規畫，但因這位建築師到馬德里不久之後就於1736年1月31日去世，未能完全實踐他所規畫的新宮設計圖，所以另派一位他的學生沙傑迪（Giovanni Battista Sacchetti）來頂替胡維拉的位子。

沙傑迪維持老師所留下來的一半設計圖，改掉原來擴至西班牙廣場範圍的部分，將原皇宮的四角擴大成四個館：S-O國王館、N-O皇后館、N-E公主館、S-E王子館，亦是今日皇宮的現況。

皇宮整建的決策背後主要是由一位女性主控：伊沙貝爾・德・法奈西歐（Isabel de Farnesio）：菲利普五世的第二任太太，是菲利普五世時眞正的主政人物。而她能主政的原因在於國王經常憂傷感嘆國事，不想朝政。這種情況愈來愈嚴重，最後乾脆就不起床，而由皇后掌權。皇后持政之後整建新宮大多採用帕爾馬（Parmà）的藝術家及手工藝師來裝飾皇宮。帕爾馬是皇后的家鄉，所以特別厚愛其家鄉藝術人才。

爲了供應當時整建皇宮所需要的石材，又開鑿四座新的石坑：瓜達拉馬山脈（Sierra del Guadarrama）、貝西里

皇宮內中庭　©Palacio Real（上圖）
皇宮大門外觀一景　©Palacio Real（左頁圖）

（Becerril）、烏伊亞巴（Uillalba）和加拉巴加爾（Galapagar）。而宮中所用的柱頭和建築細部裝飾也採用上等的石窟奧雷加（Colmenar de Oreja）之石，也就是與建築師沙巴汀尼（Sabatini）用於阿加沙爾宮大門的石材一樣。整棟皇宮的陽台與窗戶及浮雕的裝飾皆由兩位雕塑師：奧利維利（Giovani Domenico Olivreri）和卡斯托（Felipe de Castro）負責製作。

當然整建皇宮需要大量的資金，其主要的來源是「國家煙草局」所間接收的稅費；這部分的資金由貴族戈耶內傑（Goyeneche）監控，其餘資金則來自皇后家族和皇室典藏品租借而來。

1746年菲利普五世逝世，皇宮已完成第一平面區域的建造及一樓屋頂的施工。最後除了主樓梯之外，整棟皇宮到他兒子菲利普六世才完工。主樓梯部分則到1761至1765年，由新國王卡洛斯三世於1759年請西西里建築師沙巴汀尼設計，1765年完工。雖然十八世紀也請了許多那不勒斯的藝術家，如：卡斯巴利尼（Gasparini）來整建，但都已屬小部分裝修，並不影響整座皇宮的巴洛克、新古典主義風格的味道。

最後宮中共有六十一廳房，但對外開放只有第一層二十一間御廳，而我們只介紹其最特殊的御廳；如：主要樓梯、柱廳、王位御廳、卡洛斯三世廳（卡斯巴利尼廳）、陶瓷室、卡拉御膳廳和黃廳、皇宮小教堂等。

完全改建的阿加沙爾宮，其周圍的獨立建物也被納入新皇宮的整建部分，所以雖然舊宮已幾乎面目全非，但從周圍留下來的建

皇宮内右正前方大教堂外觀　©Palacio Real

皇宮正面一景，左方是御花園。　©Palacio Real

物風格來看，還是可以看到當時阿加沙爾宮的威範。

建築物

＞主樓梯

這座對稱樓梯原本的主設計師沙傑迪在當時義大利的建設界是屬一屬二的首號建築人物，後因時間延後又換了許多建築師加入其設計行列，如：沙巴汀尼（Sabatini）、瓦維德伊（Luigi Vanvitelli）、福加（Ferdinando Fuga）、沙爾維（Nicola Salvi）、波納維亞（Giocomo Bonavia）等。後來這位建築師還被斯哥汀（Scotti）侯爵邀請到馬德里雷汀洛宮中的劇場做舞台設計。於1745年替皇宮設計主樓梯間的空檔時，也兼設計阿拉胡埃斯宮的樓梯裝飾。

最先接手的建築師瓦維德伊，是當時那不勒斯著名的卡塞達宮建造者。他在那不勒斯將設計主樓梯的施工圖寄到馬德里，但並沒有被完全採用，使主樓梯的施工停擺，至費南度六世也未動工，只先將樓梯兩旁的裝飾完成，當時的施工重點朝向皇宮小教堂。這座小教堂由基亞金杜（Corrado Giaguinto）設計，安德歐利（Giamba-tlista Andreoli）佈置。

皇宮的主樓梯這麼一延就延到了卡洛斯三世。卡洛斯對主樓梯的上楣簷口雕有許多裝飾品感到厭煩，下令停止原建築師沙傑迪的施工圖，改由瓦維德伊的學生沙巴汀尼接手，然而沙巴汀尼所呈現的改良圖，還是多仿其師瓦維德伊的原設計圖。

本來主樓梯的兩旁有兩座空間也是沙傑迪設計的，可是卡洛斯三世還是只採用他設計其中一部分的國王房間，其餘的改取沙巴汀尼的設計圖，我們今日稱爲柱廳。而右手邊的空間，雖也是沙傑迪所設計，但並沒有執行，改由建築師基亞金杜指導，安德歐利執行裝置，於1759年完成。此廳原爲卡洛斯四世和瑪利亞·路易沙公主跳舞用的舞廳，現爲卡拉御膳廳的一部分。

整個主樓梯自經沙巴汀尼改造之後風格變得非常柔和、莊重與浩大，具有帝王風範：天花板上大量採用千日紅、水果籃和貝殼雕塑，配合中間一幅基亞金杜所畫的〈西班牙向宗教致敬〉的壁畫，看起來可說是將卡洛斯三世所要的風味表現得可圈可點，值得細品。

>柱廳

這個空間位於主樓梯左邊的房間，由原設計師沙傑迪設計，後接手人沙巴汀尼於1761至1764年完成。廳中的裝飾施工則由路斯加（Bernardino Rusca）負責，皇室付給他六萬五千黃金做爲施工費。而原本主指導者基亞金杜，是一位具有巴洛克風格的藝術家，但在沙巴汀尼接手製作後，整個柱廳就朝向

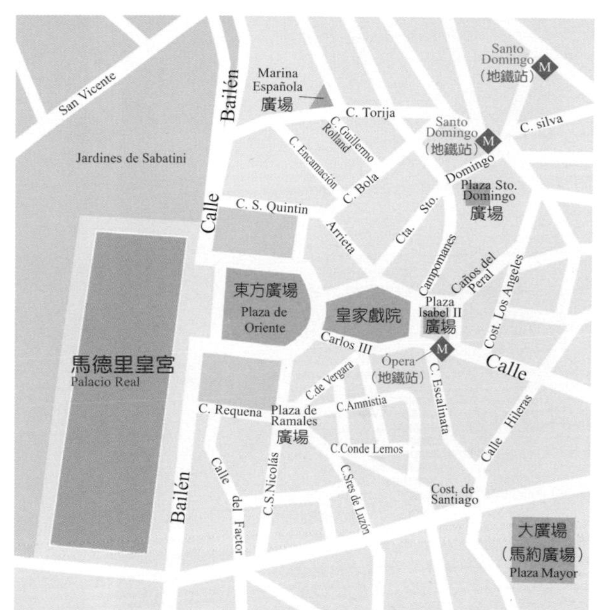

馬德里皇宮地圖

主樓梯間全景，設計師為胡維拉與沙傑迪。 ©Palacio Real

富有巴洛克風格的主樓梯，天花板設計師為基亞金杜。　©Palacio Real

柱廳天花板一景，富有新古典主義的天花板，設計師為沙巴汀尼。　©Palacio Real

比較冷淡的新古典主義風格。沙巴汀尼在四方角上加上四對森林之神，每一對手持橢圓雕塑品，外加四位天使手拿四元素來陪襯，四周用千日紅組成花環繞著拱門上面的圓窗，周遭其他細部也用棕葉朝著天花板結構線裝飾，看起來非常整潔美觀。雖然沙巴汀尼所設計的柱廳已失去巴洛克的美妙，不過天花板中間的壁畫，卻是一幅基亞金杜所畫的〈太陽神之光〉，一幅具有巴洛克風格的傑作。此壁畫意在表現阿波羅威武駕著雄壯馬車的英姿。

而柱廳中也置有一些雕塑品，是 1878 年由巴爾貝汀內（Barbediennen）將十六世紀名雕塑家雷昂里（Leone Leoni）的傑作重新翻製。此原作現存普拉多美術館北廳的雕塑展室。另外，原本此廳也珍藏一部分羅馬帝王半身雕塑品及一些「地球」系列的雕塑品，如今被分放在此廳及王位御廳兩地。其中「地球」系列的雕塑品作者是一位曾在 1570 年替匈牙利皇族製作雕塑的名雕塑師。此「地球」系列是菲利普四世之弟——荷蘭的主政者，贈送給他的禮物，一直留存宮中至今。

杜廳的原草圖現存普拉多美術館，而主樓梯的壁畫草圖則被收藏在薩拉戈薩美術館裡。

>王位御廳

王位御廳寶座的裝飾是一位義大利貴族加索拉（Felice Gazola）所提之設計，這位貴族追隨卡洛斯三世到馬德里，被封為Sparavara城之公爵，一位精於軍事防衛及大砲的軍人，在當時他是卡洛斯三世的軍事右手。

加索拉雖是軍人出身，但也是一位精通考古學的學者、收藏家及藏書家。他在那不勒斯的時候將「王位御廳」的設計草圖寄給馬德里畫家巴迪斯達（Giovanni Battista）參考，後獲得卡洛斯三世的讚賞而被採用。而其他的裝飾分別為：廳中的紅色壁毯是由納達利（Natali）負責設計，刺繡工安德烈・戈達迪（Andrea Cotardi）執行製作。廳內小桌與鏡子框框則由蒂菲歐雷（Gennaro de Fiore）設計；他也是一位在當時那不勒

阿拉巴爾德雷廳的天花板壁畫：提埃波羅　維納斯告知維加洛要打造兵器給愛內亞斯　©Palacio Real（上圖）

富麗堂皇的王位御廳　©Palacio Real（右圖）

斯裝飾界知名的人物，曾替卡洛斯三世和他的兒子費南度四世製作華麗的馬車。

此廳內的雕塑品是舊皇宮（Alcázar）所留下來的作品；這些雕塑品是和維拉斯蓋茲同時代，也是畫家在1650年第二次義大利之旅時，到羅馬尋找的傑作。當時菲利普四世希望在奧地利公主瑪利亞下嫁到馬德里之前美化他的皇宮（新房），所以命維拉斯蓋茲趁在義大利旅遊時帶回精品佈置皇宮（1649年國王已有四十四歲，公主卻只有十四歲而已）。畫家接到命令即與在羅馬的菲內利（Giuliano Finelli）洽談如何製作。於此菲內利請羅馬最好的雕塑師波納雷利（Bonarelli）負責執行，其中有十二座獅子被稱爲最奇特的上品，一直被放在舊宮裡的鏡室。但在1734年平安夜一場無名火將這十二隻獅子和七座「地球」系列作品燒得有點失味，所以設計師加索拉最後只決定採用四隻獅子裝置回新皇宮內，剩餘的八隻則寄放到皇室的另一座別宮：雷汀洛宮（Buen Retiro）裡的石材陶瓷工廠。最後此廳中較特別的，則是兩座時鐘：一座屬於路易十六時代貝杜德（Berthoud）的作品，另一座是十八

王位御廳：正中是國王和皇后的寶座，也是用於登基或接待外國國家元首的主要御廳。©Palacio Real（上圖）

王位御廳天花板一景（西側），壁畫作者為提埃波羅，雕塑作品為米傑。 ©Palacio Real（下圖）

世紀中葉，英國人艾伊戈德（John Ellicot）的作品。

＞卡斯巴利尼廳

卡斯巴利尼在接任裝飾此廳的工作之前，建築師沙巴汀尼已於 1763 年做了一些頭期工程的裝飾工作。後來因爲國王的指示，撤換了沙巴汀尼，由卡斯巴利尼接任，所以整座皇廳裝飾的重任就落在卡斯巴利尼手上。

卡斯巴利尼自 1759 年到馬德里，即被皇后委以製作皇家御車的重任，原因可能是這位建築師出生於帕爾馬（Parmà），與皇后有同鄉之誼，所以受到任用。1760 年 1 月 13 日他隨侍卡洛斯三世身邊，受聘爲宮廷畫家，每年薪俸一萬八千黃金，負責裝飾卡洛斯三世御廳，也就是目前卡斯巴利尼廳的一部分。此廳原本是國王的寢宮，卡洛斯三世將它分爲幾個小御廳、國王更衣室、小接待廳及卡斯巴利尼廳（小辦公室）。

此廳的陽台採光朝向西方，是由建築師卡斯巴利尼和一些手工藝家提議的。因爲這種特別的採光可使辦公室看起來特別明亮。另外此辦公室也因其材料皆來自於非洲和美洲，所以又被稱爲「印地安木製辦公室」。

聽說卡斯巴利尼爲了裝飾此廳，每天在鷹架上走上走下，連國王看了都爲他心疼不已，於是在 1769 年把他的年薪提高到二萬四千黃金。1770 年卡斯巴利尼因過於勞累成疾，御醫建議他到瓦倫西亞海邊做日光浴，一直到 1774 年 4 月 26 日去世。後來爲了紀念他對此廳的貢獻，才將此廳命名爲卡斯巴利尼廳。

1766 至 1770 年四年之間，此廳的四牆角、門角、壁爐和小雕塑皆由另一位建築師卡雷歐汀（Domenico Galeotti）負責。卡斯巴利尼廳的一些牆壁或天花板上的裝飾工作一直到 1830 年才正式完成。

1774 年卡斯巴利尼死後，此廳的裝飾重責落在其遺孀身上。1779 年國際間發生戰爭（如美國獨立戰爭），使得皇宮的裝飾經費受到縮減，整個預算皆撥向軍事方面，其中被刪經費的一廳即是卡斯巴利尼廳。

1785 年卡斯巴利尼的遺孀逝世，此廳的裝飾則傳至其兒子安東尼奧（Antonio

卡斯巴利尼廳一景（卡洛斯三世接待室）
©Palacio Real

華麗精緻的陶瓷館　©Palacio Real

Gasparini）的身上，但可惜的是，這座充滿洛可可味道的皇廳，傳至建築師兒子的身上時即漸漸失去原本洛可可的風格了。

＞陶瓷館

陶瓷館原本是國王的衛浴室，其原來造形仿法、德宮廷的衛浴。卡洛斯三世時將它改爲陶瓷廳，一座他岳父特別喜歡的陶瓷風格廳。當時的設計師基屋塞貝（Giuseppe）完全按照卡洛斯三世的指示，做了一間雍容華貴，閃亮無比陶瓷館，是一座卡洛斯自己用錢疊造起來的皇廳。

然爲何卡洛斯三世要在皇宮裡蓋一座如此華美的陶瓷廳呢？據說卡洛斯三世非常喜歡收集名瓷，特別是他自己工廠製作的瓷器，他在那不勒斯主政的時候就建造了一間

卡拉御膳房天花板中間的壁畫，作者為巴顏烏。 ©Palacio Real

大的陶瓷廠，但在他到馬德里即位時即將此工廠內的烤爐銷毀，其理由是：不願讓他的兒子費南度四世（留在那不勒斯主政的人）將來在製陶方面勝過他。可想而知卡洛斯三世對陶瓷藝術的熱愛。

當時卡洛斯三世與侯爵愛斯基拉傑（Esquilache）、總管布尼塞利（Juan Tomàs Bonicelli）帶著包括卡洛斯家人、工人共二五五人，及所有在那不勒斯陶瓷工廠的瓷器，一起搬到馬德里。

初到馬德里的卡洛斯三世決定將陶瓷工廠移到雷汀洛宮，讓他可以經常就近探訪，於是他任命建築師德・安東尼（Antonio Carlos）設計，蓋一棟有卡洛斯三世風格的陶瓷館。館長由名義大利製陶家族斯傑貝爾（Scheper）擔任。

斯傑貝爾家族在義大利陶瓷業地位崇高，其中又以家族分子之一的利維奧（Livio Scheper）更爲傑出，其傳家陶瓷製作受到大眾喜愛，也深得歐洲宮廷寵愛，如此當然逃不過卡洛斯三世的網羅，其兒子和孫子（Gaetano和Carlos）皆擔任皇室雷汀洛宮陶瓷廳館長。等到皇宮建好之後，陶瓷廳即移至目前的正宮裡，以便卡洛斯三世就近欣賞，眞是一位不折不扣的愛陶瓷之人。

>卡拉御膳房和黃廳

我們先來談卡拉御膳房。此廳原本在1764年皇宮蓋好的時候是做爲伊沙貝爾・德・法奈西歐皇后母親的臥房，但二年之後，皇后的媽媽就去世了，所以阿爾豐索七世置放不用，今日才轉爲皇室招待貴賓的飯廳。

當時這個空間分爲三部分。第一部分屬於皇室臥房，天花板的壁畫由梅格斯（Antonio Rafael Mengs）主導，中間屬於

皇家小教堂的聖物箱　©Palacio Real

皇家小教堂　©Palacio Real

皇后的接待廳，天花板上的壁畫由貢薩雷斯·維拉斯蓋茲（Antonio Gonzalez Velázquez）所畫，第三間才是眞正當時皇后的御膳房，此空間的天花板壁畫則由另一位宮廷大畫家巴顏烏（Francisco Bayeu）執筆。至1880年阿爾豐索十二世才把三個空間牆壁打通，變成一個大舞廳，由德·雷馬（José Segundo de Lema）建築師重新整裝，漸漸改爲目前皇室接待貴賓的地方。然此廳値得重視的是：廳內有十二只十八世紀中國製的陶瓷瓶及六只卡洛斯十世（1826～1830）時代銅製的花瓶。

黃廳：在卡拉御膳房旁即是黃廳。取名黃廳的理由是因爲整座廳在1951年裝修爲黃色的壁毯，所以自此以後稱爲黃廳。這些黃壁毯的原製作人何塞·德·卡斯汀優（José de Castillo）早在1771至1773年就完成了。

此廳最特別的地方是擁有卡洛斯四世時代的家具。法國名設計師杜戈克（Domosthene Dugourc）在法國大革命時逃到西班牙要求政治庇護，因緣際會而與皇室關係快速的發展。1786年，卡洛斯三世主政時，就送了一張爲愛斯哥利亞大教堂內埃及館設計的草圖，並爲卡洛斯四世及皇后路易沙（Mª Luisa）設計家具、首飾與時鐘。這些東西都是經由戈杜（Fransico Louis Godon，是當時西班牙皇室的鐘錶師和高級物件，如碗瓷盤器的仲介商）推薦給西班牙皇室，所以黃廳的精品皆出自杜戈克之手。

>皇家小教堂

這座小教堂第一位設計師沙傑迪於1742年把阿拉巴爾德雷廳（Alabarderos）改爲皇家做禮拜的地方，1757年完工，之後由基亞金杜接手整修。這位建築師1703年生於莫爾費拉（Molfetla）城，一生卻在西班牙發展，他曾是皇家名畫師波尼杜（Bonito）的學生，1723年居住羅馬，1753年才到馬德里，但在此之前（1730～1740）他已在皇宮第一位主建築師胡維拉手下工作，因而認識了這座小教堂原建築師沙傑迪（當時胡維拉的助手），於是兩人一起合作佈置皇宮。

而在馬德里這段期間，基亞金杜曾修復雷汀洛宮裡的壁畫，也曾擔任聖·費南度皇家美術學校的校長，於1757年才正式接下裝飾小教堂的工作。小教堂內的裝飾屏壇則由另一位設計師沙巴汀尼於1761年完成，其他天花板、拱頂窗門、雕飾則讓另一位雕塑師米傑（Roberto Michel）負責。北方頂上壁畫由梅格斯繪製，但未能完成，因梅格斯在1776年得重病即告老還鄉，回義大利了。不過他還是經不起卡洛斯三世和一些貴族一再的邀請，用他剩餘的精力爲他們作畫，直到1779年逝世。

最後小教堂正中央天花板，有一幅大壁畫〈聖·米傑〉（San Miguel），是由畫家巴顏烏仿原聖·路卡·何丹（San Lucas Jordán）教堂所作，因爲聖·米傑曾藏於燒毀古皇宮的教會，重現新宮表達對此畫作的無限懷念。

日本室或稱抽煙室　©Palacio Real

木室（也稱瑪利亞·路易莎皇后廳）　©Palacio Real

索羅亞美術館

Museo Sorolla

地址 Paseo del General Martínez Campos,37. 28010-Madrid
電話 34-91-3101731/3101584
傳真 34-91-3085925
時間 週二～六 10：00-15：00（下午不開放）。週日及假日 10：00-14：00。週一休館。
門票 2.4 歐元。團體票：1.2 歐元（至少 15 至 20 人）。免費：18 歲以下、65 歲以上、退休人員、失業者。
交通 地鐵：1 號（Iglesia 站）、5 號（在 Ruben Dario 站下，出口是 Miguel Angel）、10 號（Gregoria Maranón 站下，出口是 Miguel Angel）。公車：5、14、16、27、45、61、147、7 及 40。
網址 www.mcu.es/bbaa/museos/index.html

建館緣起

索羅亞美術館是由一棟私人住宅轉變而成，位於馬德里馬汀尼斯・加伯・普及大道上，為畫家索羅亞（Joaguín Sorolla）最後定居的房子，此屋的內外皆依畫家的「想法」，猶如一幅畫那般細心建造。

現今會有這麼一座美術館皆要感謝其遺孀克羅蒂德（Clotilde García del Castillo）的意志——她在死前就把遺書寫好，願將所有索羅亞留給她的「寶」——住宅與其內的典藏品，一棟畫家為她無怨無悔付出，令她記憶深刻的房子，捐給西班牙政府。

如果還是硬要找此館成立的理由，那依照克羅蒂德女士的想法是：讓世人知道在這棟房子裡藏有畫家一生的傑作與其收藏品。無可否認的，索羅亞是一位具象畫家大師，許多美術館收購他的作品。在典藏品方面，畫家除了喜歡畫畫外也有收藏古董、家具、物品等嗜好。在他漫長的人生中不厭其煩細心的收藏物品，甚至不在乎他所收藏的到底是不是有價值，會不會是真品；例如：他的古董、家具大多是複製典型的瓦倫西亞風格的產品，而他購買的陶瓷，也有許多是從十九世紀末一些陶藝工廠買來裝飾家庭的。所以克羅蒂德為了保存這些畫家的「寶貝」，最後決定交給政府保管。

1929 年 1 月 5 日克羅蒂德女士去世，其三位兒女（由大至小）：瑪利亞、華金和艾蕾娜一一遵照遺囑將捐贈品交給政府，由索羅亞生前瓦倫西亞的眾好友（藝術家）及索

索羅亞美術館一景（以前是索羅亞住宅的正門進出口，目前是展區的最後出口） 王怡文攝影（右頁圖）

索羅亞美術館大門 周芳蓮攝影

羅亞女婿共同依照遺孀志願創立美術館。1931年3月28日收到政府核准證書，4月12日馬德里政府正式收下索羅亞遺孀捐出的遺產：房子、作品與收藏品，於1932年6月11日正式對外開放，但不久之後即碰上1936年的西班牙內戰，因害怕傷害到作品決定閉館，將典藏品藏到此房子的地下室（儲藏室）。直到1941年6月11日索羅亞兒子華金（ Joaquín Sorolla y Garcia）重新整頓準備再開放此館，並再請以前的贊助指導單位：馬德里聖・費南度美術館、普拉多、現代美術館及羅馬藝術館支持。1945年7月26日正式宣佈對外開放。此次開幕只有四間展廳，後來才慢慢加到今日的四至七號展室等共十一間。

1948年3月2日館長華金逝世；依他的遺囑也將父親留給他的八分之一「財產」捐給索羅亞美術館；1951年7月16日此館接到教育文化部的指示納入捐贈品，美術館經此「捐贈」典藏品可說是更豐富了！爲什麼呢？其實當初索羅亞在分財產的時候，將它分成八份。其中四份分給太太，另四份再分給其他三位兒女，而剩下的一份再留給太太，所以兒子華金的捐贈等於是收回了八分之六的作品，剩下的八分之二就等到1982年才完全收回——1931年華金捐出八十六件作品，1948年華金逝世再將剩餘的全部捐出，1975年畫家的小女兒艾蕾娜全部捐出，1982年大女兒的兒子龐斯（Francisco Pons-Sorolla）也將其八分之一作品全部捐出，所以實際上齊全了索羅亞的作品是在1982年。

華金逝世後其姪子龐斯代替他的位子，他是瓦倫西亞畫家龐斯・阿爾勞（Francisco Pons Arnau）和索羅亞大女兒瑪利亞所生的孩子。建築師龐斯－索羅亞的作風使此館更活躍：首先他新增八號展廳，接下來又把儲藏室裡的作品拿出來輪流展出。而八號展覽室整修是從1948年開始（館長龐斯－索羅亞策畫）由建築師阿斯畢羅斯（José de Aspiroz）裝修，至三年後1951年10月17日才眞正對外開放。此展室原本只是廚房，現在展有畫家的素描與水彩作品，在1972年曾因設備不佳關閉，到1983年才又重新開幕。

1962年開始，爲了慶祝此館誕生，整年都在裝修此館與策畫一系列推廣活動，目的在使畫家索羅亞的名聲達到頂峰。例如：1963年4月至5月在馬德里普拉多別館雷汀洛（Buen Retiro）展出索羅亞的作品。但很不幸的是從這個時候開始，此館因經費的問題就像失去精力一樣消失在藝術界中，直到1967年由馬德里藝術界人士與一些私人財團和國家教育文化部出面協助，挽救了美術館，1973年4月27日美術館全部管理權正式被文化部納爲財產的一部分，至此索羅亞美術館就變回國有美術館，恢復它正規的運作。

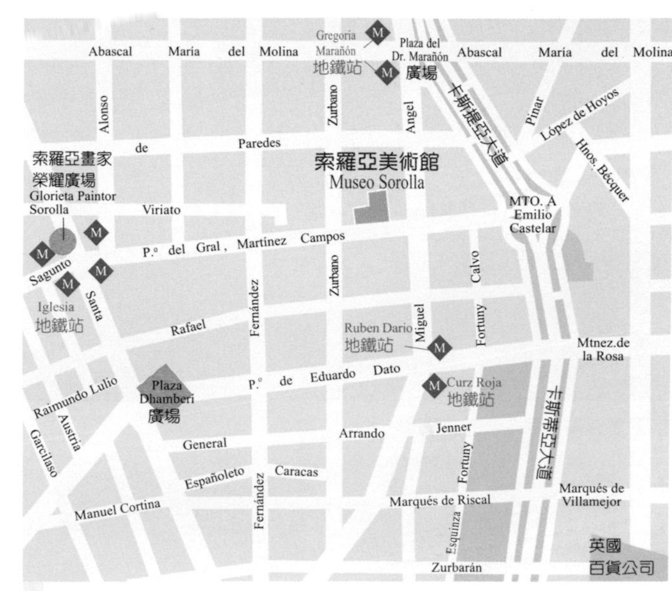

索羅亞美術館地圖

自從索羅亞美術館完全由文化部「操作」後，其舊展室即重新更換、修飾與增設新設施，如：1974年儲藏室設備、1978年改修四號展廳、1979年維修一至三號陳列室與花園及整修粉刷館內外觀、1981年全部改裝所有的空調設備、1982年裝防盜、防火新設施，此年也是美術館五十週年慶，於是還順道調出一些不常看到的作品，同時並在「小品展室」增加視聽器材，也就是今日可以看到介紹索羅亞錄影帶的地方。1982年7月館方將剩餘的空間，也就是此館第三層，改爲辦公室、圖書館。1983年又增加了二間新展室：一間用做「時段展」，一間屬於「小品展室」，另外整治安達魯西亞花園分出一點點空間做售票處。同年10到12月開設一系列演講「認識索羅亞美術館第一集」。1984年初文化部又通過一項修建案再將此館的一至三樓整修一番，對外開放二樓展區，將舊展室增設照明設備，也將所有的古董、民俗紡織、陶瓷品重新整理，同時有一私人機構自願加入美術館，替美術館清掃、修復作品。1987年修復花園的藝術品。1990年9月修復外觀，裝潢內外，至今可以說是漸漸完善了美術館的硬體設施。

建築物

索羅亞在1889年搬到馬德里，1905年買下土地決定定居下來。但當初因經濟關係他只能蓋工作室與花園，至1910年才擴建成目前美術館的樣子，由建築師雷普列斯（Enrique Ma Repulles y Vargas,1845-1922）設計建造，並加入畫家索羅亞的想法

第二庭園區全景　王怡文攝影

3 號展室：曾經是索羅亞研究作畫的地方　©Museo Sorolla ， Alberto Franco 攝

將它蓋成。

這棟房子第一工程蓋的地方是三間連續並排在一起的工作室——目前是此館的一至三號展廳，它們原先的照明皆來自於天花板的日光燈，後來其中二間：第一和第三間增加了四分之一的照明，但仍保持原始的結構。而目前最先欣賞的展室也就是一號展室；一號展室曾是索羅亞教學生畫畫的地方。畫家對於工作非常謹慎絕不會公私不分，也就是說畫家不會用其他二間工作室教畫，而此間工作室還有另外二項作用：製作油畫布與裝框。二號展室，是畫家用做展室、賣畫的地方，以前此廳的照明和其餘二間相似，但如今因換新設備的關係它比另二間更好、更亮。三號展廳曾是畫家創作、研究的地方，其內的擺設至今不變。在三號陳列室之後有一條通道可通往四處，其中之一即是藉由走廊可以和花園互通，在它們之間只有一扇落地窗。這扇窗以前是索羅亞運送大畫出入的大門，目前已沒有使用。另外在三號展室與樓梯間也有一扇門，但通常是關閉的，如果將它打開，可以通往客廳、住宅區（臥室）、工作室。

>住宅區

畫家的住宅區非常單純：在第一層有客廳或稱門廳、飯廳、前飯廳與一間無用小客

從第二庭園區往第三庭園眺望　王怡平攝影（上圖）

花園一景　王怡文攝影（右圖）

廳。客廳目前是展區最後出口的地方，所以看完了客廳的典藏品即由廳門出去。右方樓梯可至二樓；二樓隔間目前保持原先的狀態，分別是四間臥房、一間浴室、一間小門廳。四間臥房之中有一間主臥房，索羅亞夫婦的房間，今為六號展室，另外一間四號展廳分別由浴室、小門廳一部分和瑪利亞房間組合而成，其餘的分別改為五、七號展室。上面閣樓本是儲藏室，後來畫家兒子華金當上館長之後就以館為家在此居住，至他逝世後這一層就成為辦公室與圖書館。而其他的房間和廚房位於地下室；現在廚房改為素描展室，儲藏室屬於現在守衛的住宅，另外的空房在 1981 至 1982 年改為新展室，目前只留下一間小客廳不對外開放。

1 號展室：曾經是畫家教畫和準備油畫布與裝框的地方 ©Museo Sorolla， Alberto Franco 攝影（上圖）

2 號展室：曾經是藝術家掛畫賣畫的地方 ©Museo Sorolla， Alberto Franco 攝影（左圖）

＞花園

索羅亞經常在花園作畫，因而當初在蓋的時候畫家就特意製造成一座像南部塞維亞王宮 Alcázar 和格拉納達 Alhambra 花園的風格；因為他最喜愛安達魯西亞庭園式的格調，猶如他畫中表現塞維亞風景一角一樣，令人有種世外桃源的感覺。

這座花園不只在索羅亞畫面中經常出現，同時內部也有一系列非常有趣的物品；如一些仿文藝復興的大理石柱、雕塑：如〈穿長袍的羅馬人〉；一座巴洛克式的噴泉，陶瓷（多數屬於十八世紀瓦倫西亞的陶瓷器）及一座仿義大利式花園的藤架和卡斯提亞徽章。此花園可分三區：第一區是建築物大門前的首區花園；也就是入口區花園。第二區是介於第一區與第三區之間，長方形造形。第三區是接建築物側邊的房子，也就是以前工作室（第一間）入口區的地方，今為到售票區與第一展廳必經的地方。

索羅亞 粉紅色罩袍 油畫 1918

索羅亞 瓦倫西亞捕魚女郎 油畫 1915

第一區：具有塞維亞奇花異獸式的裝飾風格（El Grutesco）。大門是二十世紀西班牙新鑄鐵花式風格，帶有豐富複雜的花葉造形。

第二區：這一區是畫家經常寫生的地方；藝術家經常用不同材料將它帶入畫面，但其內有許多作品並不是畫家所作，如區中的一小座噴泉。這座小泉是畫家1911年從南部格拉納達買回，它是一座十七世紀的典型作品，其外圍由「裝飾性」濃厚的小樹牆圍成，一看就知道是宮廷花園的風味。

第三區：和第一區一樣，透露著雷普列斯的風格。在此區索羅亞曾想把它圍起來（草圖記載），但最後還是留下目前的樣子。然這一區比較難解釋清楚，因爲它以前有三個出入口：一是目前陶藝展區的地方，另一個是介於工作室與花園之間的落地窗（目前沒用），以前它是大畫的進出口，第

索羅亞　海邊散步　油畫　1909

話。

典藏品

美術館的展廳分三種典藏性主題：一是家族肖像，也就是聚集所有美術館牆上的作品。二是花園的主題，此館擁有二十餘幅精彩索羅亞以花園為主題的作品。最後是屬於海邊性的主題，畫家幾乎習慣每年夏天到海邊作畫，他認為如此即可直接與物象靠近，直接研究、分析，感受直接性的重要經驗。

三是目前售票入口區（右方），這一進入口要上小樓梯才能到。索羅亞認為此區不適合做為典型的安達魯西亞庭園，所以決定將它改為像義大利式的花園。這座花園有藤架柱子，畫家利用它來分出第二區的界線。這一區有二個重要元素：一是右邊的索羅亞半身雕塑，由貝利雷（Berlliure）製作，二是它對面的一座「知心泉」，由瓦倫西亞馬可（Francisco Marco Diaz）作；這座知心泉是藝術家1911年在「國家裝飾大展」中買回，當時人物屬於石膏作品，1975年雕塑家把人物翻製成銅像，贈給美術館，這座知心泉最奇特的地方是二位女人正在說悄悄

>第一層（1、2、3號展室）

1號展室：是畫家教畫的地方，也是製作油畫布、裝框的地方，目前展人物肖像的地方。

2號展室：這一區讓我們想起畫家展畫、賣畫、辦公的地方。此區有二幅代表作，如〈粉紅色罩袍〉和〈瓦倫西亞捕魚女郎〉；這二幅皆是畫家在1915至1916年之間於瓦倫西亞海邊所繪的作品，人物造形都很像雕塑，但它們的油畫刀筆觸卻是非常不同。前幅作品並沒有留下簽名，這是畫家經常發生的事。此作描述一位女孩從海邊走出來，正要將身上濕的粉紅色罩袍換掉，而強

烈的太陽光卻穿透柵欄不規則地烙印在她身上，旁邊一位穿白衣的女人正在幫她擰乾。另一幅〈瓦倫西亞捕魚女郎〉，畫面中三位女人如幾何的造形將長長的影子變得奇特僵硬。

3 號展室：原是索羅亞研究、創作的地方，如今爲此館的三號展廳；其中也有二幅作品非常出色：〈自畫像〉與〈海邊散步〉。〈自畫像〉就掛在牆面上方，一幅畫家畫給太太的作品，在畫面中畫家展示自己，眼神流露出凝視專一的神態，右邊有類似維拉斯蓋茲〈宮廷侍女〉的形式，雖然畫家將佈局倒置，但仍可看出它的狀態。而〈海邊散步〉是一幅大家公認藝術家要表現太太的作品。畫面中的左方人物即是克羅蒂德，右邊是他大女兒瑪利亞，二人在海邊散步的情境。這幅作品也是畫家在瓦倫西亞海邊畫的作品（1909 夏天），當時應是黃昏，從畫面

客廳佈置典雅明亮　©Museo Sorolla，Alberto Franco 攝影

客廳一景　©Museo Sorolla，Alberto Franco 攝影

飯廳　©Museo Sorolla，Alberto Franco 攝影

前飯廳的出口區　©Museo Sorolla，Alberto Franco 攝影

中長長的影子即可證之——畫家從1904年開始就經常以海邊爲畫題，試圖改變畫風，尋找另一種創作路線——由此畫我們可以感受到其用心。

看完了三間工作室展品，穿越小門來到畫家的住宅區。然要到住宅區，首先要經過樓梯間。依畫家的習慣這扇小門常是關閉著；主要是爲了將住宅區與工作室分開。而這個空間正好就有這種隔離作用。樓梯間可以通往家裡的客廳、地下室亦可以直上二樓；我們現在就先上二樓的臥房。

>第二層（4、5、6、7 號展室）

第二層是索羅亞一家生活的空間、臥室，主要有四間臥室，一間浴室，一間門廳；曾於 1932、1945 年整修過，現今用做四至七號展廳。但我們先穿過到七號展室再倒回來談。

7 號展室：展有索羅亞 1879 至 1894 年期間的創作，也有一系列仿維拉斯蓋茲風格的小品。而走至六號展廳置有畫家 1895 至 1900 年時期的作品。這間也是藝術家夫婦的臥房，所以掛有一幅克羅蒂德女士的肖像。另外一幅代表作是〈努利亞・哈維亞〉（1900）；畫家企圖顯示新造形畫風，而此作品也使他開始在藝術界中聲名大噪。在此幅我們不只看到他的油畫刮刀與豪放的筆觸——可能是受北歐畫家的影響——也就是索羅亞 1889 年在巴黎國家展期間所認識的朋友，這幅畫也代表著畫家開始嘗試畫風景畫。

5 號展室：這間展室陳列 1903 至 1905 年作品，和一張1909年的〈馬浴〉。從1900年開始畫家就計畫到西班牙各地寫生，常利用春季和初夏出去寫生，而且他也有每年暑假（九月）會到瓦倫西亞海邊度假順便作畫的習慣。所以此展室大致是這些地方寫生的作品。

4 號展室：是典型索羅亞 1906至1919年時期的作品，也就是索羅亞印象派時期的作品。

看完了四號展室，經小門廳下樓至客廳，但我們先穿越到前飯廳與飯廳、地下室的小品室與素描廳，再回來客廳。

素描展室：以前是廚房，1951 年改為素描廳，1981 至 1983 年再加上視聽器材，每天十二點放索羅亞創作、生平的錄影帶。

小品展室：1981 至 1983 年改修而成，專展索羅亞小品畫，也稱「草圖」與「筆記型」作品。

時段展區：此展室每年更換的作品，從 1983 年就對外開放至今。

飯廳：1911年畫家在此室牆上畫了許多「菜式」的裝飾畫，配合白色大理石和有微紅紋路的壁爐和門樑，看起來很像道地的西班牙東南海岸區的建築物風格。但最重要的是，在壁爐上方有三個陶瓷器，藍色花紋、白色底，由右至左可分為：第一個是十八世紀亞拉崗（Aragon）區的水壺，中間是十九

樓梯間 ©Museo Sorolla，Alberto Franco 攝影

索羅亞　哈維亞水車　油彩、畫布　1900　©Museo Sorolla，Alberto Franco 攝影

世紀末的花瓶，左邊是十八世紀達拉維拉村（Talavera）的花瓶。

前飯廳空間：這間小房間以高貴典雅的瓷磚裝飾半牆面，是畫家特意叫水泥師父德・路納（Ruiz de Luna）手工製成。然它最特殊的地方是非常像馬德里大教堂（Escorial）內菲利普二世（Felipe II）的房間。另外一座人體雕塑也非常傑出；這是畫家的女兒艾蕾娜所作，描寫一位女子雙腳彎曲、兩手向後支撐，一副優游自在的樣子。

客廳：首先右邊有兩根羅馬式柱子，和一扇落地窗可直接欣賞外面的花園風景。廳內的天花板吊一盞銅製吊燈；聽說是一位美國金銀匠師蒂芬尼（Louis Confort Tiffany）作的；屬於純現代主義風格的作品。中間的桌子屬於西班牙十八世紀的作品，桌角猶如豎琴扣上鐵條花式裝飾。其上的銅雕是藝術家的大女兒肖像；由阿根廷雕塑家拉可斯（Alberto Lagos）所作。它旁邊有二個盒子：一個是放香煙；另一個是放錢幣或鈔票。而此間最重要的作品是在羅馬柱子右方的〈自畫像〉，與左方的〈克羅蒂德肖像〉。

館長專訪

索羅亞美術館

弗洛倫西奧・德・聖安娜

館長弗洛倫西奧・德・聖安娜　王怡文攝影

徐芬蘭（以下簡稱徐）：我們都知道這座美術館是由畫家的家族捐贈的，可否請問館長詳情如何？

館長（以下簡稱館）：是的！此館所有的典藏品皆來自於索羅亞家族。主要原因是索羅亞的太太克羅蒂德女士，她因感懷先生的收藏應有完整保護，所以在1925年立下遺囑，交給大女兒瑪利亞，交代女兒等她百年後即把遺囑交給政府成立美術館，這是初創此館的主要原因。後來畫家的兒子、孫子陸陸續續也將作品捐出，至今聚全了所有畫家的作品。

徐：那我想藝術家的家族成員一定會到此館看一看吧？

館：是的！因為美術館雖是國家的，但是與美術館並齊行政運作的是一所基金會，現今基金會的執行長是索羅亞家族一員。

徐：喔！還是有關聯！聽說您在此已工作二十五年了。

館：幾乎二十五年。

徐：請問館長您認為這座「畫家專屬」的美術館需要特別性的推廣策畫嗎？未來有何企畫嗎？如宣揚畫家的名聲？

館：是的！我們正在做。

主要有二個方向。一是「展覽」：目前館藏品有許多正在外面展出，去年我們成立「伊比利半島推廣企畫部門」處理這些置外的展覽。今年我們期望這個「企畫組」持續工作，但目前尚未接到指示。除了辦展外，也到各國介紹索羅亞美術館，目前有荷蘭、瑞士與日本等。而在西班牙境內也一樣——這是我們想讓人認識（畫家）美術館的首要政策。二是館內政策：我們在這四、五年之中經常爭論，想爭取文化部的允許，擴建美術館，但因經費問題尚未核准。我們希望在馬德里市中心成立一個「推廣部——置展空間」，因為此館的所在地非常隱密，所以我們正在努力爭取，想在最短的時間內讓大家認識此館。

徐：館內政策沒有包括做簡介嗎？

館：沒有！三折頁簡冊並不是我們目前的政策，它幾乎是沒用！這是一項值得爭論的「題目」。目前我們最需要的是「美術館導覽」，現在由退休義工在準備製作。因為我想大家最終的目的還是想認識館藏品。

徐：基金會有其他的政策嗎？或是其政策會與文化部的政策「相左」嗎？

館：喔！不會！不會！因為此館的行政是和基金會並行的！

徐：它們是……

館：它們雖是行政合一，但卻是各自獨立的機構；例如我們要辦一項展覽，文化部出置展費，基金會付推廣費，所以二者並不會互相爭執。

徐：以辦展為例，可以再說深入一點嗎？基金會與美術館如何處理？

館：假如我們辦一項大展，基本上都請銀行、合作金庫或私人財團贊助。假如館藏品外借，基本上基金會會收「借展金」。但某些背景的中心：如市府、外交部、博物館等來借展品，基金會是不會收「借展金」的。

徐：外國呢？

館：也不需要。不過要強調的是，例如：我們的作品到哥倫比亞，第一次是私人美術館借的，基金會收「借展金」。第二次是政府的美術館來借，基金會就不收費用。

徐：非常好！

館：很好？

徐：是的！那再請問館長這座美術館的工作人員人數是正好呢？還是因經濟問題不能雇用更多人呢？或是不需要這麼多人？

館：不！此館最大的問題是缺乏專業人員，因為經費問題請不到專業人員，通常專才的薪水非常高。

徐：喔！那美術館的收入呢？

館：這座美術館是國家的，所有的收入必須「納入公款」。

徐：基金會呢？

館：也是如此，但是也不會「盈」多少！因為它只有「借展金」的收入，而這些收入必須再用到其他推廣政策上。

徐：可否請您談一下索羅亞的風格？

館：索羅亞的風格猶如一塊海綿一樣，走到哪裡吸到哪裡。也是一位經常外出（各國）寫生的畫家，沒有固定的派別，但總是被稱「光的畫家」。

周芳蓮（以下簡稱周）：請問館長，基布斯瓜（Guipuscua）區和索羅亞二者之間有什麼關係呢？因為我讀到一本圖錄……？

館：噢！二者並沒有什麼特別關係，這是以前別的機構辦的一項展覽，並不是本館策畫的，索羅亞每年暑假都會到處寫生。此展顯示索羅亞到基布斯瓜區寫生的作品。

第三庭園：知心泉　周芳蓮攝影

周：為什麼我們經常把索羅亞和蘇洛亞加（Zuloaga）比較、討論呢？

館：這種比較是以前傳統的手段。蘇洛亞加和索羅亞是非常不一樣的！並沒有一點關係。評論家評索羅亞是一位非常冷靜、沈著的畫家，而蘇洛亞加在當時並不是很出色，只因為寫了《西班牙十九世紀末黑色時期繪畫》而聞名，之後藝術界將蘇洛亞加列入大師之中，進而被評論家評為西班牙精神的畫家，但我不認為比索羅亞還更貼切成為純藝術家。

周：請問館長目前您有教書嗎？

館：有。我的專長是西班牙十九世紀繪畫史。

徐：美術館有舉辦演講嗎？

館：有。

徐：關於十九世紀？

館：不是！關於索羅亞，而且也正準備一項非常有趣的展覽。

周：呀！真的！是什麼？可以說嗎？

館：是「花園與繪畫」展，已準備四年了，但目前因某因素現在停擺……。

周：在馬德里？

館：現在未知！

徐：噢，很可惜！我想時間已差不多了！謝謝館長接受訪問。

館：謝謝您們的來訪。

（徐芬蘭、周芳蓮訪問，王怡文攝影）

加泰隆尼亞自治區

加泰隆尼亞玩具博物館
達利戲劇美術館
巴塞隆納裝飾藝術館與陶瓷館
達比埃斯美術館
巴塞隆納合作金庫基金會美術館
加泰隆尼亞國家美術館
巴塞隆納當代美術館
巴塞隆納市米羅美術館
畢卡索美術館

畢卡索美術館

Museo Picasso del Barcelona

地址　C/ Montcada 15-23 08023BCN。
電話　34-93-3196310
傳真　34-93-3150102
時間　週二～六 10：00-20：00。週日 10:00-15：00。週一、1/1、5/1、6/24、12/25、12/26 休館。
交通　地鐵：3 號（Liceu 站）。4 號（Jaume I 站）。公車：16、17、19、22、45 在 Via Laietana 下。39、40、51 在 Passeig Picasso 下。14 在 Passeig Isabel II 下。59 在 Pla de Palau 下。藍色線市區觀光巴士。
門票　一般 4.80 歐元。半票：2.40 歐元（學生及退休人員）。免費：16 歲以下及拿玫瑰色牌子的退休人員。每月第一個週日也是免費。
網站　www.museupicasso.bcn.es

許多人都很想知道畢卡索美術館由何而來，這麼一位天才大師為何「甘心」躲在一條又窄又短的小巷裡？也有很多遊客問我：「徐小姐，畢卡索美術館是不是他出生的房子？否則怎麼會選在這麼一條小窄巷裡呢？」不是的！雖然是在一條又窄又短的小巷裡——蒙特卡達街15-23號（La calle de Montcada N 15-23），但並不是畢卡索出生的地方。它的成立是由許多環境因素而造成的，主要原因是為了紀念畢卡索在 1895 至 1904 年間與它「朝夕相處」了九年的關係；次要的原因，則是巴塞隆納市政府想要重新「振興」當年繁華的盛況，所以執行一項「發展企畫」案，讓它重新「復活」，產生商業機能，促進新人潮，所以就將許多美術館設在此街上，其中之一，當然就是把「西班牙第一」——畢卡索搬到這裡來。

然畢卡索美術館從初設構想到真正成立都與藝術家有直接的「親密關係」，而且大部分的典藏品也是藝術家或其後裔捐贈的——主要是從畢邸搬到巴塞隆納市。九年之間畢卡索在此「烙印」的藝術痕跡：他在巴塞隆納市的九年間所學習到的藝術理念、繪畫技巧與前衛知識，是他在漫長的藝術生涯中，相當刻骨銘心的學習生涯，所以他一直有個心願，即是在這麼一座值得懷念的都市，蓋一棟自己的「回憶錄」。

建館緣起

1919 年，畢卡索親自策畫建館初構。他捐贈了 1917 年在巴市舉辦的個展所留下來的作品給當時的巴市市立美術館（有計畫的捐贈）。接著 1932 年，巴塞隆納市政府與加泰隆尼亞自治區政府共同買下由布蘭迪

阿基勒館入口區中庭，右方有樓梯至第一層樓貴賓室，現為畢卡索美術館最初所在地。 ©Museo Picasso（上圖）

梅加館內景（畢卡索美術館三館） ©Museo Picasso（右圖）

卡斯德野特館外觀一景（畢卡索美術館二館）©Museo Picasso（左頁圖）

勞（Luis Plandiura）收藏二十件藝術家非常重要的作品，之後這些畢氏的作品於1934年在加泰隆尼亞美術館附屬的「畢卡索展覽專室」展出——一間專門爲畢卡索設的展室。再來，此館又收到各界的捐贈品（畢卡索作品），其中最重要的還是屬於1938年畢氏自己捐出的版畫系列作品。至1953年，加利卡（Carrigai Roig）捐出一批畢氏重要的作品，這些新贈品既豐富又重要，整合了畢卡索的典藏系列。1960年7月27日巴塞隆納市政府認爲時機成熟，同意成立「畢卡索美術館」，由畢卡索的好友兼執行祕書海梅．沙巴爾德斯（Jaime Sabartes）主持管理。

沙巴爾德斯與畢卡索相交甚深，他在1899年認識畢卡索，1935年成爲密友，至此之後，對畢氏兩肋插刀，鼎力相助。此館的館藏品，不只是沙巴爾德斯自己捐出一部分（將畢氏送給他的「深交之作」捐出），還努力、細心地經營此館的館務。當時因佛朗哥執政（右派極權分子），畢卡索爲共產主義者互不相容，所以自始至終建館主持、經營皆由沙巴爾德斯代手。整座美術館從1960到1963年，三年之間由沙巴爾德斯策畫建館事宜，漫長的計畫與推廣，終於在1963年3月9日讓畢卡索擁有「自我的天地」，其功勞不小。

1968年，沙巴爾德斯去世之後，美術館走入新的歷史時期，這時畢卡索人在巴黎。雖然當時畢卡索因爲政治關係沒有辦法回來，但知道好友去世之後他即馬上負起美術館館藏品增加的責任，再捐一些個人重要的代表作，向沙巴爾德斯致敬。每一個創作的系列版畫，就捐出其中一張，做爲紀念好友的禮物。同年又捐出五十八張聯作的〈宮廷侍女圖〉。1970年2月畢卡索再一次捐出大量的創作給美術館，這些作品也就是現今美術館的主軸、精華所在。畢氏於1895至1904年在巴市居留期間所畫的創作，人稱年少如老畫家，老來如小頑童的珍貴年輕畢卡索之作。

1973年4月8日畢卡索去世之後，畢家並沒有因此就與巴塞隆納市「斷絕關係」，藝術家的後裔，尤其是第二任太太賈桂琳（Jacqueline），爲了履行藝術家的心願，一直都陸陸續續地把畫家作品捐出。

建築物

原本畢卡索美術館只有阿基勒（Aguilar）公爵館而已（Montcada 15號），目前已囊括了巴洛・德・卡斯德野特館（Baro de Castellet-17號）與梅卡之家（Meca-19號）兩座建築物，皆屬十四、十

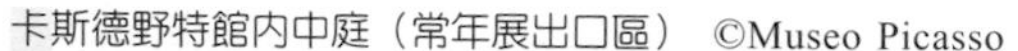

卡斯德野特館內中庭（常年展出口區） ©Museo Picasso

五世紀有錢人的私宅區（古黎貝拉區）。和其他建築物一樣，建築物爲典型的四方中亭，外面有樓梯直達第一層樓貴賓室——一種當時富有人家私宅的傳統建造方式。樓下只有儲藏室、廚房及客廳，樓上則是臥室。一般來說，第一層樓樓梯間的第一個房間，是用來當做辦公室的，或接待一些非貴賓，所以建物通常看起來寬大、厚實。

然在這一區中，也有一些建物有所不同，如像巴洛．德．卡斯德野特館，是十三世紀建造的房子，經過許多整修之後，原有的結構已有變化，目前所能看到的，也只是十八世紀末卡斯德野特家族所建造的哥德式建築。另外還有一些建物，如十五世紀建造的阿基勒館，也是由阿基勒家族改建多次之後所留下來的哥德風味建物。所以兩座建物在經歷多世混雜的建築風格之中，尚可見其哥德之影。它們都是至二十世紀中（五〇年代）被巴塞隆納市政府買下，做爲文化發展之用。1963年阿基勒公爵館成爲畢卡索美術館所在地，七年之後，擴至卡斯德野特館。到最近1981年梅卡家族修建蒙特卡達19號房子，1986年送給美術館，成爲畢卡索美術館的「一分子」。雖然畢卡索美術館建館才三十八年，可是館藏品直遽暴

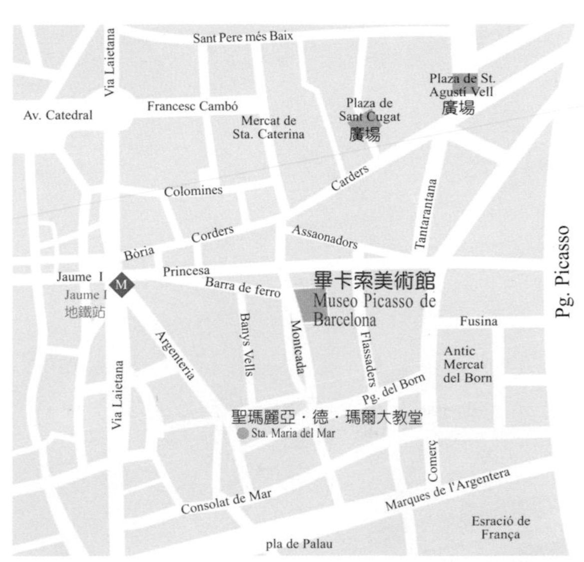

畢卡索美術館地圖（上圖）

阿基勒館內中庭（畢卡索美術館一館）©Museo Picasso（下圖）

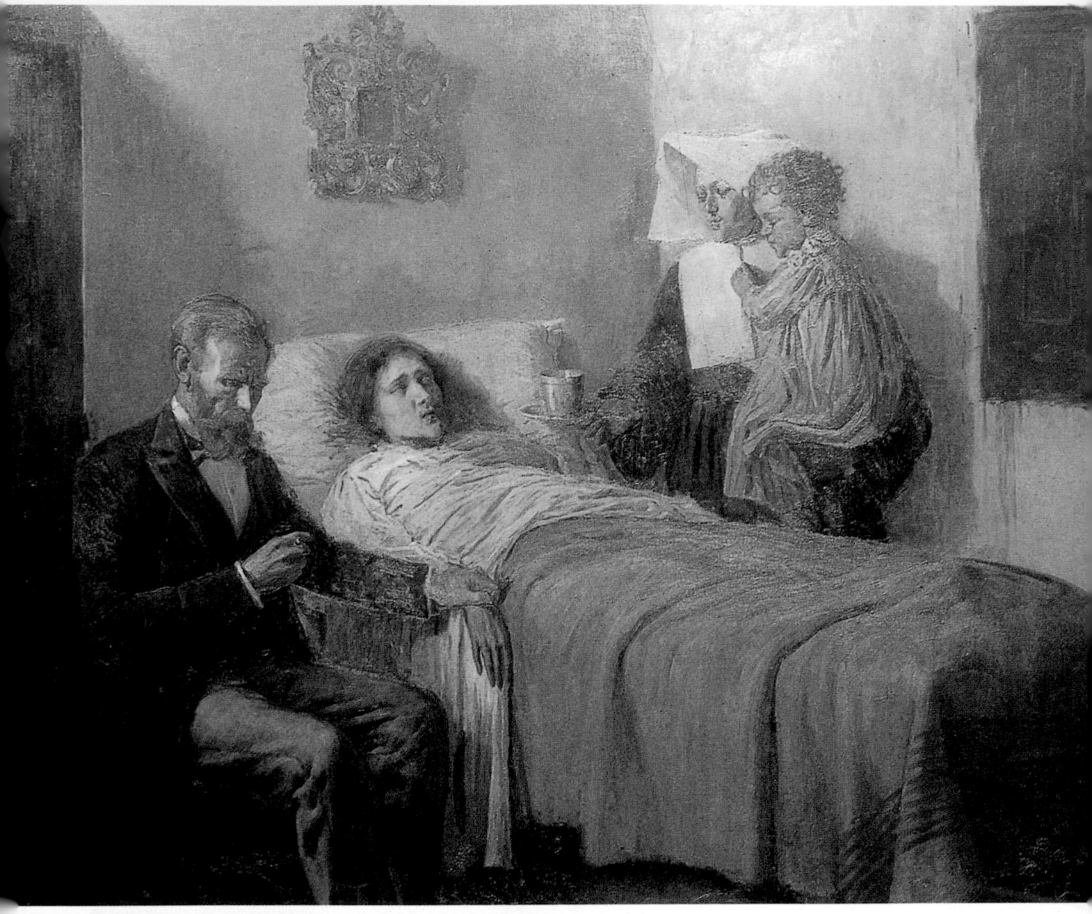

圖左為〈科技與仁慈〉之作，是畢卡索美術館鎮館之寶。 ©Museo Picasso

畢卡索　科技與仁慈　油彩、畫布　197 × 249.5cm　1897（上圖）

增（購進許多重要的畢氏後期之作），連館址展廳也都擴展到三館之多，可見其收藏之豐。

典藏品

剛說過，館藏品與藝術家密不可分，其主要包括藝術家的素描、油畫、版畫和陶瓷品，這些作品皆證明藝術家與巴市九年之間「朝暮相處」所留下來的痕跡。

1895 年 9 月畢卡索全家搬到巴塞隆納定居，1900年應好友加沙黑馬（Casagema）

之邀至巴黎看大展，至此巴黎、巴塞隆納兩市來回跑，他在 1904 年正式定居巴黎。畢卡索想將這一時期（1895 ～ 1904）的學習創作結晶留在巴塞隆納，使大家能看得到他這段時期精華傑作。

典藏品由其九歲在馬拉加（Málaga）所畫的素描人物及剪紙開始。1881 年畢卡索生於馬拉加，十二、三歲時，因父親工作的關係舉家遷至西北部拉．科魯尼亞（La Coruna），畢卡索的父親是一位素描老師，因科魯尼亞有職缺即到那邊任職，畢氏也因此正式進入繪畫學習。1892 年他進入父親任教的專業美術學校就讀，此時年輕的他產生了二種繪畫心境：一爲他學院式的學習心得，這種學習一直到 1898 年厭惡之後

展室一景，圖中為〈宮廷侍女〉。 ©Museo Picasso（左圖）

畢卡索　宮廷侍女　油彩、畫布　129 × 161cm 1957（下圖）

畢卡索　宮廷侍女　油彩、畫布　194 × 260cm　1957

停止；一種爲日常觀察學習心得，這種學習使他的繪畫不局限在學院式的公式畫裡，讓他的畫更生動、更自在、更能引人側目。

然 1895 年 9 月因小妹去世與父親工作的需要，畢卡索・路易斯全家又再一次地遷移，這次搬到大都市巴塞隆納。在這段時間，畢卡索的畫風以他朝夕相處的人、事、物爲主，他的風景著重在其視界範圍內，他的父親、母親及大妹羅拉（Lola），其中以畫大妹羅拉的〈受聖洗禮〉（1896）之作與畫其父〈科技與仁慈〉之作（1897）爲最。前者在 1896 年入選爲省展之作，後者則將他保送馬德里最高美術學府：聖・費南度美術學院免費就讀一年，〈科技與仁慈〉也讓他榮獲國家美術獎。

在 1897 年 10 月至 1898 年 6 月他在馬德里念書之後，回到巴塞隆納市。此時是畢卡索「生產」最豐富、最多量，也是展現藝術改革最多的時期，雖然他在 1900 年之前一直沒有和前衛藝術接觸，但此時的他替雜誌畫插畫、海報，辦個展，因此吸收到不只是歐洲前衛藝術思想，也受到國外雜誌及加泰蘭藝術家的影響。

1900 年，加沙黑馬邀畢卡索到巴黎看

國際大展，在那裡他發現印象派、後印象派、點描派的畫法，如此發展出自我的綜合風格畫法，我們可由展廳中的〈妓女〉與〈期待〉二作，可看出畢氏在此時期所接受的藝術影響。

1901至1903年是畢氏的「黑暗時期」，因爲他在巴黎所看到的皆是社會負面生活，如乞丐、窮人、孤兒、瘋子、妓女及死亡等，所以所畫的主題也是這些悲傷、憂愁、傷感的人、事、物。這些哀憐之情到1903年春，因他的好友加沙黑馬的去世達到最高點——也是推向「藍色時期」的主因。藍色時期起於巴黎，終止於巴黎，但發展創作過程卻在巴塞隆納，所以一些巨作代表只有在巴塞隆納才能見到，這點我們可在「藍色之廳」見證。

藍色時期之後即是粉紅色時期，也是美術館最缺乏的典藏品，但在缺少之下，還有精作代表，如〈加納爾女士肖像〉。

從1904年4月開始，畢氏決定住在巴黎，只有特別的事才會回到巴塞隆納，所以從此時期之後的作品大部分在巴黎畢卡索美術館典藏。

1917年6至11月，畢氏重回巴塞隆納市做短暫的居留，由於此時的創作是史稱的「畢氏新古典主義」風格，所以在此時期的作品大多屬於復古式的作品，如：〈丑角〉與〈披頭巾的女人〉。

1968年，在沙巴爾德斯死後，畢氏再捐出一批他在坎城製作的四十四幅「宮廷侍女圖」、九幅「鴿子」畫、三幅風景畫和一些「賈桂琳肖像」給美術館。這些後期所捐出的作品皆屬畢氏藝術最完整的代表作，所以在此展室最後也以這些作品爲主軸，其中有二幅代表：一爲八十六歲之作，另一爲九十歲之作，二幅作品皆可見末期的畢卡索已走向抽象表現主義的影子了！

阿基勒館內部（畢卡索美術館樓下之景，曾是阿基勒館的儲藏室、廚房及客廳之地） ©Museo Picasso

巴塞隆納市
米羅美術館

Fundació Joan Miró

地址 c/Parque de Montjuic,s/n 08038 BCN 。
電話 34-93-4439470
傳真 34-93-3298209
時間 10-6月：週二～六 10：00-19：00 ，週日 10：00-14：30 ，週一休館。7-9月：週二～六 10：00-20：00 ，週四 10：00-21：30 ，週日 10：00-14：30 。週一休館，若週一為國定假日則不休館。
交通 公車 50 號、遊覽車、市內觀光公車。
門票 一般 7.20 歐元。半票：3.90 歐元。單看時段展：一般 3.60 歐元。半票 1.80 歐元。 15 人以上團體有特別優惠票。藝術聯票（可看六館）共 15 歐元。
網站 www.bcn.fjmiro.es

建館緣起

米羅基金會是巴塞隆納市政府決心在巴市內成立第一座當代藝術活動中心的公共機構。話說 1968 年，米羅七十五歲時，巴市在聖・克雷烏醫院（Santa Creu）舉行一個藝術家的大型回顧展，茲因這個展覽，集結了許多米羅一生精心的創作，包括美術館館藏品、私人典藏品及畫家自己的「私房品」，林林總總，美不勝收，一時把展覽「哄熱」起來，大受民眾及相關人士的好評，因此市政府才想到應替藝術家成立一個美術館。

這個點子很快就得到其好友兼創作伙伴約翰・布拉特斯（Joan Prats）的支持，自願擔負起成立美術館的責任。其實布拉特斯早就想建立一座當代活動中心，而且不只是提供欣賞或研究他所典藏的米羅作品，他更希望這座美術館可以提供二十世紀前衛藝術流派及年輕創作者交流，所以這個提議一出，他就自願全力支持。

然爲了確定這座美術館有完整的「自主權」，依傳統加泰隆尼亞憲章，必須以基金會之名義成立，至此米羅美術館就如米羅基金會法則規定，得以「完全自主」。

建築物

說到建築物，不能不提建築師塞特（Josep Lluis Sert），一位創立「加泰隆尼亞建築及技術協會」的名建築師，對加泰蘭人的建築有不凡的貢獻，也是米羅的一位好朋友。當他被託付設計這座美術館及其建造工程時，二話不說，一口答應，他獲得市政府的支持，批讓土地給他，自己也出錢贊助一切建造工程費。

中庭庭院（從此穿越即到常年展展場）（上圖）

米羅美術館外觀（右圖）

10 號展室　©Fundación Joan Miró

米羅美術館時段展一景

米羅和塞特雖然是在 1937 年為了巴黎國際大展，一起做西班牙館時才正式深交，可是在 1932 年已會面過了。當時西班牙館的執行建造由塞特及路易斯・拉加沙（Luis Lacasa）負責，館內展有畢卡索的〈格爾尼卡〉、胡力・貢薩雷斯（Juli Gonzales）的〈蒙塞特山〉、柯爾達（Alexander Calder）的〈水銀噴泉〉(這座噴泉在 1975 年送給米羅美術館）及米羅的〈收割者〉，這也是首次塞特的建築物用來展示藝術作品。隨著時間一久，他就以此為主，例如：1956 年在馬約卡（Mallorca）蓋一座米羅工作室（現在也成為米羅美術館）、1964年聖・保羅・德・維斯（San Paul de Vince）的馬艾特基金會（La Fundación Maeght），這也是一座專門收藏米羅作品的美術館，和後來在 1975 年巴市成立的米羅基金會等。

常年展入口處

在巴塞隆納市的米羅美術館，塞特引用一種開放式結構的建築，一座內有空間、外加對角空間的建築物，讓它完美地呈現出建物與風景互相協調、融合在一起的結構，猶如米羅對其雕塑製作的法則：作品必須融合在風景裡。然而一開始塞特在設計、建造這座美術館時，就深切考慮到二種建造美術館的要素：展示藝術品必要的條件——採光和參觀路線的設計。

1.採光。爲了充分利用自然採光，他採用了一種能納入四方來光的圓柱錐形建築結構，讓陽光能隨時隨地由任何角度射入及反射。在內部則能從天窗照進來，不會有陰影的干擾，也不至於受陽光直射破壞作品，更可以讓參觀者在欣賞時不受視覺上的阻礙。

2.動線設計。他爲了讓觀者能「節省」時間，不用浪費走一大圈「徒勞無功」之路，設計了可以「選擇」的中庭結構。這種設計可以讓看常年展（米羅作品）的人，可以從中庭穿越，直至常年展室參觀，而不必繞一大段路才至常年展室。這種設計是仿中古世紀寺院中庭的建造，可以避免參觀者重複參觀動線。

建物基本的材料是上白色油漆的鋼筋水泥，外面支牆以具有粒狀粗糙質感的模板製成。內部一樣是白色，讓參觀者在視覺上能舒適地欣賞作品。另外支牆上也夾雜一些土黃色水泥牆，內部階梯以木材製作，這些皆是地中海典型的建造形式。塞特雖然在美術館設計上，有一種令人明亮愉快的節奏感，如挑高的天花板、中庭、天窗等，但無可否認的，它還是一座具有簡單、嚴謹中世紀特質的建築物。不過在此建物中值得一提的是一間八角形結構的房子，其範圍包括：視聽室、一間展室和圖書館。

從它成立十年之後，基金會已增加了許多設備及典藏品，也因如此，必須擴建建築物。建築師海梅・費利薩（Jaume Feixa），是塞特的學生，曾與塞特在哈佛大學工作過

巴塞隆納市米羅美術館地圖

米羅　女人與小鳥　1969

米羅、羅尤　女人與小鳥　編織物

加以複製，依其公式蓋即可，這也是塞特在建造上高人一等的地方。

擴建之後，從1985年至今，參觀者「突飛猛進」，借展、典藏品也隨之增多，如此又得擴建此美術館，美術館的擴建案還是由先前的擴建建築師：海梅負責，至2001年完成擴建。

而且增加了二十三件從日本K.AG藝廊收購回來的米羅作品及二件藝術家後代捐贈的作品等。

典藏品

基金會典藏品最特別的，不用說當然是米羅作品，但也有一些如達比埃斯、杜象、柯爾達、恩斯特等藝術家之作，共計一萬一千多件作品，包括二一七件繪畫、一七八件雕塑、九件編織品、四件陶瓷品，加上八千件素描、水彩、草圖筆記等。

這一萬一千多件的典藏品，大部分是米羅捐出的，不過也有其太太皮拉爾（Pilar Juncosa）捐贈的，組成了一個非常完整的「米羅典藏品」，把藝術家各時期的創作心

十一年，且與他一起經營基金會的行政活動等。

其擴建的設計與原圖建造理念一致，具有本土主義（地中海的傳統建造風格），融合了住宅與風景。另外一種與塞特建造相同的方法：其設計的建物，可因其需擴大，再

米羅　雙臉石碑　1956

米羅　彩繪與「現代主義」框架　1943

路展示出來。另外還有其他一部分的典藏品，則是由其好友布拉特斯私人收藏的捐贈品，他是米羅的知心朋友，也是推動「米羅美術館」成立者之一（從建館之初就將自己的收藏品捐出，也和其他米羅的至親好友一樣，看著基金會成長，更是陪伴米羅創作的藝術家）。

如此典藏品再加上來自四面八方的藝術好友捐贈，如：馬諦斯、塞特、羅尤（Josep Royo）、柯爾達、馬艾特、馬格里特等，構成了現今基金會一萬多件的作品。

說到米羅雕塑品，基金會有很棒且值得一提的代表作，如：四○年代至六○年代末期製作的銅製雕塑，1946 年名爲〈雕塑─物〉的作品。二件比較後期的巨型雕塑模

3 號展室的〈防禦〉之作模型

咖啡聽一景

販賣區

米羅　黎明之星（銀河之作聯品） 1940

型：一件是在1975年替巴黎製作的〈防禦〉之作，另一件在巴市鬥牛場旁邊，現為米羅公園上的〈女人與小鳥〉之作……，這些皆是值得一提的基金會收藏品。

1972年米羅才開始對編織畫有興趣，他以企圖在繪畫之路創新的決心製作，也與編織藝術家羅尤成為至交及師生。基金會典藏每一件羅尤編織的「米羅畫」的編織品，在1979年兩人合作的一件大編織品中，反射出米羅想將繪畫的顏色及其質感轉呈在織品上的構思。

另一方面，米羅雖然在戲劇方面接觸極少，相對地創作品也很少，但從其為兒童舞台劇所設計的佈景、使用的材料，卻看得出藝術家在此方面有更重要的創作思維。其傑出代表如：1932年米羅為蘇聯兒童芭蕾舞劇設計的舞台佈景、服裝及道具等。

除此之外米羅八千件的豐富素描、草圖、筆記作品，基金會以重點式的展示，例如版畫、石版、封面插畫、海報品等。版畫基金會典藏了兩套完整的系列品：一為檔案品，一為展示品，這些皆是由政府驗證過的展品。這個展示系列版即是五十幅「巴塞隆納系列」之作（在世界上僅有5版，由布拉特斯協助完成。這一系列有時候會換檔，並不是隨時可以見到）。

柯爾達送給米羅的〈水銀噴泉〉

基金會不只收藏米羅作品，同時也收藏一些其他當代藝術家的傑作，這些收藏品是在米羅去世後一年，慷慨的藝術家、收藏家及好朋友為了向他致敬所做的一項「舉動」。

這些收藏品，包括繪畫、素描、攝影、雕塑等，皆是米羅同時代的藝術家，如：馬諦斯、亨利・摩爾、湯吉、布羅沙（Brossa）、達比埃斯、奇里達、勞生柏、紐曼、沙烏拉、恩斯特、杜象、曼・雷等。最後在基金會可看到兩座大型柯爾達的動雕塑：〈水銀噴泉〉（此雕塑於1937年在巴黎國際大展的西班牙館展出，轟動一時），和〈駝背〉，他送給至友米羅，做為「友誼」的信物。

巴塞隆納 當代美術館

Museo de Arte Contemporaneo de Barcelona

地址 Plaza dels Angles 1 08001 Barcelona
電話 34-93-4120810
傳真 34-93-4124602
時間 夏季（6/25-9/25）週一、三、五 11：00-20：00，週四 11：00-21：30，週六 10：00-20：00，週日及國定假日：10：00-15：00。冬季（9/26-6/24）週一至週五：11：00-19：30，週六 10：00-20：00，週日及國定假日：10：00-15：00。休館：非假日之週二及 12/25、1/1。
交通 地鐵：1、3 號在加泰隆尼亞廣場（Plaza Catalunya）下，1、2 號在大學城廣場（Plaza Universitat）下。公車：9、14、16、17、18、38、41、55、58、59、66 及市內觀光公車可直達。
門票 一般為 850 西幣。學生（16 歲以上）為 575 西幣。16 歲以下、老人（退休者）、失業、ICOM 會員、記者、藝評家免費。

一座爲了發展社區、改造社區、挽救社區而建立的美術館——巴塞隆納當代美術館，簡稱 MACBA，於 1995 年 11 月正式對外開放，爲巴塞隆納市內所屬之「舊城區」（Ciutat Vella）注入一股新的藝術文化、新的生活環境、新的商業生機。此館由加泰隆尼亞自治區政府、巴塞隆納市政府及三十三家大廠商共同經營、贊助。現在我們就來欣賞這一座由公私兩方「共同撐起」的美術館——一座象徵加泰蘭人及巴塞隆納市最前衛藝術之代號的美術館 MACBA。

建館緣起

話說 1959 年，巴塞隆納一些前衛的知識分子，如：其首的亞歷山大・西利西（Alexandre Cirici）就提到巴市需要一座「代表巴市當代文化之地」的美術館，如此「當代美術館」之詞即爲巴市當代美術館拉

館長馬努艾・波哈-維野爾（M. Borja Villel Macba）

巴塞隆納當代美術館外觀一景　©Raimon Sola 攝影

開「發展史」。

1960 到 1963 年之間，西利西和另一位學者阿基雷拉（Aguilera）組成一個典藏當代藝術品的團體，想替未來的「理想館」做熱身運動，於是一些會員即把自己收藏的作品結合起來，存放在「科利塞烏」館內——一個當時裝飾館之財政部門附屬的地方。可是西利西認爲一座當代館必須「表現或展示在其時間之內的藝術活動或藝術品」，所以他立刻決定再重新「尋屋」。然爲了建全典藏品，他也策畫了一次「當代藝術展」，此展共邀了二十三位當時加泰蘭人及相關之前衛藝術家聯合展出，可是因其作品太「新鮮」，在當時並不被主政者及其一些「自以爲是」的高層社會人士所「青睞」。

1963 年 2 月，政府親自策畫了一個「藝術與和平」之當代藝術品展，以非常清楚的「政治」字眼來推動這個展覽。當然可以預知的，這個展品當然是「有制度地被規畫」，雖然促使西利西建館的心願，但也因此有許多「加泰蘭」藝術家及「不願受限」的藝術家紛紛退出此展，改而放入一座一直無名、無參觀者的「維多利亞．貝拉格」（Museo Víctor Balaquer）美術館。

直到 1985 年，歷經十年民主政治，加泰隆尼亞自治區政府的文化局局長約翰．利哥爾（Joan Rigol）興起成立一座當代美術館的念頭，同時也希望地方文化首長能並肩

合作，共同完成此心願，於此即立刻組成一個建館顧問團，以貝貝・蘇比羅斯（Pep Subiros）爲領航人，開始策動「當代館」輪廓。而其文化協會則由利哥爾本人整合，交由當時的兩部行政部門審核，不久即一致通過。於是利哥爾重新再組合成一個由自治區政府與巴市市政府聯體的「合作機構」來規畫經營當代館，選巴市「舊城區」內之「慈善之家」（Casa de la Caritat）爲所在地，但忙了幾個月之後，選舉、換人（文化局全面換人），此項計畫案即告「夭折」，實在可惜。

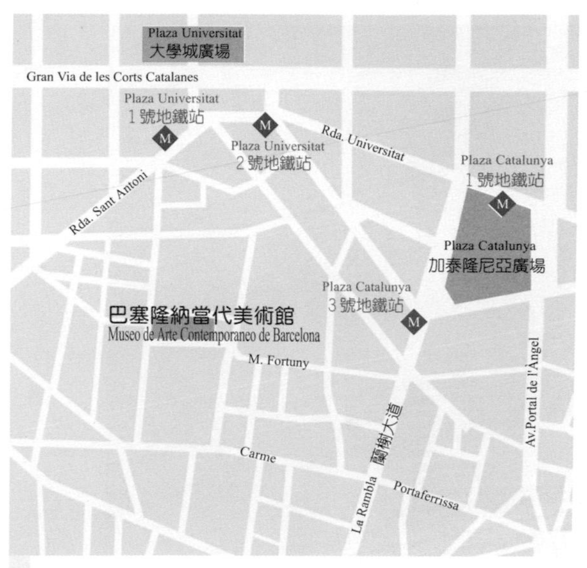

巴塞隆納當代美術館地圖

1986年巴塞隆納市長帕斯瓜（Pasqual Maragall）排除萬難，決定把此案「起死回生」，特聘北美建築師理查・梅爾（Richard Meier）擔綱。市政府文化局也特聘當時的前衛藝評家米拉野斯（Francesc Miralles）及羅沙（Rosa Queralt）爲即將誕生的美術館撰寫館文及館介。

1987年，爲了使將來的美術館有「完全的自主權」，市政府決議先成立一個「當代美術館基金會」（La fundación MACBA）機構，由三十三家大廠商組合，主席路德斯（Leopoldo Rodes）爲首，正式以私人名義接手經營美術館，於是初步（初創）的美術館主體即誕生於1988年4月。而爲了美術館能順利運作成功，再集結公私立三方建立一個「合作協會」，兩個官方公共機構（自治區政府與巴市市政府）主要負責美術館日常運作、開銷，而私人的「基金會」則是負責美術館的經濟來源與典藏品的收購。如此，這個「協會」共同兼負起美術館發展的行政責任，終於至1995年11月28日正式把象徵加泰蘭人與巴市人當代藝術主流之地的MACBA對外開放。

巴塞隆納當代美術館內部一景　©Raimon Sola 攝影（左頁圖）

建築物

當代館的建築師是一位無人不知、無人不曉的北美建築師理查・梅爾，一位在美術館建造上很有料的建築師。翻開其「美術館建築史」：1973年在佛羅倫斯建現代美術館（Arte Moderno de Villa Strozzi en florencia）、1975至1979年在印度蓋美術館（Atheneum de New Harmony）、1980至1982年喬治亞州亞特蘭大的美術館（High Museum of Art）、1979至1984年在法蘭克福建造裝飾藝術館（Museo de

位於第二層的人行步道樓梯

Artes Decorativos）、1982至1984年在愛荷華州擴建「德斯．莫內斯藝術中心」（Des Moines）與洛杉機、加利福尼亞等美術館的建造，都可說是當今屬一屬二，帶有北美及「國際標誌」之前衛風格的美術館。

巴塞隆納當代美術館當然也是具國際「標誌」。其特徵擁有現代性建築師之影，特別是具有柯比意（Le Corbusier）大師的影子：結合彎曲與直線造形之美來做建造對話的元素，採內外空間交流運作的方式，讓建物看起來內外皆美；內在美於外發進來的光，外在美於內裡透白之影，可說是把建物詮釋得「光、線」同體，呈現建物「光、影」之美。

對於這種採光的做法，梅爾是將館外的「鋼」鐵線條與館內的人行步道平行展現：一種直立式的人行步道，與主外觀相對平行；如此，外面的光線即能直射到所有展區。這種直立式的走廊具有內外空間對話的作用，又可以將參觀者有規律地指引到展廳，一種代表著內部美術館的世界與外面新天使廣場的「人文景色」對話的建造表現法。

此館共四層樓（一層地下室、三層樓房），最靠外觀之玻璃牆面，也就是與人行走道平行的外觀，其與內牆壁之間有一個高中庭天花板，算是館內最高的天花板了，因利用上天窗、側玻璃面牆及內玻璃走道，採光特別明亮，亦是此建物特色。而第一層藉由一個後花園（雕塑空間展區）與「慈善之家」（現爲巴市文化館）互通，也勾畫出特別的文化術語。

最後建築物的左側面是當代館辦公室之所在地，共分七層（四層隔成七層），目的也是想把美術館的展覽活動在這些空間上盡情發揮，使這座美術館的角色更貼近這座城市——當代館的辦公大樓，在每一次展覽中都會同時做一些周邊的活動，例如：分析展品、演講、相關課程教授、工作室等。

典藏品

1997年6月19日MACBA與三個公私立機構正式簽下美術館典藏品合約。兩方公立爲加泰隆尼亞自治區政府、巴市市政府，一方私立爲當代館基金會。故可知大部分的典藏品來自於這三方面，當然也有來自於三方機構組成的一個獨立「協會」及其他機構所捐購的作品或私人典藏的從四〇年代起至二千年之藝術品。

雖然從「協會」加入的典藏品使美術館的收藏相當完整，但這種「來自多方」複雜的特色，卻令人覺得非常「紊亂」，不過卻正好把巴塞隆納市及加泰蘭人的文化與政治藝術之發展，道說得淋漓盡致。其典藏品共分爲四個時期：

> A.1948 至 1965 年第二次現代性藝術品

加泰蘭人第二次前衛藝術的產生大約是在四〇年代，正確的日子是 1948 年。此年由一群當時的年輕小夥子——前衛藝術家安東尼·達比埃斯（早期的達比埃斯風格）、約翰·布羅沙（Joan Brossa）、布基（Arnau Puig）、約翰·普斯（Joan Ponc）等人組成一個前衛團體「Dau al Set」及出版《Dan al Set》雜誌（一本企圖聯結當時戰後前衛藝術的雜誌）。這一群人特別想與「超現實主義」發生關係，與達達宗師畢卡比亞（Picabia，一位具有國際地位的巴塞隆納人）的精神看齊，重新評估高第建築價值爲使命的團體。他們想重新規畫內戰後的歷史，把藝術繪畫加入後羅馬文化元素，引用自己「本土性」之繪畫元素來表現藝術品，像是一個神祕且帶有加泰蘭人現代主義藝術現象的藝術團體。

不久之後，歐洲戰後各種藝術面貌興起，冷戰開始，國際經濟、政局不定，西班牙尤其在佛朗哥極權的統治之下，有了第一次大規模的廣告出現，城市貼滿了媒體印刷品，這種「景色」、這個「時期」正好也是現代性藝術（末代）產生的時候。這時候產生的前衛藝術最主要有二種流派（二者皆與抽象有關，雖然完全不相稱，卻有互補作用）：一是非定形主義（informalismo），此派由超現實主義衍生而來，其代表藝術家如：達比埃斯（成熟的達比埃斯風格）、沙烏拉（Antonio Saura）或杜布菲；另一派則是歐洲的「構成主義」（construcción）與「實用主義」（funciónismo），一種具有規律、對稱、邏輯特徵的藝術派別，有時候也採用幾何造形且推廣科學理念，如加入一些

巴塞隆納當代美術館舉行 Onnasch 典藏展會場，圖右為雷塞（M. Raysse）作於 1962 年的〈玫瑰色〉，圖左為艾洛（Erro）作於 1966 年的〈列寧的獲勝者支撐著魔鬼般色盲的馬諦斯〉。

海哲（M. Heizer）展室，左至右：〈第九號作品〉（1975）、〈第一號作品〉（1974）、〈第二號作品〉（1975），前景：圓 100.2-50.8cm。（上圖）

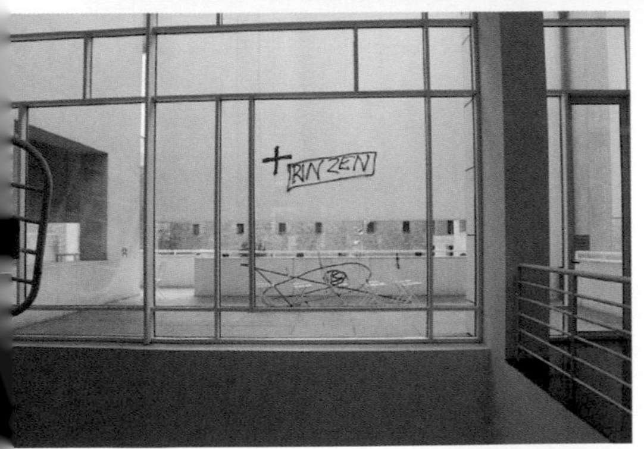

達比埃斯三聯作之三（左圖）

宇宙元素等，在西班牙主要的代表藝術家如：奧德伊沙（Jorge Oteiza）、巴拉蘇艾羅（Pablo Palazuelo）、封答納（Lucio Fontana）等。

> B.1966 至 1978 年新流派出現

第二時期的典藏品具有另一種新美學觀念出現，興起的時間大約是六〇年代末，正確時間爲1968年5月。此時期的文化、社會界對藝術品有多樣化的批判，藝術表現即是：藝術家藉由材料（仲介者）尋找「藝術品的定義」，以藝術活動來指引出藝術產品，一種藝術過程與藝術工作的條件（觀念藝術）。

這時期的藝術家創作方向大概以藝術表演、科技、討論爲主。在國際上，布魯德爾斯（Marcel Broodthaer）即是最典型的藝術家代表，他藉由多媒體、多媒材，如相片、電影、裝置、繪畫、綜合材料、書籍來創作（觀念主義派的「新唯物主義」風格）。他的作品清楚地展現出消費者的文化、藝術品表現的轉變、六〇年代美術館的轉向、社會思想的演變等。在加泰隆尼亞代表者，如米拉治（Fina Miralles）、杜雷斯（Francesc Torres）、阿巴（Francesc Abad）等，在西班牙這些「觀念主義」者首要目的是對抗當時佛朗哥極權政治。

> C.1979 至 1989 年繪畫與攝影

因國際石油消弱的關係，各國經濟「壓低」（1973-1974），這種情況也使得藝術走向二種發展路線：一是重新「修復」傳統藝術「造形」，無論是「現代」或是「後現代」，都是一樣走回傳統表現，在這方面我們可以看出藝術從觀念走向繪畫（八〇年代初），如「新表現主義」、「新野獸派」及「行動藝術」等，畫家如：巴塞隆（Miguel Barcelo）、加爾西亞（Ferran Garcia Sevilla）、貝克（A.R Penck）等。

這種重回繪畫的「表態」也在攝影界興起。八〇年代的攝影終於「強勢」地入侵藝術界，扮演著一個理論批評家的角色，與後現代主義風格相似。這時期的攝影猶如繪畫作品一樣，可佔據整棟建築空間或藝廊空間。其代表藝術家如：傑夫・沃爾（Jeff Wall）、霍斯飛德（Horsfield Craigie）、辛蒂・雪曼（Cindy Sherman）等。

> D.1990 至 2000 年科技與大衆文化藝術

這一時期的當代藝術可以歸根到 1989 年「柏林圍牆」倒塌之年。新的歷史時期，新的藝術史產生，這是理所當然的，亦可以這麼說，這是新科技時代的來臨。

這些年的現象、文化又回到以消費爲主的情況，藝術家表現也重回「述說消費者萬象」，代表者如：克林（Mike Kelley）、歐斯雷（Tony Oursler）等大眾文化之藝術代表。另一方面也產生一種社會公眾批判，評判傳統與現代性的地位。他們認爲一直傳下來的「前衛性」藝術，在他們來說是「傳統」的前衛藝術：因襲前者之路發展出來的「藝術表現品」，對他們來說謂之「傳統」，故而批判之。這時期的代表有：科洛海、阿古特（Pep Agut）……等以影像、裝置、電腦繪圖、多媒體表現，好像又重回六〇年代之藝術表現（新觀念主義產生），但此時期的理念卻是以新的「內容」來表現了。

彼得・漢利（P. Halley）展室，左至右：〈橘色〉、〈全部記得〉（1990）、〈兩個照相機〉。

加泰隆尼亞國家美術館

Museo Nacional de Arte de Catalunya

地址 c/Parque de Montjuic 08038 BCN.
電話 34-93-6220360
傳真 34-93-6220374
時間 週二～六 10：00-19：00 。週一休館。週四 10：00-21：00 。週日與國定假日 10：00-2：30 。1／1 、5／1 、12／25 休館。
交通 地鐵：1 號與 3 號在西班牙廣場站下（Plaza Espanya）。公車：9、13、30、50、55、57、61E、65、91、109、157、165、L52、L70、L72、L80、L86、L95 在西班牙廣場下。火車：也是在西班牙廣場下（藍色線觀光巴士亦是）。
門票 4.80 歐元
網址 www.gencat.es/mnac

1990 年 10 月，加泰隆尼亞自治政府通過成立博物館章法，11 月 2 日加泰隆尼亞國家美術館成立。1991 年 6 月 12 日，再由巴塞隆納市府文化處與加泰隆尼亞自治政府文化部聯合贊助，策畫一系列建館藍圖，實踐眞正屬於加泰蘭人的美術館。

加泰隆尼亞國家美術館目前分成四個不同所在地：

加泰隆尼亞美術館（Museo de Arte de Catalunya）：目前位於國家館所在地（俗稱故宮 Palau Nacional）——主要收藏加泰蘭人藝術的美術館；包括羅馬、哥德、文藝復興、巴洛克到洛可可的藝術作品（11-18 世紀）。

現代美術館（Museo de Arte Moderno）：位於城堡公園內（Pac de la Ciutadella）——主要收藏有十九世紀初至二十世紀（1940）加泰蘭人藝術家的作品，特別以福爾杜尼（Maria Fortuny）爲主，外加寫實主義、現代主義、新藝術與前衛雕塑等。但此館也包括：版畫與素描館、攝影館、資料與傳播中心、修復與典藏中心。

加泰隆尼亞貨幣館（El Gabinet Numismático de Catalunya）：位於蘭榭大道（la Rambla 99 號）上，依附在前皇后美術館（Palau de la Virreina）裡，藏有西元前六世紀到現代的貨幣，包括希臘、閃族（古巴比倫、亞述、希伯來人和腓尼基人）、伊比利、羅馬等到現代的錢幣，是西班牙典藏貨幣最完整的美術館。

美術史總館（Biblioteca General de Historia del Arte）：位於商業街（Comerç 36 號）；現藏十萬五千本書和約二千三百本國內外雜誌，包括古抄手冊、藝術家畫冊、

加泰隆尼亞國家美術館（俗稱故宮 MNAC）

理論等書籍。

將來其中三館搬回猶太山上和目前的加泰蘭人美術館，即眞正落實了加泰隆尼亞國家美術館的硬體設備。

加泰隆尼亞國家美術館簡稱爲MNAC，是專門典藏加泰蘭人的藝術歷史。從羅馬藝術到二十世紀（1940）的作品，展現出每一時期完整的藝術，使加泰隆尼亞的藝術精神爲之伸展，成爲象徵自治區不可或缺的文化代表。可以這麼說：它是加泰隆尼亞所有美術館的領導者。

地理位置

國家美術館位於猶太山上，是可以觀看到整個巴塞隆納市風景的地方，它一面徜徉在自然裡（國家公園El Parque de Montjuic），一方面又連接城市。這座故宮因1992年舉辦奧運的關係，非常幸運設置了直達美術館的電梯，成爲巴市市民與觀光客都非常熟悉的地方。另外，它也是位在非常好的區域中，裡面包括：巴塞隆納展覽區（可以欣賞各式展覽）、西班牙村、米羅美術館、考古人類館、凡．德．羅埃館（Mies Van der Rohe）、猶太城、遊樂場、聖喬治館、奧林匹克運動場、加泰隆尼亞國家體育館（INEFC）、游泳池與通訊塔。

站在加泰隆尼亞國家美術館眺望西班牙廣場（上圖）

加泰隆尼亞國家美術館後廳／活動中心主要做為演講聚會、文化活動之用（左圖）

建築物

猶太山上的故宮是加泰隆尼亞國家美術館所在地。這座建築物（1926～1928）是爲在1929年舉辦的萬國博覽會而蓋的，其風格帶有古典主義。整座建築物從西班牙廣場（Plaza Espanya）開始算大約要花十五分鐘的時間步行到美術館。

此館是巴塞隆納的象徵符號，外表像皇宮的它有一個大屋頂外加四小塔，整個空間東西對稱，南北有二座大空間：前廳和活動中心。活動中心包括販賣店、書店、咖啡廳與可以用做演講或聚會的空地。整座美術館佔地 43,000 平方公尺。

加泰隆尼亞美術館

加泰隆尼亞美術館（MAC）開始時是由在 1891 年成立的古老的美術館（Museo Bellas Artes）而來的，1934 年達到最高聲譽。可是後來因西班牙內戰的關係，所有的典藏品被迫搬到奧羅特館（Olot y Darnius）。內戰之後，美術館又重新活起來並且成爲今日國際會議或時段展最好的地方。1990 年爲了整修這座美術館，決定休館五年，直到

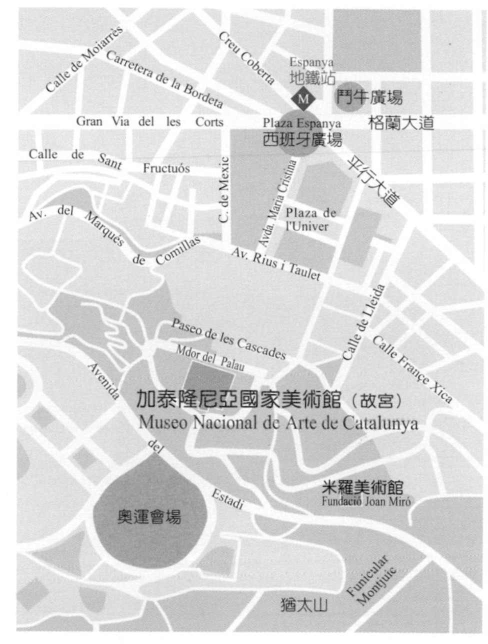

加泰隆尼亞國家美術館地圖（右圖）

加泰隆尼亞國家美術館側面一景（下圖）

仰望加泰隆尼亞國家美術館

哥德展區 III

1995年10月才再度開館。此館目前仍在持續擴建中，由二位知名的建築師卡克（Gac Aulenti）和愛利克（Enric Steegrnan）負責建設，希望在2002年能迎接其他分館回來聚合，完成加泰蘭人的願望。

>典藏品

A.羅馬藝術文化

此典藏區是MNAC特別研讀、分析羅馬壁畫藝術作品，爲來自於加泰隆尼亞區裡庇里牛斯山上的羅馬時期（11-13世紀）教堂內作品。

這些作品最突出的是一系列聖克利門（Sant Climent de Taüll）寺院、聖約翰・德・布伊（Sant Joan de Boi）、聖瑪利亞・德・道屋爾（Sant Maria de Taull）教堂裡的壁畫。這些壁畫幾乎佔美術館大部分的壁畫典藏。除此之外，如木畫、家具、石雕與金銀手工藝品等也是此區的收藏精華。這些傑出的作品反映出加泰蘭人的藝術具有廣泛的思想空間。整體來說屬於自治區的藝術史基本章則。

這些羅馬藝術在1995年底重新開放給民眾欣賞。展覽區設計如電腦一樣有秩序，順著年代排列走即可看到豐富的典藏品。

B.哥德文化

MNAC美術館在典藏哥德藝術方面，大致是屬於宮廷（巴塞隆納和地中海邊緣城市）的作品。之後加泰隆尼亞──在亞拉崗聯合自治國王統治後，改典藏加泰隆尼亞區的政治、社會、經濟和文化的作品。所以這裡的收藏作品除了主要收藏加泰蘭人的藝術外，尚有伊比利半島與歐洲各地的藝術作品。

典藏的重點是從西元十二世紀末到十四世紀初，由受法國影響開始導引到受義大利影響的歷史。受到法國影響最重要的作品是索利圭羅拉（Soriguelora）聖桌畫，象徵著從羅馬文化轉變到哥德文化，特別是處理人物的手法比較自然化了，並且也引進新的肖像主題。受義大利的影響，正確來說是從十四世紀中到十五世紀初佛羅倫斯和西恩納學院式風格，特徵是已有自然主義的象徵和畫面以黃金做底。其他如金銀手工藝品、陶瓷、雕塑、家具與貨幣展也豐富哥德展覽區的可看性。

展區 II ：聖約翰．德．布伊教堂的壁畫（上圖）

哥德展區 I ：展示宮廷作品（下圖）

C.文藝復興和巴洛克

這一部分是針對十六至十八世紀的藝術，包括加泰隆尼亞、伊比利半島和歐洲各地的作品。但因國家美館尚在擴建中所以未能開放給大眾欣賞，最快要等到西元 2002 年才能看得到。

文藝復興時期的雕塑作品其中最傑出的莫過於加泰蘭人的聖．愛羅（San Eloy）教堂的聖桌和達瑪（Damia Forment）的聖母之像；在文藝復興與巴洛克繪畫方面，其傑出的畫家有：迪西亞諾（Tiziano）、維拉斯蓋茲、魯本斯、蘇巴朗、提埃波羅和哥雅等人。接下來是十八世紀的加泰蘭人藝術家安東尼．維拉杜馬特（Antoni Viladomat）的作品，其中有二十件作品完整描述了聖法朗西斯哥的一生故事。除此之外，也有一些稱爲「維卡達」（El Vigata）的法國壁畫。再來是最値得一提的收藏品卡博（Cambá）典

哥德展區 III

藏系列：共有五十件作品，包括世界各國從文藝復興到洛可可的藝術作品。此館在收購之後，典藏益形完美。

現代美術館

國家美術館除了在猶太山上的故宮外，尚有位於城堡公園裡的現代美術館，主要典藏十九世紀到二十世紀（1940）加泰蘭人的藝術。

現代美術館（MAM）原有的收藏品來自於1891年巴塞隆納美術館已典藏的部分作品，外加其他重要的典藏作品，如：福爾杜尼、寫實主義，其中尤以阿西納（Martí Alsina）和瓦雷達（Vayreda）爲主，以及現代主義和新藝術、前衛雕塑等。在現代主義藝術方面尚有拉蒙・加沙（Ramón Casas）、陸西紐（Rusiñol）的繪畫，伊蒙內、布拉伊或荷馬爾（Homar）的雕塑，布斯圭特（Busquets）的裝飾藝術等。在新藝術方面有：畫家蘇耶（Sunyer）、杜可雷（Togores），雕塑家加沙諾瓦斯（Casanovas）、胡圭（Manolo Hugué）。

在前衛藝術作品中以雕塑爲代表而非繪畫作品，除了1925年達利畫的〈父親肖像〉。傑出的雕塑家還包括如：貢薩雷斯（Julio González）和加爾加憂（Pablo Gargallo）。而爲了使美術館呈現多元面貌，也不時舉辦時段展。

＞版畫與素描館

此館典藏版畫與素描作品是從十九世紀末開始，全部都是捐贈的作品。這些作品源自於一些私人收藏家從巴塞隆納藝廊舉辦的展覽之中購買的，共有三萬七千件的素描、四萬九千件的版畫、一萬張的海報作品。目前尚未開放，據說至西元 2002 年搬回故宮時即可看到陳列的作品了。

在素描方面，作品來源大多是由加泰隆尼亞學校捐贈的。除此之外，還有義大利、法蘭德斯、法國、西班牙十七至十九世紀的學校作品。在版畫方面，收藏了從十七世紀到現在的作品，加上西班牙最重要的印刷品，以及來自德國、荷、比、盧、義大利、法國、英國和日本等國家的版畫作品。在海報方面有現代主義、國內外藝術家的設計、新藝術的作品和西班牙內戰時期的重要海報。

>修復和典藏中心

MNAC 的修復和典藏中心是歐洲修復與典藏中古世紀壁畫方面最重要的一館，不只在研究方面有精確的理論，在修復方面更有新進的技術。其目標是希望能與其他中心或世界研究中心交換技術與資訊。

>資訊與傳播中心

此中心有規則化、系統化、資訊化的執行，皆讓人嘆爲觀止。如：檔案的控制、典藏、修復和研究，在在都令人覺得加泰隆尼亞美術館具有一流的設備。此中心一般來說

安格拉・加瑪拉莎（1871-1959） 格拉納達女人 油畫 1914 巴塞隆納市外交部贈，現代美術館收藏

保羅・加爾加憂（1881-1934） 舞者 鐵・雕塑品 1929 現代美術館收藏

也是以典藏與修復的功能為主，不過基於美術館通訊語系的方便，也有策畫展覽、出版、教育活動等。

>攝影館

1996年創立，以典藏攝影歷史為主，特別是加泰蘭人的攝影演變史。目前典藏品都是由各方捐贈，擁有所有運動派別最重要的代表作。

最後值得一提的是，此國家館是由不同財團贊助的。他們是：西班牙中央銀行、瓦斯公司、汽車公司、電力公司、加泰隆尼亞自治電台、西班牙國家電視台與一些商業團體聯合出資贊助。

加泰隆尼亞貨幣館

創立此館是在十九世紀初，由沙拉特（Josep Salat）在1830年捐出他所收集的貨幣。起初是依附在省立古董博物館（Museo Provincial de Antigue-dades），目前此館依附在前皇后美術館。

MNAC的貨幣館是西班牙最主要典藏貨幣的博物館，共藏有十二萬五千個貨幣，保存最完整加泰蘭人的貨幣歷史。這些不同典型的貨幣從錢幣、銅、銀、黃金到紙等都有，在錢幣方面目前共有十萬枚，年代從西元前六世紀到現在。在紙幣方面共有四百張（西班牙銀行發行），從十九世紀到目前為止。另外特別的是還有奧地利的貨幣和加泰蘭政府在內戰時期所發行的紙幣，共有二千五百種。

此館也設有專業圖書館，是西班牙最重要的貨幣資訊圖書館，藏有六千冊不同類型的貨幣歷史，外加一些相關資料。而圖書館旁也加設一座活動中心，策畫一些日常的教學課程和演講。

美術史總館

美術史總館建立於 1888 年，是一座提供給巴市市民所有美術館資訊的地方。它曾換過許多不同地方，1992 年搬到目前聖奧古斯汀寺院，也在等待 2002 年搬回猶太山上的國家美術館。

館藏共有九萬四千冊，二千二百本國內外重要的雜誌、藝術家畫冊、理論、手抄本和古書，是提供給歷史研究者、美術史教師、美術館員、大學生和一般對藝術有興趣的大眾的資訊中心。它的基本運作不只是提供高品質的使用服務，也不只是要使它成為最好的圖書館，同時它也和其他重要的圖書館連線，像是與一些國內外美術館和大學圖書館、文化中心做資訊交換。而為了要實踐這個目標，此館也準備了一系列高科技的資訊系統，可以與其他的中心連線，使美術館在提供詢問畫冊、圖錄、書籍的服務上可與圖書館及其他文化中心能夠更為快速交流。無論是國家館策畫或行政上，巴塞隆納市政府都做得非常完善，從購買、捐贈、私人贈送到圖書館的書籍，在在都使此館成為加泰隆尼亞最重要的專業美術史館。

華金・米爾（1873-1940） 崗上村莊 油畫 121 × 164cm 1909 現代美術館 1932 年收購

館長專訪

加泰隆尼亞國家美術館總館長
愛德華多·卡孟内

館長卡孟內（中）、公關主任法畢亞與著者合影

訪問西班牙「故宮」總館長愛德華多·卡孟內（Eduard Carbonell）是在非常碰巧的機緣之下形成的，因我的美術史教授的關係——他是前任館長，也就是第一任館長，更是 1992 年塞維亞萬國博覽會的總策畫人；他和現任館長非常熟悉，所以在老師的引介之下快速地訪問到「日理萬機」的總館長。

徐芬蘭（以下簡稱徐）：非常榮幸訪問到館長，我想因時間的關係只問一些簡要的資訊。在此先謝謝您合作。可否請問館長您從何時擔任館長一職？為什麼？我是說有何特別理由嗎？

館長（以下簡稱館）：我是 1994 年 10 月上任，有趣的是，我才當上館長，1995 年即休館，多特別呀！（1995 年雖休館，不過內部行政還是正常運作，雖然館長開玩笑，可是我們都知道休館比正式開放還多事做）。

徐：但是我想要不是有重要經歷的人是不會隨便當上四館的「總管」吧？

館：我有研究中世紀藝術的博士學位，又通過巴塞隆納二所知名大學美術史博士教授、主任一職的測試，對中古世紀的文化非常熟，特別是在修復與典藏學方面有專業的資歷，正好此館需要如此人才，所以就請我來了。

徐：那麼請問館長，在此之前從事過哪方面的工作？

館：除了教書外，也擔任過加泰隆尼亞自治政府的文化總長，對加泰蘭人的藝術也瞭如指掌，我想這也是他們請我來接任此館（加泰蘭人美術館）的理由吧！

徐：文化總長，已等同台灣的文建會主任之職。那請問館長，此館有何運作目標呢？

館：此館創建時就以典藏加泰蘭人的藝術為主，從十一到二十世紀（1940）皆有。但目前此館因地方太小，館藏各分東西，所以未來的目標除了希望將這些典藏品搬回，依年代史展出，呈現最好的一面給市民外，我們在資訊方面也會加強，希望未來也能與世界幾座重要的美術館媲美。美術館在佔地方面共有 43,000 平方公尺。

徐：那真是浩大！

公關主任法畢亞（Fabia Matas i Subietas）：是的！我們一直希望有一座具有規模的、屬於我們自己文化且是世界級的美術館，如今雖然軟體已一切都就緒，但硬體設備（擴建此館）尚未能將三館接回。

徐：此館有舉辦時段展嗎？會選擇所辦的主題嗎？

館：是的！經常與本館歷史相關的展覽或經考量過後有教育性的好展。但一切都必須經由我做決定。

徐：據資料顯示，此館附屬的攝影館非常特別，典藏了加泰蘭人攝影史的作品、資料與攝影書籍，而且只有加泰蘭人的歷史？

館：是的！它是 1996 年建立的。

拉蒙・加沙（1866-1932） 自由空氣（新鮮空氣） 油畫 51 × 66cm 1890-1891 現代美術館收藏
巴塞隆納市美術館第一次開館的展覽作品

巴塞隆納合作金庫基金會美術館

Museo de la Fundación " La Caixa" Barcelona

地址 Av. Margues de Comillas,6-8 08038 Barcelona
電話 34-93-4768600
傳真 34-93-4768663
時間 週二～日 10：00-20：00
交通 地鐵：1,3 。火車： S3,S33,S4,R5,R6 。公車：13,50（文化中心站下〔Caixa Forum〕），9,27,30,37,65,79,91,105,106,109,165,L72,L80,L86,L87,L96（西班牙村〔Pl.Espanya〕）

建館緣起

巴塞隆納合作金庫基金會（La Fundación "La Caixa"）是一個負責經營巴市合作金庫在社會文化活動行政的機構，它執行的範圍包括：科技、環保、音樂與藝術文化，因此策畫藝術展覽即是基金會必備的功課。

基金會直到八〇年代都沒有正式買過一幅藝術品，也沒有自己的典藏品，只有一些偶爾收購的作品，因此基金會主席維拉那莎（José Vilarasau）想到要爲自己的機構收藏一點當代藝術品，而且他也看到當時無論是公立或私立美術館、藝廊都沒有收購當代藝術品的習慣，他擔心這種形態會使西班牙二十世紀中葉後的藝術收藏斷層，所以爲「亡羊補牢」起見開始計畫購買當代藝術品，在1980年正式採購當代藝術品。

然維拉那莎認爲當代作品必須反映出他們時代藝術發展的精神，一個也能像La Caixa合作金庫一樣與時代「前進」的作品，由此透露出其收藏過程中的思考。

1982年6月基金會文化中心策畫了一個「巧展」：展出二十六位藝術家與十三位藝評家的「作品」，內容是以十三位西班牙藝評家選出二十六位年輕的藝術家作品爲主。在展出時，據說非常成功，於是基金會決定買下每一位年輕藝術家的作品，做爲基金會第一批收藏品。

三年後，1985年，爲了使基金會的典藏品具有國際性及公平性或者甚至可以稱爲有價值性，基金會特別成立收購典藏品顧問團，來解決這個「尖銳的問題」。基金會邀

CaixaForum美術館一景 ©Wenzel（右頁圖）

C.CASARAMONA

CaixaForum 美術館瞭望台一景。建築師布基・伊・卡達發居於 1911 年建造。 ©Wenzel

請世界各地具有權威性的專家來挑選作品，這些人如：德國科隆（Colonia）Ludwig 美術館館長維思（Evelyn Weyss），義大利米蘭 Brera 美術館館長卡洛・貝德立（Carlo Bertelli），法國波爾多（Burdeos）當代館總館長路易斯・福羅門特（Jean Louis Froment），亞伯（Alba）伯爵阿基雷（Jesus Aguirre），巴塞隆納美術大學校長亦爲藝術家的畢華（Joan Hernandez Pijuan），美國 MoMA 國際策展人米吉斯（Lola Mitjans），基金會策畫部主任柯納爾（Maria Corral），及基金會主席約翰・維拉那莎。

頭一年 La Caixa 基金會撥款二千五百萬台幣做爲藝術部門的開支，往後幾年也保持這個數字，且每年的顧問團也照常舉辦，一切都按基金會的藝術規章做事，顧問團理事長柯納爾（亦爲策展部主任），自基金會有自身的典藏品之後就榮升爲當代館館長。

在正式有計畫性的購買作品之後，第一

批被收購作品的藝術家，當然是西班牙藝術家之作，雖然也有一些是國外作品，但這些作品也是與西班牙派別或其藝術家有相當關聯的作品。

至1990年，基金會怕所收集的典藏品有缺失，再由顧問團重新將四○到七○年代的藝術史翻一次，想要把「漏網之魚」救回來，他們得到的結果是：能在西班牙兩大當代館展示的作品（馬德里索菲亞與巴塞隆納當代館）應是有其重要性存在，應該將這些「缺空的人員」帶回基金會，於是基金會再度買下這些藝術家的作品，來彌補西班牙藝術史，希望能盡量完美當代史的資料，不要有遺珠之憾！

到1995年，爲了實踐典藏時效性，「典藏顧問團」再次換人，這次換人包括：英國倫敦泰德美術館館長塞洛達（當時爲丹麥Homlebaek路易西安那美術館館長），大加納利群島現代美術館大西洋文化中心主任也是雕塑家馬丁奇林駱，MoMA國際策畫人委員之一米吉斯，基金會當代館館長柯納爾，基金會主席維拉那莎。

巴塞隆納合作金庫基金會美術館地圖

加西米爾與其家人，居中端坐者為加西米爾，背景即是紡織工廠。 1913年攝

在基金會的典藏品已超越七百件成爲今日西班牙藝術界觀望點的情況下，La Caixa基金會決定於2002年正式成立美術館，完成了建館心願，成爲一座眞正置放典藏品的地方：CaixaForum，以當代美術館的姿態將十五年來的收集品正式展出。新館位於巴塞隆納市1992年奧運會的地方猶太山下：以1992年德國館正對面一棟非常奇特的舊工廠改造，這座工廠建築師即是西班牙建築

CaixaForum 文化中心頂層（舊紡織工廠）一景，背景為國家美術館。 ©Wenzel

三傑之一：布基・伊・卡達發居（Puji i Cadafachi）。從二月開始，來西的觀光客就多一處可逛的地方了！

典藏品

基金會的典藏品從二十世紀四○年代開始到七○年代末，也就是說從四○年代的加泰隆尼亞藝術前衛團體：Dau al Set 的風格作品到七○年代新極限主義藝術家的作品。

四○年代的 Dau al Set的風格是以突破新藝術風格，重新復古帶有中世魔幻詭譎等繪畫語言符號，超現實主義諷刺的風格爲主，由一群特立獨行的畫家組成，達比埃斯即爲其中最具代表性的人物之一。

十年後，1957 年在馬德里又產生另一組前衛藝術團體：El Paso，不過生命短暫，1960 年即告夭折。雖然短暫但至此之後西班牙的藝術受其影響的痕跡是非常大的！

五○年代時期在西班牙發展的前衛藝術團體除了剛說過的 Dau al Set 及 El Paso 之外，有一些人是屬於單打獨鬥而在國際上打出一片天地的藝術家如：奧德伊沙或格雷洛即是這類型的藝術家，尤其後者經常穿梭於紐約、馬德里及格拉納達之間活動，有非常優秀的表現，在基金會有不少其代表作。

在此同時，六〇年代西班牙藝術界也出現普普藝術（POP）、景象藝術、觀念藝術，後者影響到七〇年代的觀念藝術，也就是歐普藝術（OP-Art）藝術家，如塞貝雷即是這派藝術家的主要代表者。

CaixaForum 美術館內展廳一景，作品為索勒維於 2002 年創作的壁畫，450 × 1840cm ©Paco Elvira（上圖）

CaixaForum 美術館內展廳一景，前面為「地景藝術」作品。©Paco Elvira（下圖）

而不屬於任何派別具有個人風格且走出國際地位的藝術家如阿羅優（Eduado Arroyo）和克羅尼加（Cronica），他們以寫實造形夾雜冷淡的繪畫語言把人物分解成一種與普普藝術美學相似的歐洲新寫實主義風格。雖然這些藝術家的美學與前面派別相似，但他們卻以不同的角度來分析或詮釋西班牙人的社會藝術規範及自由尺寸，所以這些藝術家的作品朝向一種非常寫實的批判社會手段，在西班牙藝術觀念上具有突破的代表意義。

至七〇年代西班牙藝術界再發展出一種新姿態的美學風，國際稱爲新極限主義，基金會典藏部有納入幾位代表性的藝術家如喬治・德伊西杜爾（Jordi Teixetur）、畢華（Pijuan）、伊格納西歐・杜瓦爾（Ingnacio Tolvar）、疆袞（Chanche）等，一群在繪畫教育上具有高聲譽的藝術家，亦是以幾何結構作畫將畫布當色塊處理的藝術家，也是站在西班牙繪畫史上具有重要意義的改革者，您要是到西班牙巴塞隆納來玩，不要忘了瞧一瞧這座當代館的作品是不是有讓您傾慕的藝術品，還是該換換他們的典藏顧問團了？由您評估吧！

達比埃斯美術館

Museo de la Fundación Antoni Tàpies

地址 C/Arago 255 08007 BCN.
電話 34-93-4870315
傳真 34-93-4870009
時間 美術館：週二～日 10：00-20：00（週一休館，若為國定假日開館）。圖書館：週二～五 11：00-20：00（暑期例外，須先電詢）。
交通 公車：7、16、17、20、22、24、28、43、544 號。地鐵：2 號、3 號、4 號（感恩大道 Paseo de Gracia 站）。藍與紅色線市內觀光公車。
門票 一般：4.20 歐元。半票：2.10 歐元(學生及退休人員和教育人員)。團體預定是 3.37 歐元。免費：16 歲以下、ICOM 會員、美術館從事人員、記者、藝評家。藝術聯票（可看六館）共 15 歐元。

來到巴塞隆納的人一定都認識它聞名的棋盤式規畫區（市中心），這個規畫區從 1854 年 8 月 15 日開始建造，以感恩大道（Paseo de Gracia）、格蘭大道（Gran Via）及對角線大道（Av. Diagonal）爲主，向外發展規畫區。由巴市市政府下令將其所有古城牆打掉，先規畫道路再從規畫區內蓋房子，組成「新巴市市中心」。毫無疑問地，因當時流行建造現代主義風格的房子，所以此區大部分的房子屬於現代主義風格；其中之一「蒙達內爾・伊・西蒙」（Montaner i Simón）出版社（今爲達比埃斯美術館所在地）即是這類型的房子。

它位於亞拉崗街上，緊鄰感恩大道，是建築師多明尼哥・伊・蒙達內爾（Lluís Domenèch i Montaner）在巴塞隆納市執行的第一件重要作品——一件與高第的維森斯之家同等重要，在當時被認爲是不可忽略，代表加泰蘭人現代主義風格建物的新地標。

達比埃斯美術館就是有這麼「神奇」的背景，猶如其主人達比埃斯一樣。安東尼・達比埃斯（Antoni Tàpies）1923 年生，是一位加泰蘭藝術家，也是當今具有國際地位的藝術家，爲傳播與研究當代藝術於 1984 年成立「達比埃斯基金會」（La Fundación Tàpies），邀請此建物的原建築師多明尼哥・伊・蒙達內爾的孫子路易斯・多明尼哥（Lluís Domenèch i Girbau）來重新改裝，成爲今日的達比埃斯基金會。1987 年巴市市政府全力贊助，不只出資蓋整建的部分，也收購達比埃斯的傑作，對基金會全力支持，如此順利於 1990 年正式對外開放，供人參觀。

達比埃斯美術館外觀夜景

基金會成立時有兩項重要運作目標：一爲傳播達比埃斯之創作理念，展出達比埃斯之作（常年展）。這些作品都是達比埃斯捐給基金會的，代表他一生藝術創作的作品，如象徵主義、超現實主義、抽象主義、非定形主義及觀念主義等作品。二爲幫助我們了解當代藝術如何產生、發展等基本原理、理念——一種受當今人類社會影響的作品（時段展），所以很多人都說，達比埃斯基金會只展當代前衛藝術之作。然爲了配合展出的主題，該館也提供或舉辦專題演講及專題討論等。另外，此館內附有一座圖書館，這座圖書館也是西班牙境內非常著名的圖書館。原因在於它典藏了印度藝術、東方書畫、繪畫、原始藝術……等圖書，所以非常聞名。在此不只可以看到達比埃斯最完整的藝術創作圖錄與資料，尚可讀到西班牙境內典藏的亞洲藝術圖書。

達比埃斯簡介

達比埃斯，1923年生於巴塞隆納市，目前是國際上最有名望的西班牙藝術家，要談達比埃斯的藝術創作，不能不與他息息相關的西班牙歷史並談，如西班牙內戰（1936～1939）、戰後與西班牙民主過程時代。

達比埃斯生於一個小康家庭，他的父親是一位律師，祖父是巴塞隆納市的市代表。他年輕時就對藝術非常有興趣（在他家可以看到1934年的藝術雜誌——《在這裡在那裡》〔O'Aci i d'Alla〕），所以他從法律系轉向繪畫之路。然而很多人都想知道爲什麼一位讀法律的人會「跳行」到藝術行業呢？答案是：他因肺病發病期間住在德歐雷納醫院（Puig d'olena）時，因有許多休息時間，閒來無聊看看一些作家如Standhal、Proust、Gide、Mann、Nietzsche、Ibsen等的書籍，也閒來無事開始模仿梵谷及畢卡索的畫作，因而令他了解精神生活的重要性，並發現其實他最愛的興趣是畫畫，所以1944年，他即一邊讀法學院，一邊到巴市的巴爾斯（Valles）美術專業學校學習畫畫與藝術課程。

1945年之後，他即決定全心投入創作，其使用的材料成爲他實驗繪畫技巧的最好媒介，如大理石灰粉、油畫顏料加石灰粉、大理石等。至1948年，也就是三年之後，這種實驗性的繪畫終於成功地表現在畫面上，畫面上的切、割、刮畫法、野獸撕裂法、拼貼及裝置法，都是當時他這種原始藝

達比埃斯　自畫像（左圖）
達比埃斯　三聯幅（下圖）

達比埃斯　愛、戰爭、奉獻（三聯幅之一）　版畫

達比埃斯美術館地圖

術帶有象徵主義風格的新繪畫技巧，此時的創作符號有十字、眼睛、星星、性符號、月亮、手等。

1947年他認識一位在他生命中佔有極重要地位的藝術家——一位加泰隆尼亞當代詩人約翰・布羅沙（Joan Brossa）；他們一起建立「Dau al Set」藝術團體，也一起合作出版過如1962年的《有撞痕的蘋果》（Cop de Poma）、1963年的《在小船上的麵包》（El pa a la Barca）、1973年的《加泰蘭人詩詞》（Poems from the Catalan）、1975年的《小說》（Novel la）等。這種好朋友、好夥伴的關係，不只讓他們在藝術界成為創作的好拍檔，也替加泰蘭人文化寫下光輝的一頁「藝術史」。

1948年底，在巴塞隆納由一些文學家、藝術家，如約翰・布羅沙、阿納歐（Arnau Puig）和普斯（Joan Ponç）及安東尼・達比埃斯共同建立「十月藝廊」和《Dau al Set》藝術雜誌（這個團體的活動一直有米羅和布拉特斯全力支持）。所以Dau al Set藝術團體在那個時候明顯地一面朝向超現實主義風格，另一方面則走向前衛創作之路。而其建立的雜誌更是無奇不有，內容與一般藝術雜誌不一樣。而內容「資訊」還因主筆（主編）人的喜好而異，是一本當時的「怪胎書籍」。例如頭幾期的雜誌有布羅沙、阿納歐幾位文學家主筆的文稿及幾位藝術家的作品評論，討論範圍包括：魔術、煉金術、煉丹術、歌劇院、芭蕾舞蹈等題目，再來幾期談到高第建築、詩人世界、爵士音樂、達文西、音樂家荀柏格（Schönberg）等，是包羅萬象、無奇不有的「雜」誌。在當時有些重要人物在此「烙印」，如西利西（Alexandre Cirici，專門研究米羅的藝評家）、賈許（Sebastia Gasch）、托雷亞（Santos Torrella）、卡亞（Juan A Gaya）。這種雜誌的性質很像1912年康丁斯基與馬爾克（Marc）主導的「藍騎士」（Der Blaue Reiter），也像1948至1951年建立的「眼鏡蛇」（Cobra）的雜誌都有前衛的導向，內容包羅萬象，不只是

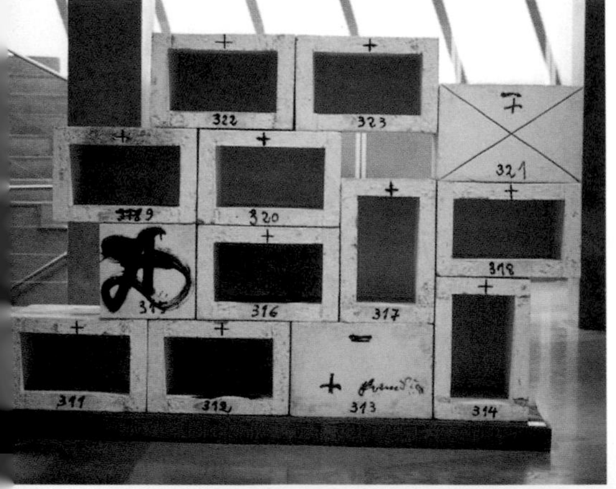

達比埃斯　墓囚（左圖）

達比埃斯美術館時段展場一景，圖左為達比埃斯之作〈包紗布的頭〉。（下圖）

二樓：常年展室

繪畫方面，也包括原始藝術、兒童世界、精神病患世界及世界各地傳統民俗文化。

1948至1952年，Dau al Set團體在此一時期中可看出受超現實主義的影響，如米羅、康丁斯基、恩斯特、克利等藝術家，是他們非常崇拜嚮往的典範。所以達比埃斯此時期自畫像、家庭人員、死亡、鬼神之物等作品皆可看到這些人的影子。這些作品也影射到教堂、高第、權力、個人生活等，評論家西利西說：「他的宇宙符號世界，總歸一句話可以解釋，那就是影像。」一些在此時出現的象徵符號，如眼睛、性符號、手、貓、宇宙力量、玫瑰花、月亮、杯子、樹、樓梯、三角形、金字塔、臉、晚上等符號象徵什麼呢？毫無疑問地，象徵著魔術世界、神奇世界、奧祕、祕教及不合邏輯的世界等。

1950年10月，達比埃斯獲法國藝術獎第一次到巴黎。此次遊走認識了畢卡索與達利。1951年回巴塞隆納，他畫了一系列和社會有關的作品，內容尚保持超現實主義特徵裡的象徵主義風格，但他卻對材料表現的創作越來越瘋狂，所以在畫面處理上已不是以前一眼即可看出的「閱讀」的作品了，成熟度加深，使用一些別人不容易看懂的影像手法。同時在這個時期他也執行一些電影製作，但最後放棄，他說：「它是一條有進沒有出的死巷。」

達比埃斯美術館時段展展場，正展出「自然形成」當代藝術展。（上圖）
達比埃斯美術館後上方通往閣樓陽台之樓梯，下方通往時段地下室。（右頁圖）

1953年開始，他的創作有了新轉機，他將1946至1948年所執行的作品銜接起來，一步步走上非定形主義的風格。在此時他的創作屬於行動派加材料，比美國勞生柏（Rosenburg）的「行動繪畫」更早。藝術家把材料及動作融入畫面中，已完全走出一條自我的藝術之路——非定形主義材料派，其畫面結構再也沒有界限了，一種持續想像的空間，不局限在一個畫框裡，所以達比埃斯雖然附屬於這個前衛畫派裡，但從不放棄他「象徵符號的世界」，及一種「達達／超現實主義」風格的「自動派」畫法。他還運用土質、大理石灰土、刮畫、拼貼、切割等作畫，畫面還是持續象徵符號的十字、三角形、門、床、身體某部分等。

這種象徵符號的影像價值在此時更具神奇，同時也讓其繪畫語言多元化了，這種新形式的作品也造就他成爲國際知名的畫家（1953），而且此時也與紐約馬達・傑克森（Martha Jackson）藝廊簽約，舉辦他第一次個展。據達比埃斯說，當時他年紀輕，不知道簽這種類型的合約像賣身契一樣，所以許多畫作版權並不在其身上，如今要借展的話，價值是非常昂貴的！他現在非常後悔；但他也說，要不這麼「做」的話，今天也許在藝術界上就沒有「達比埃斯」名號了！

六○年代的他，使用創作的元素已完全屬於非定形主義的符號與風格，然而當時的

達比埃斯美術館上方的雲上之椅

國際藝壇重回形體派的風格，如普普藝術、新寫實主義、新造形派等，但他還是持續自我獨特的材料繪畫法：自我材料的表現方式加上文字、書寫，使畫面更具深奧意義，想像空間更爲寬廣。此時其畫面經常出現M字母（死亡Muerte）、X字母（不好、負面、反）、A字母（安東尼）、T字母（特瑞莎，其太太Teresa之意，但有時候也代表他本人Tàpies）。

1963年之後，他在創作裡注入新的繪畫技巧，如折疊、縐褶等，可以說是與義大利普利（Burri）的作風相似，但符號完全不同。而且此時期的作品幾乎只用單色系，畫面呈現出材質感，在畫面中會出現手印、指紋、腳印等，這種身體上部位的圖案，可從1964年的作品中看到。

六〇年代末，畫面也開始加入日常生活用品，如水桶、棉被、舊衣服、舊鞋等。這一系列新加入的創作材料仍然保持其象徵主義的「個性」，而且具有擬人化的雙隱喻在內。在1968年，其作品更加入一些無關緊要的物品，如漂白過的衣服、小的廢棄包裹、紮捆過的廢紙、拴、擠、壓過的廢物或報紙等，猶如藝術家自己口中所說：「不論您喜不喜歡排泄物或死亡，都是您終究要面對的事實……。」

至八〇年代的達比埃斯，重新「回顧」研究——從來沒有放棄過的繪畫，繪畫（再提起畫筆作畫），和重新提起舊畫題創作。但此時的創作法卻用全新的方式來詮釋，如此，八〇年代的他又畫起生病、死亡、性、諷刺狀況等特徵之作。這時期的達比埃斯，其繪畫語言也重複A字母與T字母（但T有時候是倒置出現在畫面上呈⊥）、十字、數字、紙、門、鎖鏈及布料等。雖然這些皆是「老符號」，但處理的方式卻以新方式來表現。

達比埃斯這一路走來，只要注意其作品的內容，就不難發現，他是一位眞的喜愛用「材料」創作的藝術家，所以就如藝評家巴大藝術史教授José M所說：「他愛材料，表現它，愛原始的它，無論材料本身如何，將其最好的一面發揮到最高點，直到將它轉成訊息，或完全文字符號爲止。」您認爲呢？

達比埃斯美術館入口處大門上方之天窗

建築物

「蒙達內爾・伊・西蒙」出版社是建築師多明尼哥・伊・蒙達內爾負責建造的。因母系親戚的關係，使他能在此建築內自由自在地創作。這座出版社是他的表哥拉蒙・蒙達納爾所有，共有三層，是住宅兼工廠雙用的房子。外觀有當時建造風格的符號，因當

達比埃斯美術館的彩繪玻璃牆

達比埃斯美術館外景色，可見到多明尼哥・伊・蒙達內爾的建造巧思。

時流行現代主義風格，所以只要細細品賞即可看出外觀上的磚塊、彩繪玻璃、鑄鐵裝飾等，皆是現代主義之風，猶如高第替陶磚商建造的維森斯之家，有摩爾人的建築風格，是洋溢著中古世紀風味的房子一樣。

建物上有一座雕塑：〈雲上之椅〉。這件作品作於 1990 年，藝術家用鋁管及不銹鋼材料製作，表現一張椅子在雲朵上的情況。椅子符號在達比埃斯的作品上常出現，且常帶有許多用意，在這裡是「正在思考」（坐在椅子上思考）或欣賞美學之意。然而無論是雲或椅子，其造形藉由鋼管一線製成，這種有如書法一筆完成的情況，具有東方「一氣呵成」的意思，好像在空間中「書寫」了一座雕塑。

內部裝潢用十字鋼的鑄鐵柱子與工字鋼樑組成，是當時工業建築、傳統市場、火車站及工廠基本建造的結構風格。而此建物，建築師也特別利用巧思，在寬敞的持續空間內使用大窗裝飾，一方面美觀，另一方面實用，所以一進美術館大門，上方即有一個大玻璃窗，可以感受到陽光投射進來的氣氛。左下樓梯直至時段展大廳中央，抬頭亦可看見一個大三角形的大玻璃天花板，亦是採光用的；右上樓梯到常年展區（樓上）也有一塊大玻璃窗照明，然後從時段展展場中央再穿越到後面右上樓梯到外閣樓，又有一大片玻璃牆及玻璃天花板組成，有足夠且亮麗的陽光照射。左下方下樓則是到地下室展區了。這種現代主義採光的建造風格，建築師可說是運用得當，配合得完美無缺。多明尼哥・伊・蒙達納爾更常強調這是加泰隆尼亞區獨特的建造風格，具有「加泰蘭人現代主義」的精神：空間清朗、寬敞，內以樓梯欄杆裝飾格局（前述一再強調的右上樓、左下樓的裝飾），入口區採自然照明設備、大玻璃窗與鑄鐵柱格局，讓人看起來簡潔、順暢，不像現代主義「主唱」的那樣令人錯綜複雜。

達比埃斯美術館外景色

巴塞隆納裝飾藝術館與陶瓷館

Museo Cerámica y Arte Decoracion de Barcelona

地址　C/AV.Diagonal 686 08034 BCN.
電話　裝飾藝術館：93-2805024；陶瓷館：93-2801621。
傳真　34-93-2801874。（兩館同）
時間　週二～六：10：00-18：00。週日：10：00-15：00。週一休館。每年1/1、5/1、6/24、12/25、26休館。裝飾藝術館與陶瓷館在一起，所以時間一致。
交通　地鐵：3號（Palau Reial站）。公車：7、63、67、68、74、75號。紅色線市內觀光公車。
門票　一般7.20歐元。半票3.60歐元。60歲以上及學生、記者、藝評家、博物館會員免費。

建築物

貝德拉貝斯皇宮（Palacio Real de Pedralbes）這座雄偉的深宮原屬於奎爾公爵的古宅及當地富豪赫羅納（Manuel Girona）的土地；建築師魯畢歐（Maria Rubio）將它轉化成一座美麗、浪漫充滿溫馨氣氛的羅馬式花園。

此館入口區在對角線大道上（Av. Diagonal），當時側面即是現在高第館之龍門。可由大門的左右兩旁走到奎爾館（現在裝飾／陶瓷館所在地），館前也有一座噴水池，從池中的水可以看到建物的倒影，是非常優美及古典的建造方式。

園內可分爲開放區與不開放區——一處神祕的森林區。園中的噴水池由高第及卡洛斯・溥伊加斯（Carlos Bohigas）製作，整座花園的雕像裝飾，皆以伊莉莎白二世爲主，而外觀的雕塑則由瓦爾米特哈納（Aga

陶瓷館典藏組主任加莎諾瓦（Antoni Casanova），右為17至18世紀的壁爐。

巴塞隆納裝飾藝術館與陶瓷館外觀 ©Jaune Soler 攝影

Pito Vallmitjana）製作。

在花園中有許多特別的樹木，其中以加利福尼亞的松、柏、欐犇樹、香蕉、日本櫻樹、雪松、楊樹等爲主，除此之外，還有四季花。這些樹木與雕像、椅子混合成一座漂亮的公共公園成爲市民寧靜休閒的好去處。

此館原是因爲加泰蘭貴族想要替西班牙皇室蓋一間皇室在拜訪巴塞隆納時可以下榻的臨時別墅。所有土地由約翰・奎爾（科米亞侯爵）與奎爾公爵捐贈，1918 年奎爾逝世，遺囑中交代轉贈皇家，至1924 年此館成爲皇室到巴塞隆納市下榻之地，在 1929 年巴塞隆納市舉辦第二次萬國博覽會，皇室就曾下榻此處。

貝德拉貝斯皇宮館的小教堂 ©Jaume Soler 攝影

館內第一層樓由博納設計（Eusebio Buna），但卻由內博特（Paula Nebot）改裝完成。1931 年皇室被推翻之後，國家就將它轉交給巴塞隆納市政府。1932 年樓下改成（目前裝飾館一部分），當時國際委員會住宿的地方，它也曾經是「諾貝爾」獎得主詩人加夫列拉（Gabriela Mistral）住過的地方。

在西班牙內戰期間，阿沙涅（Azaña）總理曾經將它做爲正式的辦公室，他所撰寫的回憶錄——《貝德拉貝斯（Pedralbes）日記》，記錄了佛朗哥與其家人居住在巴塞隆納時的情景。

樓下右翼目前已被市府定爲裝飾館時段展之地，樓上右翼爲裝飾館，左翼爲陶瓷館。整棟房子洋溢義大利風格。內部樓梯入口區旁有一間皇室廳（Salón del Trono）、飯廳、圖書館、部長顧問廳、音樂廳及小教堂和不同的接待室。

樓上本爲預留皇室臥房——奧地利王子的寢室，目前掛有維加塔（El Vigata）油畫。室內家具則由當時最有名的加泰蘭家具師製作，內戰後由「最高統帥基金會」捐出，所有的家具皆是十九世紀風格。

陶瓷館

陶瓷館成立的歷史非常複雜，歷經十九世紀與二十世紀。它的收藏原爲巴塞隆納第一座正式稱爲美術館的「省立古董博物館」，在 1879 年接受布埃納．勒德拉斯

（Buenas Letras）典藏的作品。這些作品曾在聖．阿加塔（Santa Agata）小教堂公開展出。

1888年巴塞隆納舉辦第一屆萬國博覽會，和其他國家一樣，都會將他們最好的展品在此做一次盛大的展出。於是市府就決定將此館典藏移到會場——城堡公園內之工業館（已消失）展覽。

館方為了將全部收藏整理得更有系統，所以就在1902年將典藏品納入「市立博物館與美術館」部門，市府及藝術家協會組成了「市立博物館與美術館協會」。促成這個美術館成案的主要功臣人員則是一位名建築師：普基．伊．卡達發

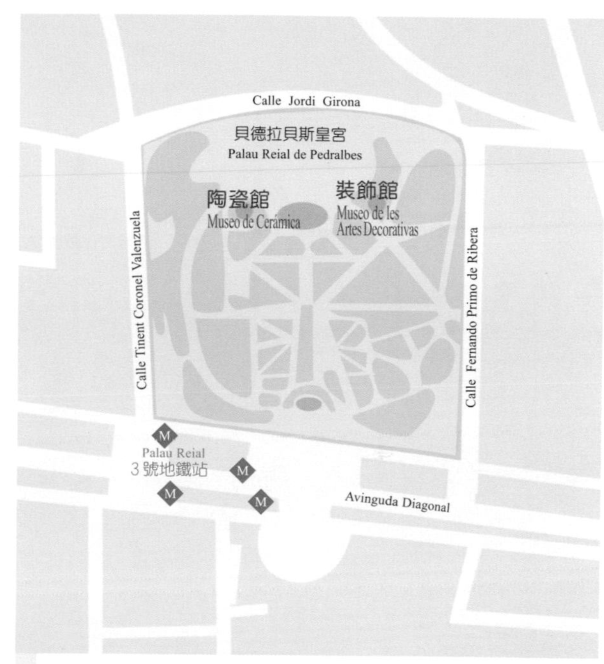

巴塞隆納裝飾藝術館與陶瓷館地圖

陶瓷館常年展場：加泰隆尼亞15至16世紀陶瓷器展室

瓦倫西亞 14 至 16 世紀陶器

屈（José Puig y Cadafalch）。

而為了整建這座省政府的「市立博美館協會」，1907 年又重新更換為「巴市博物館聯合協會」，引領巴市所有的博物館到 1936 年，這個委員會主席即是名建築師普基・伊・卡達發屈。協會並決定將裝飾藝術品移到城堡公園之內，與其他的典藏品在一起，並準備用「裝飾與古董博物館」之名對外開放（1915）。當時館內典藏品已包括目前的陶瓷館之展品。

在 1932 年，貝德拉貝斯館成為市府典藏裝飾藝術品的地方，名稱也改成「裝飾藝術館」，但有一部分的陶瓷（外國的）留在城堡公園內，與陶瓷館藏品放在一起。

西班牙內戰及大戰期間，這些重要的典藏品則被迫搬到歐洛特（Olot）加以保護。戰後陶瓷收藏就搬入加泰隆尼亞美術館，而裝飾藝術館的東西即搬入「前皇后美術館」（Palacio Viarreina）典藏。

至 1957 年一部分的典藏品得以在現代藝術館展出，當時的展名為「從十八世紀到當代巴塞隆納藝術館典藏的裝飾陶藝品」。1962 年再將典藏品搬進「國家館」，當時國家館預定館長盧畢亞（Luís Mª Llubia）計畫修復國家館，四年之後（1966）請來最高領袖佛朗哥、國家主席波爾西奧勒斯（Porcioles）及巴塞隆納市長共同開幕。

盧畢亞對西班牙中世紀陶瓷品相當了解，也是加泰蘭陶瓷品的研究專家，更是第一位「國家館」館長，他去世之後，1974 年此館即關閉，至 1979 年因「改朝換代」的關係，巴塞隆納市第一位民選市長塞拉

（Narcís Serra）也暫將此館關閉，陶瓷館的典藏品即由市府文化部典藏。至1990年加泰隆尼亞國家館重新整裝開幕，陶瓷品也搬回到貝德拉貝斯館，在新的美術館重新對外開放之後，館藏品也加入許多當代的陶藝品。

＞典藏品

館藏品從早期文明社會的陶品到今日最摩登的瓷器都有，這些人們喜歡的裝飾品，藉由陶車、爐子、玻璃、珐瑯等元素的加入，讓它在藝術史上具有舉足輕重的地位，成爲當代藝術主軸之一。我們從今日大型公共藝術的創立與建造皆與其技術、材質混合有密切的關係中可知，參觀陶瓷館是不容忽視的新新藝術之旅。

館藏以十九世紀之後的陶瓷爲最齊全，十九世紀之前雖有收藏品，但較爲零散。所有的館藏品來自市政府的資助與博物館協會及市民捐贈。私人與公家的力量結合，使得西班牙陶瓷館可以豐富與擴大。此館的主軸約可從下列重要的購藏與捐贈品談起。

首先，在1883年買下沙烏拉（Angel Saura）遺孀留下的外國陶瓷品、西班牙塔拉維拉（Talavera）和阿爾戈拉（Alcora）生產的名瓷。1887年再買下菲雷爾（Antoni Ferrer）二十七件阿爾戈拉、加泰隆尼亞及雷貝沙爾貝斯（Ribesalbes）的名陶。這些陶瓷品皆在1888年巴塞隆納舉辦的第二屆萬國博覽會中亮相過，期間也再添加二十四件由侯爵卡斯蒂維爾（Castellvell）捐贈的世界級陶品。

1895年買下斯達西（Enrique Stassi）八十七件屬於塔拉維拉、阿爾戈拉、馬尼塞斯（Manises）和加泰隆尼亞的陶瓷品。1896年同樣再買下一批陶品，這些陶品聽說是在蒙松（Monzón）市發現，屬於十八世紀慕艾爾（Muel）市手工製的一四四件藥罐子。

二十世紀初（1903），買下赫羅尼慕（Jerónimo Vilatta）二十七件阿爾戈拉、英國與加泰隆尼亞的陶瓷品。接下來1914年由名紡織巨子巴特由（Enrque Batlló y Batlló）捐出一大批陶藝品，巴特由即是高第在感恩大道上的建築作品——巴特由之家的主人。巴特由捐贈之後，陸續有塞維亞、

陶瓷館常年展場：15世紀加泰隆尼亞廚房的裝飾陶

貝德貝拉斯皇宮館的封禮堂

加泰隆尼亞、皇宮館、阿爾戈拉及德國之瓷品引入美術館。

「博物館協會」有心再擴大典藏品，於是決定在1918年再修復維拉諾瓦（Vilanova）和拉赫爾杜（La Geltrú）城裡的陶瓷品，這些陶瓷品原屬建築師逢特（Josep Font），在捐出後，市府即有計畫性地將它們全部修復完成。另一位古馬（Guma）典藏的加泰蘭的哥德式地磚、瓦倫西亞和亞拉崗陶瓷磚也相繼捐出，共計九二〇件。古馬也研究這一系列陶品，其出版的《瓦倫西亞和加泰隆納人之陶瓷品》是研究西班牙當代陶器一本不可缺少的書籍。

1921年「博物館協會」再買下瓦倫西亞陶瓷收藏家阿爾曼納（José Almenar）所典藏的十二噸碎陶。這些碎陶皆屬於1908至1911年間由莫林諾・德・特斯坦丁（Molino del Testar）挖掘出之品。因要修復的古蹟實在太多，所以「博物館協會」創立了一間專門修復陶瓷的修復室，至此「救活了」將近二百件破碎的極品，其餘的破碎品則做爲館方研究之用。

到1932年，巴塞隆納市美術館增加了許多美好的典藏品，「博物館協會」也買下布蘭迪奧拉（Luis Plandiura）所蒐集的典藏品，這批典藏品不只量多而且品質一流。這次購買是由佛爾基（Folch y Torres）執行，加泰隆尼亞自治區區長馬西亞（Francesc Macía）支持，至此美術館再納入七〇一件來自巴德納、馬尼塞斯、亞拉崗、塔拉維拉、塞維亞、阿爾戈拉及加泰隆尼亞與瓦倫西亞等區之作。

另外還有1935年戈爾（Antoni Coll）捐出其蒐集的一六八件加泰隆尼亞和瓦倫西亞的陶藝品也相當重要。

內戰之後，此館相繼買下二個極重要的典藏品：一是1953年洛加莫拉（Rocamora）的典藏品；二爲1965年洛維拉爾塔（Roviralta）的典藏品。其中洛加莫拉所蒐集的典藏品在美術館最是獨特，我們稱爲「帕爾馬的陶瓷品」，因爲它是1937年在帕爾馬・馬約卡（Palma de Mallorca）的沙維亞街（Zavellá）十九號地下室挖出，所以用此名稱之。這一五三件出土的陶瓷品是北非的阿拉伯人以手工製作的，有其珍貴的歷史價值，也是證明北非阿拉伯人佔領過西班牙的最佳證據。

而洛維拉爾塔的四七七件典藏品是屬阿爾戈拉之區的作品。它的加入也使美術館手工製品之陶器添加光采，這類陶器在當時是由一位阿蘭達公爵所設的陶廠出品，其產品在西班牙陶史上有其重要的地位。

1966年艾斯畢納（Par Espina）捐贈出五十六件加泰蘭人和瓦倫西亞人製作的陶瓷，也屬珍貴無比的史料。

當代陶也是該館相當重要的收藏。「博物館協會」在二十世紀初買下許多當地陶藝家製作的作品，不過最主要的典藏品也是和其他美術館藏品一樣，皆由有心人士捐贈及館內有計畫的購買。例如二十世紀初（1907）館方買下加泰蘭當代陶藝家塞拉・菲特（Serra Fiter）的作品，這批陶品曾在1907年巴塞隆納市舉行的國際藝術展上展過。而相當幸運的是，美術館能在1982年「古董店拍賣」會上買下同一時期、同一作者、同一批陶品之餘件，組合成「塞拉系列」典藏。協會還買下許多巴塞隆納市的展覽品，其中最重要的有：1932年「春季展」買下阿爾迪加斯（Lorens Artigas）典藏的〈花瓶〉，這只花瓶黑得發光，非常美麗。隔年又在同一展場上買下古梅亞（Cumella）另一只也是黑色的花瓶，成爲一對。而在捐贈上最重要的莫過於1957年畢卡索捐贈的陶品，畢氏送給館方十六件其生平相當重要且具有紀念性的陶藝品，是他在拜會陶瓷館長盧畢亞時

裝飾藝術館常年展場：13至15世紀羅馬－哥德室

裝飾藝術館常年展場：19 世紀新古典主義與帝國主義展室

送給館方的。

1978 年阿爾迪加斯之子也將其父親之工作室捐給館方——一間研究藝術家不可缺少的陶藝室。1981 年米羅親自送給此館二十件陶藝品，是他在 1977 年和阿爾迪加斯聯合製作的陶品，而後再加上許多國外藝術家與西班牙陶藝家陸陸續續的捐贈，使此館成爲目前西班牙擁有當代陶藝品最豐富之地。

裝飾藝術館

巴塞隆納市的裝飾藝術館在 1932 年 12 月 18 日於貝德拉貝斯皇宮館開幕，由加泰隆尼亞自治區區長馬西亞主持。大部分的典藏品皆出自歐洲藝術家之手，不過當中卻有一部分十八、十九世紀的家具品是來自於加泰蘭人。這些家具皆是博物館協會提供，這個協會認爲這些作品出於加泰蘭人之手，所以將這批藏品置於「加泰蘭人藝術館」裡，因而成爲今日裝飾藝術館的典藏。

典藏品分爲三部分：1.以技術分：有陶瓷、手工藝品、琺瑯、玻璃、桌椅等；2.以特點來分：有軍械室、家具室、古董室等；3.以風格來分：浪漫主義等。

西班牙內戰爆發後，裝飾館的典藏品被迫搬至歐洛特。大戰結束之後才搬回巴塞隆納，但卻被分到前皇后美術館（Palacio de la Virreina）。因爲它「長得很像」貝德拉貝斯館的空間，所以典藏品就暫時「寄放」在那，同時有一些作品也就順勢展出。

1985 年巴塞隆納市政府決定將「前皇后美術館」當成文化機構，成爲所有美術館文化活動的「指揮中心」，所以裝飾藝術館又必須回到原初之地——貝德拉貝斯館，至此之後封閉十年之久。

在 1995 年因爲一項重要的文化措施，美術館又重新開放，它能夠重新開放，必須要感謝工業設計廠商的贊助與建教合作，讓許多新設計出的產品，直接捐贈至裝飾藝術館典藏。同時也有私人捐贈，因而從此館可見從中世紀到當代歐洲設計演變史，大部分爲民生家居生活用品。

＞典藏品

十三到十五世紀羅馬至哥德式展室：美術館典藏品參觀路線由中世紀宗教器皿開始，包括民俗用品、家具等，從這些作品可證明西班牙曾被北非阿拉伯人佔領過。

十四到十五世紀哥德式展室：展有一系列的保險箱、衣箱、櫃子、新娘禮盒等。這些作品皆以純熟的技術雕琢，呈現出當時歐洲上流社會與宮廷生活的浮華世界。

十六世紀文藝復興展室：人類思想的文明、科技的進步提昇了設計品質，以羅馬、希臘式的風格做爲新美學的基礎，同時創造出許多設計花樣：例如懷錶、書桌、掛錶、折椅、馬桶等。

十七世紀巴洛克展室：十七世紀期間，宗教戰爭、皇室抬頭，其皇室與教宗的權力象徵都用藝術品代替。而十七世紀的巴洛克風格是以豪華著稱，由展室中的一張床與書桌即可看出。

十八世紀洛可可展室：十八世紀的貴族在家裡經常尋找舒適與自我的隱密空間，所

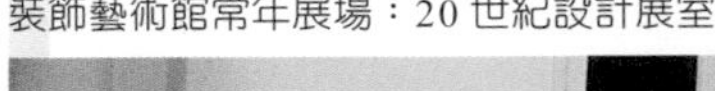
裝飾藝術館常年展場：20 世紀設計展室

裝飾藝術館時段展場：象徵〈溫暖的家〉一作，當觀者進入時即可見到閃閃火光，象徵溫暖之家，為梅汀尼設計事務所之作。

裝飾藝術館時段展場：梅汀尼作品

以將家分成許多小空間，也順時創作出許多實用的工具。而洛可可被認爲是巴洛克的終結者，其風格比巴洛克更彎曲，表現更自由，顏色更生動，使用許多鑲金技巧。

十八世紀新古典主義展室：新古典主義的文化對貴族們算是一種新口味，由其造形可見貴族們在當時偏好「簡化」——工整規律美的設計成爲他們的新寵兒。

貝德拉貝斯皇宮館的圖畫館　©Jaume Soler 攝影

十九世紀新古典主義與帝國主義展室：十九世紀是第二期新古典主義的開始，同時也是帝國主義興起的時代，所以一些埃及、羅馬、希臘式的家具、造形、設計又再度復興。這種風格在拿破崙時代最爲明顯。

十九世紀浪漫主義展室：浪漫主義的思想恢復了個人自由權利，自發性、感性，這種思想被認爲是中產階級抬頭的象徵，工廠允許製作出一系列中產階級消費之物品，中產階級喜愛浪漫自我的古手工藝品口味；對他們來說，家就如避難所，新舒適休閒的好去處，所有的家具設計幾乎是精緻、浪漫的特色。

十九世紀浪漫主義與文史主義的展室：十九世紀國家主義的抬頭，使得羅馬與哥德風再度吹起，我們由展品可見再翻新的哥德風。

十九到二十世紀現代主義展室：十九世紀以來產生一個新觀念，從大自然彎曲線、女人軀體及東方藝術而來，這就是現代主義的特徵，在此流行之下，當時不少家庭，其家具用品都有「現代」精神。

二十世紀裝飾藝術展室：這裡典藏只屬於加泰蘭人所設計的物品——一種可見反映傳統思想及自我評價的設計品，其設計的主題不出地中海、本土、喜好等。

二十世紀設計展室：由於工業設計的改革，讓一系列產品價格降低，但其品質佳，藝術品或是工藝品的觀念在打轉，工業設計經常把實用與美觀結合，是此世紀產品的最高原則，所以造形與功能皆佳。美術館中的展品皆是從西班牙工業設計中精挑細選，別的地方是沒有的。

達利戲劇美術館

Teatro Museo Dalí

地址 c/Plaza Gala-Salvador Dalí ,25 .17600 Figueres.
電話 34-972-677500
傳真 34-972-501666
時間 7-9月：9：00-19：45（每日開放）。1-6月/10-12月：10：30-17：45（週一休館、1/1 、12/25 休館）
交通 去費格拉斯必須在巴塞隆納坐火車（每小時一班），約1.5-2小時車程，開車約1.5小時。
門票 7-9月：7.21歐元。老人、學生、團體（30人以上）4.80歐元。9歲以下免費。1-6月/10-12月：7.21歐元。老人、學生4.80歐元。團體（30人以上）4.20歐元。9歲以下免費。
網址 www.salvador-dali.org
其他 有導覽人員，但須先預約。

原本只是一座位於西班牙赫羅那（Girona）省費格拉斯市（Figueres）破舊無人管理與側視的戲劇館，如今由於「超現實瘋子」——薩爾瓦多・達利（Salvador Dalí）回饋故鄉，以「瘋眼」的手法，將這座幾乎像荒塚的劇院改成令世人爲之一亮的美術館：達利戲劇美術館。此館不只擁有達利生平最重要的作品，包括從兒時繪畫（約10歲）、年輕時的印象派（如〈父親的肖像〉）、立體派、寫實、浪漫、新立體、達達、未來主義等風格之作（幾乎是整個繪畫史風格之作），也囊括一些達利二十四歲之後最具代表性的超現實主義作品，如：「寶貝廳」裡的〈異常非凡〉，加上特別值得一提的典藏品：達利在里加港創作的作品，及一些他所崇拜大師的作品，如：葛利哥、杜象、杜歐、梅松尼葉等。而且此館本身即是一件非常超現實的作品，是達利利用十三年的時間精心製作出來的「大」超現實。所以無論是館內精粹的典藏品，或是館外的美術

館長畢秋特

達利戲劇美術館　©Teatro Museo Dalí（上圖）
達利戲劇美術館旁的販賣店上有達利的簽名（右圖）

館外觀及整座館，皆是達利盡一生生命所「畫」出來的作品，一切是很超現實的！我們現在就以「超現實」之心來閱讀達利「超現實之作」的歷史與其典藏品！

建館緣起

1960年，費格拉斯鎮鎮長、本市職律師的瓜迪歐拉・羅維拉（Ramón Guardiola Rovira）想要豐富此鎮上一座市立美術館阿布丹美術館（Museo Ampurdan）的館藏品，派鎮民代表（市府發言人），也是藝術家的朋友及攝影家：梅林頓・加沙爾斯

(Meliton Casals,俗稱梅林)到卡達克斯里加港的達利之家拜訪,請求達利捐一幅作品給阿布丹美術館,達利立刻回答:「對於費格拉斯鎮,我是不會只送一件作品,而會送一整棟美術館……。」達利指定美術館的預定地為破舊的劇院,請梅林回去轉告鎮長,如是達利美術館的點子就有了輪廓了。

說來奇怪,達利因西班牙內戰搬至美國八年,回來時(1948)已是國際知名的藝術家,但到1960年為止,他將近二十年的名就,卻未曾吸引半個地方政府來親近他,不管是加泰隆尼亞區的地方政府、巴塞隆納市或是他出生的故鄉費格拉斯鎮都沒有「蓋館」的想法。要不是1960年羅維拉鎮長的「認知」,要收藏一幅達利作品引起達利「送一棟」美術館,天才曉得要等多久才能有超「瘋子」的「大作」。

羅維拉鎮長了解這是一項非常重要的企畫案,全力支持,他首先說服了費格拉斯鎮民。當時費格拉斯的民眾聽說要蓋達利館均舉雙手不贊成,雖然知道達利是一位天才大師,但並不想被達利當成「物品」玩弄,可想而知當時的抗拒力有多大!說服鎮民之後,鎮長接下來尋求贊助資金。在這方面,達利也親自到美術部門申請贊助,但未獲即時的同意,原因在對其設計的想法與先從館頂建造的方式——網狀的圓球設計有不同意見。結果導致達利非常生氣地在美國《時代》雜誌大力批評。不過時間證明一切,達利所想的點子與其網狀的屋頂,現在不只是美術館的象徵,也是費格拉斯鎮的註冊商標。在鎮長排除一切「政府規章」、「條例法令」的困難,大力催生之後,在1968年,美術部門也同意贊助,從此美術館的興建變得較為順利,而與觀光局也開始有了聯繫,二年之後,即1970年6月26日,文化部也通過審核,贊助此案。經過一番「超現實」的折騰之後,終於至1974年9月28日,達利戲劇美術館正式對外開放。

達利　神祕之路　油畫
©Teatro Museo Dalí

達利與費格拉斯

達利會這麼快一口答應鎮長的要

求，不記恨近二十年來「沒人理他」的心，而且自己「附贈」一座美術館，其實是有原因的：達利1904年5月11日生於費格拉斯鎮，這是一座非常小且親切的小鎮，其父本是卡達克斯市人（Cadaques），母親是巴塞隆納人，都與費格拉斯有關；又因父親在費格拉斯當公證人，所以全家都在費格拉斯生活。

達利生於那裡，度過小學、中學、高中，直到1922年到馬德里就讀名校聖·費南度美術學院才離開費格拉斯，因此對費格拉斯有一份特別的感情。一般人對於自己生長的地方往往存有美好的懷念，大師達利也不例外。特別是在此之前（1922），達利在十四歲時，即在費格拉斯鎮內的破舊劇院發表了他個人的小個展：「三位熱愛地方人士之人」。當時地方報紙曾預言：「他將是一位大畫家」，在小小的達利心靈上留下非常美好的回憶。

之後，1921年愛護他的母親去世，葬在費格拉斯鎮；1923年被聖·費南度美術學院退學，達利回費格拉斯散心；1924年因有改革之心在費格拉斯被抓；1927年服役、退伍；1929年，因與卡拉在一起（年紀比他大）受全家反對而與其父、其妹安娜鬧翻，此後未曾回過費格拉斯；直到1948年才再回到費格拉斯。這種「來來回回」、「分分離離」的親密關係，使達利對此鎮有特別的回憶，也許在達利尚小時，即想要在此鎮，他的出生地、充滿回憶的地方，畫一幅他的「作品」，所以鎮長這麼輕輕一提，他即義不容辭地用「全部生命」回贈。

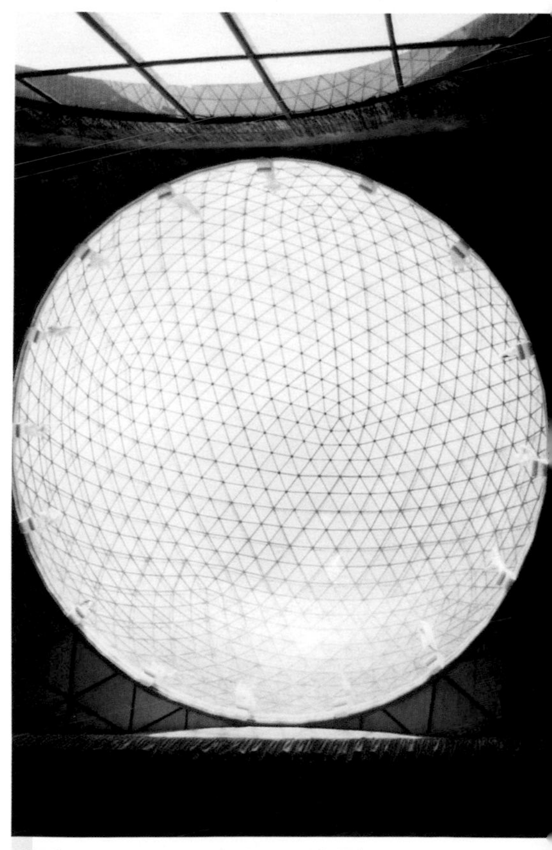

體視作品　©Teatro Museo Dalí（上圖）
達利美術館著名的透明式圓球屋頂（下圖）

典藏品

達利　奧德洛夢到威尼斯　油畫
©Teatro Museo Dalí（上圖）

從二樓下望館內長廊（下圖）

達利戲劇美術館的典藏品就如「超現實」畫派一樣的「超現實」！無論是在排列次序上很「超現實」——要是沒有導覽手冊觀看作品路線恐怕會不得要領，且半天也無法看完；館藏品本身更是非常超「現實」：許多典藏品必須有人輕輕一點才能看出其中奧妙，更特別的是有些作品要放錢才能看到，令人發出會心一笑（很超「現實」的喔！）更有些作品須用超現實之眼欣賞（雙影像之作），否則對達利的藝術恐怕理解與接受的程度會相當有限。所以在欣賞此館的時候，最好有一本解讀的導覽手冊在身邊，或是有解說人員陪同。

> A.外觀

此館的典藏品非常繁多，但亂中有序，此處先從外觀看起。此館的外觀，除了美術館的註冊商標：網狀圓球體屋頂特別之外，尚有奇異的費格拉斯麵包（若不經指出恐無人得知那是麵包）。麵包是達利在三〇年代創作的繪畫元素，象徵實用、功利，因爲在三〇年代大家都餓荒了，藝術家要是沒有「麵包」是創作不了「神奇」作品的；也就是說，連大藝術家也要「吃」才能創作——非常實際、事實的象徵。但依達利的說法，麵包的實用之說已漸漸消失，取而代之的是一句中國名話：「天下沒有白吃的午餐」之意。雞蛋則象徵原生物、人之初、起源。就如奧斯卡金像獎獲獎者一樣，達利表示，他的美術館就像舞台一樣，誰演得好、誰就廣受鼓掌喝采，同時也有人生如戲、戲如人生之意。再來是拐杖元素：正門外觀上有一拐杖造形，這個拐杖是達利小時候經常使用的代替品，這不是一支給殘疾人士使用，而是給正常人用的拐杖，象徵具有效果、實用的，與麵包意義相似。但此元素後來卻轉變成「性無能」的象徵，因爲一位正常人應該不需要任何支撐物，若需要一支拐杖，亦是無能之意。最後值得一提的是一座前衛雕塑：〈向牛頓致敬〉等。

> B.入口區

一進美術館，參觀者就可看到三張大海報：1976 年巴塞隆納米羅美術館開幕的海報、1977 年畢卡索美術館爲畢卡索立體派作品展的開幕海報、1978 年達利戲劇美術館開幕的海報。看出來了嗎？此處並展的是西班牙（加泰隆尼亞區）三位大師的作品（宣傳品）。另外的即是一些達利製作的裝置品及雕塑。

達利戲劇美術館地圖（上圖）

達利美術館一景：里加港之家　©Teatro Museo Dalí（下圖）

中庭（舊劇院中庭）（上圖）

圓球屋頂下有一幅〈向羅斯柯致敬〉，遠遠可見達利的雙影像表現手法，將卡拉身體轉化成林肯頭。（右圖）

> C.中庭

看完了入口區，可以直接走進中庭，至於右邊走廊——素描展廳，則可以回頭再來欣賞。戲劇院古中庭，以一輛〈永遠在下雨的車〉及〈卡拉船〉最爲亮眼。〈永遠在下雨的車〉是達利在1938年1月參加巴黎「美術」藝廊所舉辦的「國際超現實主義」大展的作品。據達利的說法，點子來自他在美國佛羅里達州的經歷，在那裡達利與卡拉經常開車到海邊玩，一路上下大雨車內就下小雨，所以藝術家就創造出這麼一輛具備「事實」的車子。而〈卡拉船〉則是倒著的，加上支撐物，正看就是一支拐杖。此船內有藍色的水滴出來，船底有一支大雨傘，船中有一個米開朗基羅式的黑奴隸，非常有意思。

> D.圓球屋頂下

達利使用網狀的圓球體當此劇院的屋頂，是有相當的理由的：其一，旁邊的中庭是開放式的屋頂，直接可以看見藍天白雲，所以為了不破壞「透明式」的屋頂美觀，達利另一邊即採用了玻璃來做屋頂，製作建築師為畢涅羅（Perez Pinero）。其二，達利引用透明的玻璃當屋頂，克服一些可能發生的危險性，是想證明其理論：「妄想症——批判的方法」，因為這件巨大的屋頂就如達利的雕塑品一樣，它是達利證明「妄想症——批判的方法」製作出來的效果。達利想以透明的屋頂看「外在」的景象，另一方面藉此透明式的形體與外界交流，象徵著可與內、外世界溝通、無阻礙，也證明其「專注世界」的理論。這種「專注」（入迷）內外世界的「心」，就如顯微鏡一樣可看到最微小的事物，如蒼蠅、大龍蝦背上的灰塵、草蜢、螞蟻等。此透明屋頂下有二幅最具代表性的「雙影像」作品：〈向羅斯柯致敬〉（1976）與〈幻象鬥牛士〉。

圓球屋頂下右翼（面向中庭）為「嘴唇沙發室」，右下為「漁人展室」。（上圖）

「風館」天花板上的圖畫（下圖）

> E.嘴唇沙發室

這間展室，顧名思義的即是以其名作〈嘴唇一沙發〉為最，其點子來源是在1934至1935年時，達利用一張登在報紙上的相片畫成一張「麥茲威爾」（Mae West）的臉，以二度空間畫出三度空間。多年之後，達利執行作品空間化，利用二張相片，以點描派的手法，將相片中的巴黎風景變成眼睛，沙發變成嘴唇，而擬人化的窗簾當假髮，整個看起來就如一張眞正立體式的麥茲威爾臉，將三度空間轉化為二度空間，眞神奇！除此之外，此展室也有其他一些好作品，如：〈一個額頭上有開抽屜的米開朗基羅的人物〉、〈開抽屜的維納斯〉（1964）雕塑、

「風館」內右邊房間展示達利收藏的古董
©Teatro Museo Dalí

〈椅子一假人〉(1976)……。

> F.寶貝廳

在透明的屋頂下（面向中庭），右邊上方是「嘴唇—沙發」展室，左邊則是「寶貝廳」。這間寶貝廳內藏的作品皆是禁止外借的國寶，其特別之作如：〈籃子裡的麵包〉(1945)、〈卡拉肖像〉(1944～45)、〈異常非凡〉(1935～36)、〈背向的卡拉看一面未見的鏡子〉(1960)、〈消失的影像〉(1938)、〈雙性幽靈〉(1932)等。

> G.漁人展室

此廳位於寶貝廳對面，「嘴唇—沙發」展室之下，在此之前有一幅非常有味道的〈貝多芬的頭〉(1973)，它是用眞正的章魚去畫出的作品。另外展室內有一系列好作品，最顯眼的有：〈畢卡索肖像〉(1947)、〈軟形自畫像和冷板凳〉(1941)、〈女人——動物共生〉(1928)、〈自畫像〉(1923)、〈巴塞隆納假人〉(1926～27)，以及最聞名的仿米勒註冊商標的〈晚鐘〉風格，達利用點描派的手法畫出的：〈晨曦、中午、傍晚與夕陽〉(1979)等。

卡拉館外觀，牆壁上有費格拉斯鎮傳統的麵包造形及代表原生性、起源之意的雞蛋，左邊則有聳立的柏樹。 ©Teatro Museo Dalí（右頁圖）

圓球屋頂旁中庭陳列著名的〈卡拉船〉及〈永遠在下雨的車子〉，整體空間關係突破內外、上下的界限。（下圖）

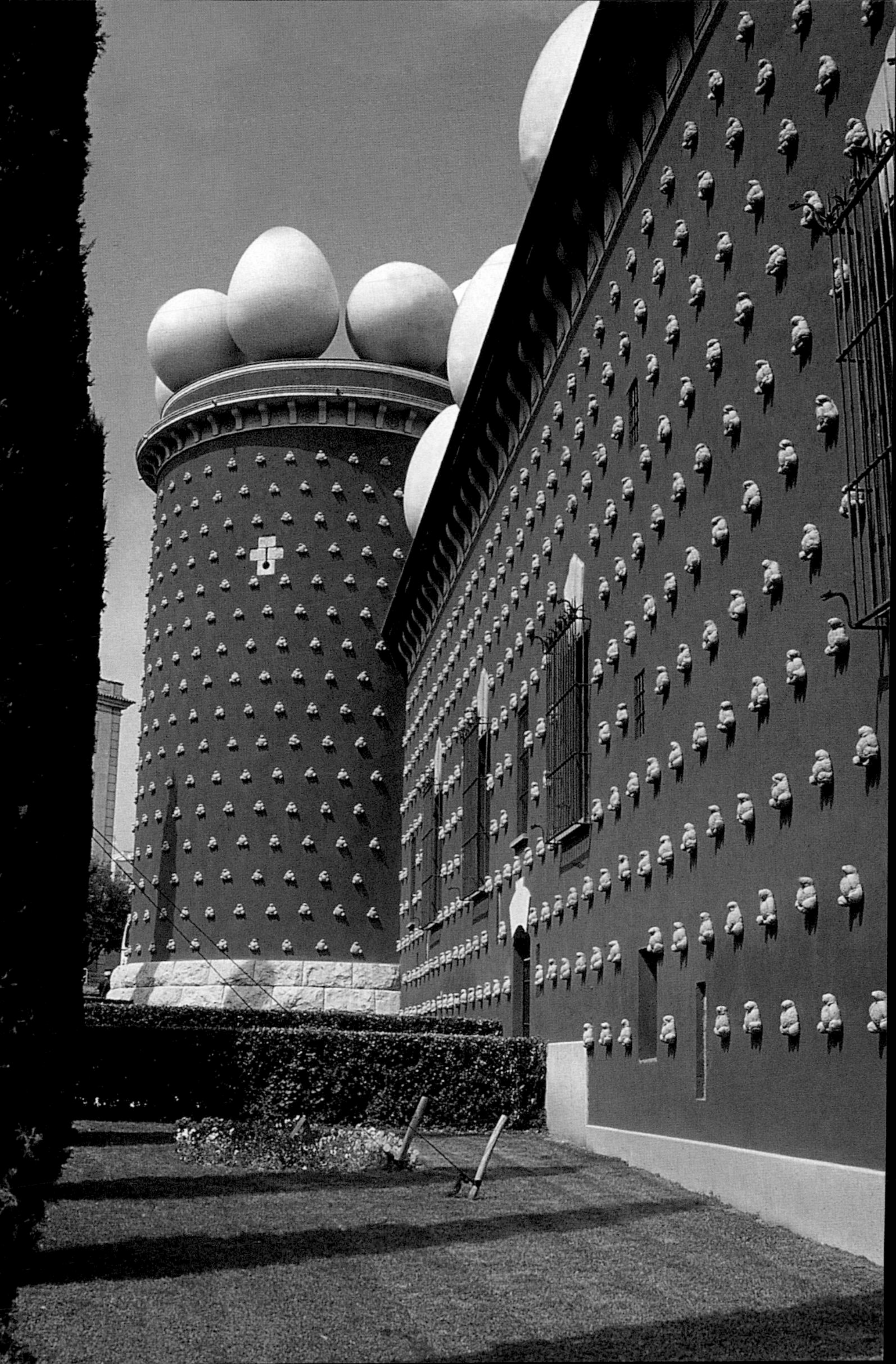

> H.素描、水彩展室

走出漁人展室，左手邊即是展水彩素描的走廊（右邊即是向上至透明屋頂下的舞台）。這半圓式的迴廊展有超優的素描、水彩習作之品，如：〈爲尼祿非物質化的鼻子作的習作〉（1947）、〈戰爭之臉〉（1941）、〈大戰鬥〉（1977）、〈爲「自畫像」畫的習作〉（1923）等。

卡拉館一景 ©Teatro Museo Dalí

> I.風館

回到美術館的第一層，可去看一間非常趣味的展室——風館（Palacio de Viento），抬頭看天花板——進門右上方是達利，左上方是卡拉，兩位昇天，好像我們一樣，正在觀看上方（外在）世界的景象；室內也有一座〈向牛頓致敬〉的模型品。而進門右手邊有一間臥房，放置達利的收藏品：一張古典床、一幅複製的〈軟時鐘壁毯〉、〈宣傳品與輪子〉（1927）、〈鞋子與牛奶杯〉（1975）等。一進門左手邊另有一間典藏室，藏有〈爲幻象鬥牛士作的習作〉（1968）、〈圓球體卡拉肖像〉（1952）等名作。出此展室到風館外的迴廊上，還有幾件特殊的作品，如〈美國詩〉（1943）、〈米勒天使的神話悲劇〉（1978）等。

> J.卡拉館

卡拉館自1983年10月12日加入美術館展室，即成爲美術館奇異的展廳，不只擁有達利後期創作的體視作品，如：〈卡拉之腳〉（1974～76）、〈爲了讓卡拉看維納斯的誕生，達利掀開地中海的皮膚〉（1977）、〈向Pujols詩人致敬〉（1972～73）等，也有達利後期仿米開朗基羅大作及維拉斯蓋茲的作品。

> K.大師展室

這間展室位於美術館最上層（第三層），展有達利最崇敬的藝

大師展室

術史大師；如：葛利哥、杜歐、杜象等，也有達利最愛的小作品，如：〈擬人化的麵包〉（1932）、〈卡拉肖像與兩個羊排平衡的放在她的肩膀上〉（1933）等。

> L.館長展室（安東尼．畢秋特展覽室）

在「大師展室」外的走廊上及下一層（第二層）的迴廊上展有此館館長的創作之品。一座達利自己（個人）的美術館怎麼會有別人的作品呢？原因是，達利與館長父親畢秋特有深厚的友誼：達利小時候（年輕）曾到畢秋特家度過一陣子，在那裡達利受畢秋特的影響，立志做一位印象派畫家，也因畢秋特家中的典藏品，讓達利認識立體派、義大利未來主義風格，對達利在繪畫創作上有極大的影響。所以畢秋特當然在達利的心目中佔有一席之地，在此館中特別留有一展室給「舊友之裔」。

薩爾瓦多．達利，人稱超「瘋」、超「現實」，其實是只知其一不知其二的說法。說他超瘋是因為不懂或沒讀過他所寫的《妄想症——批判的方法》一書，所以不認識其眞正對事物的專注與執著，才會說他是瘋子論法，說他有妄想症（精神病）。而說他超「現實」，則事實：「贈」一座美術館給費格拉斯、留一展室給「深知之友」，可以證明一切。說他超「現實」是因爲不知他所說過的一句話：「天下沒有白吃的午餐」眞諦。無論如何，究竟事實何在，此處引用達利所說的話作結：「事實是另一個事實本身，事物是自己本身，亦可是另一事物，就隨您用什麼角度去欣賞。」

加泰隆尼亞玩具博物館

Museu del Joguet de Catalunya

地址　C/ De Sant Pere,1. 17600 Fiqures.
電話　34-972-504585
傳真　34-972-676428
時間　6-9月：週一～六10：00-13：00；16：00-19：00，週日與國定假日：11：30-13：00；17：00-19：30，週一、1/1及1/15至2/15休館。10-5月：週二～六10：00-13：00；16：00-19：00，週日與國定假日：11：00-13：30，週一、1/1及1/15至2/15休館。
交通　從巴塞隆納市坐火車到費格拉斯鎮大約一個小時又四十五分鐘，下車走路大約十分鐘就到美術館，在達利美術館旁邊。
門票　個人3.90歐元。團體3歐元。沒有免費票價。
網址　www.mju-figueres.net

你要是到西班牙費格拉斯（Figueres）達利美術館來欣賞天才大師的作品，別忘了，在它的附近也有一座別致小巧的美術館——加泰隆尼亞玩具博物館。它於1982年6月18日正式成立，1995年因空間與館藏品的關係休館，1998年12月才又以新面孔對外典藏品開放。

加泰隆尼亞玩具博物館成立不久，典藏品也是簡單明瞭，皆以專題來分；如：車子——包括汽車、火車、馬車、跑車……從十九世紀末至今的玩具車，及娃娃、機器人、鉛製軍隊玩具等。其最主要的典藏品是以十九世紀末到二十世紀中加泰隆尼亞區域的玩具爲主，另外包括一些來自世界各地廠商出品的玩具，如台灣、大陸、日本及香港等地。而依據館長所寫的館文來看，此館最特

加泰隆尼亞玩具博物館外觀一景（上／右頁圖）

MUSEU DEL JOGUET DE CATALUNYA

哨子　由米羅妻子皮拉爾・胡貢莎捐贈

4 號展室：機器玩偶主題（類似走廊，典藏品也放置在地下）（上圖）

3 號展室：世界各地玩具與名人玩具主題（下圖）

別的典藏品是：「小毛熊」。

這隻小毛熊，在二十世紀初由德國廠商製作生產，銷售於全歐洲。1915 年曾流行於加泰隆尼亞，轟動一時。此館為何能典藏這麼一隻當時流行的小熊，這首要感謝達利的捐贈。然而令人好奇的是，達利為何有這些玩具呢？又為什麼能保持這麼久？原因是：當時因轟動而銷售一空，其中也被達利之父買下送給達利及其妹安娜・瑪利亞（Ana Maria），幾年後，達利好友詩人費德里科・加西亞・洛爾卡（Federico Garcia Lorca）也把它當成是玩伴，從巴塞隆納或從格拉納達寫信到費格拉斯與熊對話（將熊擬人化），甚至將熊送至教堂接受聖洗禮，封為「機器小熊先生」。後來達利知道有此館成立，即將心愛小熊送給此館典藏。除此之外，此館也非常幸運能擁有達利和安娜・瑪利亞與小熊合照的相片，及兩封費德里科特別寫給小熊的眞跡手稿信。

這座玩具博物館還有一些非常有趣與特殊的玩具，如：艾菲爾鐵塔；由七千個錫製四方塊組合而成。一個馬約卡陶土做的哨子

——曾是米羅兒童時代的玩具，後來轉贈給此館典藏，及一些用硬紙板製成的馬、木製的玩具、鉛做的軍隊玩具、陶瓷娃娃、布製、塑膠娃娃與一些白鐵製成的機器玩具等。

在欣賞它們的時候你彷彿看到一世紀以來的玩具史，也可以說西班牙三代以來曾經玩過的玩具。而且從這些玩具中，也可以看到西班牙每一時段科技與設計的演變，更可以從各國設計的玩具，比較出不同的文化特色——每一個玩具皆代表著一個歷史的見證、流行及藝術派別。

建築物

談到博物館的建築物，其歷史更短，它是十九世紀一座在費格拉斯市中心散步大道上的飯店——巴黎飯店，因經營不善在1979年停止營業，1982年飯店負責人將建築物賣給加泰隆尼亞自治政府和費格拉斯市政府。當時胡安・羅沙（Josep Maria Juan Rosa）奔走四方闡述建館的理想，費格拉斯政府欣然同意——由赫羅那省政府與費格拉斯市政府將此飯店改成玩具博物館，胡安・羅沙則出任玩具基金會的董事，並將自己所有的典藏品捐出，合作建立起一座在西班牙獨一無二的「加泰隆尼亞玩具博物館」。

雖然此館沒有非常特別的創立史，但館內設有一間圖書室，內藏有世界各地玩具史及各國廠商設計、販賣玩具的資料，當然也包括亞洲地區的玩具廠商，尤以日本為最——擁有幾套二十幾集玩具說明冊子。據館長說，這是西班牙境內唯一在博物館珍藏的書本，值得驕傲，不過館長說：要完美此館必須再努力，完備成為一座「摩登博物館」的條件。

1號展室：車子與火車主題 （上圖）
2號展室：娃娃、家具、戲劇主題－舞台玩具（下圖）

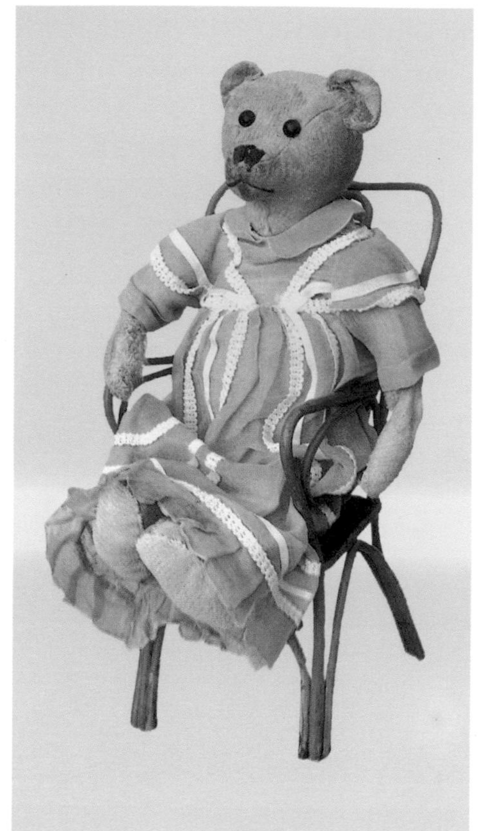

機器小熊先生為達利與其妹安娜・瑪利亞小時候的玩具，也曾是詩人加西亞・洛爾卡與達利年輕時溝通的友伴。（左上圖）

巴黎鐵塔　典藏品之一（右上圖）

加泰隆尼亞玩具博物館地圖（右圖）

館長專訪

加泰隆尼亞玩具博物館
胡安．羅沙

館長胡安．羅沙

一位嗜玩具成癡的建築師——胡安．羅沙，為了實踐小時候的「渴望」，四十年來幾乎找遍了全西班牙一世紀以來的玩具品和走遍世界收購各國玩具。擁有這麼多玩具，現在我們就讓他來述說一下其因果吧！。

徐芬蘭（以下簡稱徐）：請問館長為何創立一座玩具博物館？除了喜好之外，我想一定有其他附加因素在推動吧？

館長（以下簡稱館）：是的！除了我本身非常喜歡之外，其真正因素也牽涉到我去每一座美術館看展的心得。對一般家庭來說，在說故事的時候都會引用圖解解釋給小孩認知，例如：英、法、德多用此法——故事書。到美術館看展品也是一種，父母每每要先讀過圖解，再用一篇「大道理」，費一番唇舌說明、解釋給小孩聽，因此就讓我想到創作一座「不用說明」的博物館——我們的「玩具館」。因為是與這些走過來的家長（祖父母、父母親）有關，所以他們本身到此來就具備一套「大道理」來解釋他們所看到的館藏品，不用我們再多費「唇舌」帶引，這是非常棒的感覺，能夠開這麼一座博物館是非常有趣的事。

館內天花板設置

徐：那可否請館長說明一下，此館有何特色？當然「玩具」之名就已非常醒目，但在這個「名」之下其特色是什麼呢？

館：簡單的說，這個玩具館不只收有一世紀來加泰蘭人的兒童玩具，也收集一點來自世界各地的玩具（包括台灣的鐵金鋼）。

徐：啊！我小時候的玩具。

館：是嗎？那麼妳一定可以了解我剛說過的「感覺」，對吧！

徐：是的！

館：它最特別的地方是，大部分的玩具都是一些名人小時候曾經玩過的玩具，如米羅的笛子、達利的小熊、前市長（巴塞隆納）馬拉加的兒時玩具等，都在此館珍藏。我們是在 1982 年成立，1995 年因空間和館藏品的關係休館，1998 年才又對外開放。

徐：它是如何形成的呢？

館：我從四○年代開始就有典藏玩具品的願望，在 1970 年我將所有收集的玩具，帶到巴塞隆納市圭爾館展出，獲得熱烈回響與讚揚。當時我只是一位贊助、提供者，將我的典藏品借至各地展出。1982 年我想將巴黎飯店改為玩具博物館，因為當時飯店已關閉三年了，主人沒辦法處理，基於衆好友的鼓勵，我即與市政府（費格拉斯市府）合作，將所有的典藏品捐出建立一座「玩具館」，於此我即順理成章地當上館長了。

徐：您為什麼收集玩具，而不收集別的東西呢？

館：我想每個人都有特別嗜好的東西，而我從小就喜愛玩玩具，但因家境的關係沒辦法消費。當時西班牙處於內戰、大戰期間與戰後貧困的社會，民生問題都解決不了，一般家庭哪有多餘的錢來享受這些奢侈品。至七○年代，因生活水準提高，這些消費品也隨之便宜，於是我為了滿足我的「渴望」，一口氣買下許多小時候買不起的玩具，到處尋求，慢慢地就愈來愈多——嗯！真的有點欲罷不能的感覺。後來又因 1970 年巴塞隆納市的玩具展大受好評，使我更放不下「玩具」，下定決心再加強我的典藏品。其中有一件最令我感動的事，當時有許多人知道我典藏玩具，都把他們小時候玩過的玩具送給我，其中有一位富人，知道我要建館，即將一輛法拉利跑車送給我，當做建館之禮——他說這輛車是他的玩具。

徐：喔太棒了。就是進門那輛大跑車！

館：是的！

徐：館長，可否請您輕鬆談一下您當館長之前從事什麼工作？

館：說來話長！我們家世代開洗衣店，父親一直想要我繼承他的工作，但在我讀中學時，老師告訴父親，說我比較適合走建築之路，所以父親即讓我讀建築，做一位建築師。期間我也學過九年的小提琴、畫一點畫，最後因緣關係還是做了此館的館長。

徐：館長也是多才多藝之人！

館：多才多藝不敢說，喜歡到處碰一點倒是真的。至於建築是我的本行，也是我養家活口的專業，所以一直跟我最久。

徐：此館的設計，我想一定是您的傑作了？

館：是的！我在休館期間重新裝修、改建成現在這個樣子。而且室內的設計也依我自己的意思改修，直到我許可為止，目前的樣子我很滿意。

徐：可否問館長館設備如何？

館：本館在此環節最弱，有待改良，但我們

有西班牙獨一無二的「玩具圖書館」，典藏西班牙及世界各國的玩具史。而且我們也與各校合作，開放「校外教學」課，讓各校學生能至此上課與利用教學器具。這是我最感驕傲的事情。

徐：再請問館長，您要如何推廣玩具博物館，使它更廣為人知？

館：我的推廣方式有二：1.是定時開展，讓媒體能時段性地為本館做報導、打知名度，使人們不會忘記它的存在。另一方面，本館規畫一個「玩具節」，讓世界各地收集玩具的人能來此聚集，也能在此交換意見來打開知名度。

徐：最後我想再請教一個「有趣」的問題，我看到一間視聽室，非常有趣，一直在放卡通片「丁丁」，不像一般美術館播放紀錄片或畫家、藝術家的「生平」……這是？

館：噢！因為玩具和小孩是不可分的東西，而卡通一向也與小孩息息相關，我想我們都是玩玩具、看卡通長大的，所以本館即與赫羅納（Girona）大學教學合作，製作了一套七○年代加泰隆尼亞最流行的卡通片——丁丁，在此放映，讓小孩看完了玩具展之後，也能目睹一下當時他們父母小時候的「電視」。而且我們不只與赫羅那大學合作，本館也與各校、文化團體合辦文化系列活動，讓本館永遠都有人潮、朝氣、活力來吸引愛好者到此一遊。

徐：像一座文化中心一樣！

館：是的，我就是想讓「玩具館」不只是一座讓人來欣賞、懷念的地方，也想讓它成為大家經常聚合的活動地方，我很想聽到一句話：「噢！沒地方玩，我們到玩具館活動一下吧。」

樓梯間有一個大陀螺玩具，是加泰隆尼亞玩具博物館的標誌。

亞拉崗自治區

勒雷素描美術館
哥雅之家及版畫美術館
保羅・塞拉諾美術館
薩拉戈薩博物館

薩拉戈薩博物館

Museo de Zaragoza

在亞拉崗自治區政府努力下，一座綜合典型的大博物館——薩拉戈薩博物館，歷經一百六十多年的滄桑，現已邁入現代化。這所博物館有四個專題館，二座在主體館內：1.薩拉戈薩考古館（Museo Argueologia de Zaragoza）；2.薩拉戈薩美術館（Museo de Bellas Artes de Zaragoza）及另二座目前已各自有所在地；3.陶瓷館（Museo de Zaragoza Sección Cerámica）；（四）民俗館（Museo de Zaragoza Sección Etnología）。所有典藏品皆代表著亞拉崗自治區文化的「身分」。此館的「再生」，最主要目的是要讓亞拉崗居民了解他

薩拉戈薩人類歷史博物館（考古館）：墓碑
1.30 × 0.46 × 0.13m 銅器時代末期（薩拉戈薩省區）
©Museo de Zaragoza

地址 Plaza de los Sitios,6,50001 Zaragoza
電話 34-976-222181/225282
傳真 34-976-222378
時間 四個專題館統一全年展區時間：週二～六 10：00-14：00；17：00-20：00 。週日 10：00-14：00 。週一、週日下午及國定假日休館。
交通 主體館：考古館與美術館位於位置廣場 6 號，因位於市中心，可從皮拉爾（Catedral Pilar）大教堂步行到博物館約 10 來分鐘。另外陶瓷館和民俗館位於利維拉公園（Parque Primo de Rivera），可在市中心坐 30 、35 、40 號公車至公園下。
門票 一律免費
其他 販賣區：販賣博物館導覽手冊、幻燈片、海報、明信片及一些教學活動的資料文件。服務：博物館提供錄影帶，供教育人員使用，或供教學、教育材料等。館內皆可攝影，但不能用閃光燈。

美術館大門（上圖）

薩拉戈薩人類歷史博物館（考古館）7、8號展室：從羅馬皇帝第一至第三代的展品：也就是西元一世紀至五世紀在亞拉崗區的文化藝術。（左圖）

們的祖先、區域的發展、居民的生活情況等及其象徵性的歷史記憶。在這些「歷史」的見證下，證明亞拉崗區域內的種族是具有共通性的文化。

建館緣起

博物館原本在1835年成立——但因十九世紀初西班牙戰爭的關係，一些寺院與教堂皆受到破壞，其中當然也包括其內的典藏品。所以爲了要保護這些文物，就必須設立省縣市博物館或美術館來維護，因此各區域又陸續建館，其中之一即是在1848年加入博物館的「薩拉戈薩美術館」——這座美術館原先是由皇家藝術協會與聖・路易斯美術館（1835～1844）合併，後來經過幾次改變之後，1971年被教育文化部接收，1987年交還給亞拉崗自治政府管理至今。而其館藏品曾經在許多地方遷移：聖・佩德羅・諾拉斯哥（San Pedro Nolasco,1836～1845）、聖・費寺院（Santa Fe,1845～1894）、軍事學校（Academica militar,1894～1910），1910年搬至「位置廣場」（Plaza de los Sitios）；也就是目前的所在地。1976年博物館再納入民俗館和陶瓷

薩拉戈薩人類歷史博物館（考古館）：伊比利半島容器（盤子） 30cm ©Museo de Zaragoza

館，今天這兩座專題館已各自有展所。而其建築物是由當時名建築師：馬格達雷納（Ricardo Magdalena）與布拉沃（Julio Bravo）爲了 1909 年薩拉戈薩舉辦的「西班牙—法國大展」而蓋，是一座具有現代主義味道的建築物，不過依其四方格造形的中庭來判斷，它可是一座道地仿亞拉崗區建物的房子。現在我們就來一一介紹這些專題館。

考古館

此館創於 1835 年，典藏品囊括從史前時代（1 號展室）到伊斯蘭文化（9 號展室）的文物品；可說是包括西元前二十五萬年前到十一世紀亞拉崗本土文化的歷史文物。然而這整座館最特殊的地方——每一展示區皆有標示「說明」。這些說明就如一幅大畫一樣令參觀者可以一目瞭然地欣賞文物，同時，吸收一些基本的知識。而且這些文化看版爲了使市民更清楚認知，甚至還插入西班牙每一時期的文化發展史與亞拉崗區域發展史做比較，幫助參觀者更易了解他們歷史的由來。展室分爲一到九號，十號展室在中庭與其走廊上，十一號展室則放置於樓梯間中。接下來我們就先由中庭、走廊、樓梯間至美術館談起。

> A.中庭（10 至 10 之 4 號展室）

美麗的中庭展有亞拉崗區域發展的建築元素，如：大門浮雕、圖紋、墓碑、牆門花飾浮雕，與一些已消失的薩拉戈薩傳統式建築，及包括亞拉崗區哥德風建築、文藝復興建築等。在這些建物中，有幾件值得我們仔細欣賞，如：十五世紀（1445 ～ 1455）皇室墓雕碑牌（亞拉崗王的標誌），一件哥德式浮雕風格的作品。另一件是十六世紀（1539）皇室會議廳的斷壁建築。再來是屬於聖．艾格拉西亞（Santa Engracia）寺院斷壁（1527）的建築。此件作品由安東尼奧（Agustin Antonio）主教——一位在費南度六世時曾任法國大使及在卡洛斯一世時爲教皇委員之一的修道士，任命建築師莫耳拉內斯（Eil Morlanes,1514 ～ 1547）建造，是屬於道地亞拉崗文藝復興的建築風。

薩拉戈薩人類歷史博物館（考古館）：去角的容器 13.5 × 9.5cm 銅器時代末期（薩拉戈薩省區） ©Museo de Zaragoza

25 號展室：巴爾巴塞（Maiano Barbasán）
擠奶時間　油畫　69 × 100cm　1922
©Museo de Zaragoza

> B.樓梯間（11 號展室）

在樓梯間的展室，可以欣賞到哥德式的浮雕品及一種非常奇異的石雕文物：雪花紋路的石雕品；其代表作如十四世紀聖·瑪利亞·德魯達寺院的墓碑。

薩拉戈薩美術館（12至24號的四間展室）

美術館的重新開放，以制度化的新形式展現，恢復區域性標誌，象徵著實現新時代使命的訊息，他們希望這種確定的形式能開啓亞拉崗居民的空間——這個空間可以是社會一種貪婪的慾望：一種對文化捐贈的慾望與珍惜那些重新建立起來的文化元素。這種文化元素代表著走過的「歷史腳印」——讓亞拉崗居民一方面疼惜過去、保護未來；另一方面，認識過去、展望未來。毫無疑問地！它是一座道地的「本土美術館」——典藏著從十四世紀到二十世紀中葉亞拉崗區域代表性畫家的傑出作品，包括亞拉崗區域發展的繪畫風格：亞拉崗哥德風、文藝復興、巴洛克與亞拉崗地區十九世紀至二十世紀風景畫與風俗畫，及二十世紀中葉轉型至亞拉崗現代繪畫風格的作品。在這些代表大師之中，其中有一位即是我們最熟悉的十八世紀宮廷畫師：法蘭西斯哥·哥雅，另外也設有素描專室及西班牙巴洛克繪畫專室。

陶瓷館

陶土是製作陶瓷最基本的材料，也是一種最普遍且價廉，卻具有最大塑造力的材料。無可否認的！在人類史上佔有非常重要的地位。這些我們可以在展區中驗證：

> A.第一層（1 至 3 號展室）

陶瓷的發源可以追溯到史前文化。從史前時代開始，陶瓷就與人類作伴，再來新石器時代、農業、畜牧、都市化、現代化生活，一直到今天新科技的需要，如建築、貯藏、食品等都與陶器用品有關。

在一號展室中，展有亞拉崗區史前時代到阿拉伯統治西班牙時期，包括伊比利半島人與羅馬人時期的陶品。二號展室則展示西班牙人最具代表性的陶藝品，每一個陶藝品烙印著西班牙當時製陶的文化、流行、喜好

薩拉戈薩博物館 13 號展室：亞拉岡區哥德式風格作品

及造形；如十六世紀流行伊斯蘭人與馬拉人的陶瓷品。從這些作品上也可反映出鐵器時代的來臨；又如十七世紀時引進了義大利原製的上色陶，是具有東方風格、豪華的陶瓷品。最後三號展室則展示來自法國及英國十八與十九世紀的小陶瓷品。在它們之中還包括一些來自印度的陶製品。

> B.第二層（1至8號專櫃）

這一展區共分八區，但主要是亞拉崗以製陶馳名的三城鎮：穆埃爾（Muel）、比利亞費利傑（Villafeliche）、特魯埃爾（Teruel）陶品。

穆埃爾城：第二層展室中有四個專櫃

12號展室：海梅．塞拉（Jaime Serra） 聖母領報：聖塞曾克洛教堂的裝飾屏木板畫 156 × 108cm 1361 ©Museo de Zaragoza

薩拉戈薩博物館地圖

（1至4號專櫃），展有十六至十九世紀的陶品；如桌上的盤子、油罐、釀酒罐等。穆埃爾此區是從十五世紀末開始製陶。1610年被菲利普三世廢制驅逐，後來再重新盛行，持續它專有的「穆埃爾陶藝」名號，不過，因長期受伊斯蘭教文化影響的關係，其陶風也隨之變異。

比利亞費利傑城：從1612年開始流行製陶，可能是受穆埃爾人流亡至此有關，所以這兩區的陶風大致相同。右邊有二個專櫃是屬於比利亞費利傑城區內製產的陶品，可以讓我們清楚地比較出其相似處，而這些陶品皆屬於十七至十九世紀的產品：盤子、藥罐等。

特魯埃爾城：一些特魯埃爾區製作的陶

品也曾經受穆埃爾風格的影響，無論在顏色上或是造形上，甚至裝飾風格手法也都受其左右。但這城區有特別的象徵顏色：棕色及綠色。而在展室的右邊也有二個專櫃是展特魯埃爾十六至十九世紀的陶品：盤子、花瓶、油壺。

> C.第三層（1至4號專櫃）

在這個展室中，我們可以見到一般陶製器具，這些陶製品皆是大部分亞拉崗家庭中使用的器具；從中世紀到二十世紀初的陶品，它的價值性對所有亞拉崗的人來說是無價之寶。它的精緻手工，猶如製作一件藝術品一樣值得一看，其產品主要產地：偉斯卡（Huesca）、特魯埃爾、薩拉戈薩、奧耶利亞（Olleria）與坎達佩利亞（Cantaberia）等區。

民俗館

它是一棟在庇里牛斯山下建造的房子——偉斯卡居民的傳統建物：一座外觀四方、無特別特色的花雕的平凡建築物。一樓是廚房所在地也是此房子的重心區，代表家庭生活發展與工作的地方，同時又最具有家的「味道」，如飯廳、聚會、工作等。所以特別能顯示出亞拉崗居民的生活情況及其文化歷史特性。

14 號展室：貝雷·約翰（Pere Johan）
薩拉戈薩省的守護天使　上色的雪花石膏
111 × 58 × 48cm　1442　©Museo de Zaragoza
（上圖）

15 號展室：赫羅米羅（Jeronimo Cosida）
加塞爾裝飾展　木板、油彩　282 × 177cm　1550
©Museo de Zaragoza（下圖）

館長專訪

薩拉戈薩博物館

米格爾．貝爾特蘭

館長米格爾．貝爾特蘭（Miguel Beltrán Lloris）

徐芬蘭（以下簡稱徐）：可否請問館長，薩拉戈薩博物館擁有四座專題館，最令人重視的特徵在哪裡呢？

館長（以下簡稱館）：薩拉戈薩博物館最特別的地方，是具有「省、區」博物館的特徵──展現本土文化的博物館。因為此座博物館的館藏品皆是祖先（薩拉戈薩區）保留下來的文物。這些文物都帶著薩拉戈薩身分的證明，我們可以分別在以下四專題館看出：一館位於「位置廣場」──考古館和美術館；二館位於「大公園」 ──民俗館和陶瓷館。每個館各有其獨特典藏品，皆代表著亞拉崗區內文化發展的腳印，這點與其他混合性博物館大不相同。所以我認為它和別館不同的地方主要在此。

徐：主要館藏品有哪些？

館：它是一座本土館，理所當然的，它是一座典藏薩拉戈薩區域的文物館，不過也包括一些亞拉崗區的文物，因為薩拉戈薩只不過是亞拉崗自治區管轄的三省之一的屬地而已，所以薩拉戈薩的文化也等於是亞拉崗的文化。藏品是從亞拉崗史前時代文化至今的文物。除此之外我們特設二座「特別館」；一座是典藏亞拉崗人的陶藝品（陶藝館），另一座是典藏羅馬時代塞爾沙（Celsa）統治時期所留下來的文物（民俗館）。我想這也是與其他博物館不一樣的地方。

徐：我們都知道要去管理這麼一座「複雜」的博物館是非常困難的，而且需要一位對文物有專業認知的人才能勝任。請問館長擔任此座博物館的館長需要什麼條件？

館：當初我進入博物館只是擔任典藏主任，平常只要管好、認「讀」典藏品即可。後來自治政府有公文告之，我即應試，通過考任獲得館長之職至今。

徐：館長的學歷是……？

館：我是文學碩士，之後又獲歷史博士學位。

徐：您是我頭一次專訪到不是畢業於美術史

系而當館長的人，可見得確實是不一樣。

館：真的嗎？

徐：到目前為止。

館：我想本館因是以「歷史」為主的博物館，所以用一位「歷史」人物吧！

徐：再請問館長，在擔任典藏主任以前從事何職？

館：曾任薩拉戈薩大學教授，也兼卡塞雷斯（Caceres）博物館館長一職（Extremadura 自治區內）。

徐：未來此館有何特別計畫嗎？

館：未來本館將擴建增強設備。擴建是想將目前在外的二座專題館調回；增加設備是想令此館成為一座二十一世紀國際型博物館。未來我們也有一套新型展覽方式來吸引更多參觀者。

徐：最後請問館長，我們都知道此館曾經有過時段展，但因經濟因素取消了，目前展廳改為視聽室，能請館長談談看法？

館：是的！以整體展覽空間來看當然是非常可惜，但因人手不夠只好放棄。不過改成視聽室之後也更加有「教育性」意義了，所以還是值得。而且最近我們研究出一套新的藏品展示方式，我想不久的將來更能展現本館的特色，在此同時我們也製作了一套讓一些有視覺障礙的人來參觀本館的教材。

徐：是的！這是一項新創舉，先祝館長馬到成功，也謝謝館長在百忙中接受採訪。

館：更謝謝您老遠跑來，認識我們的文化。

中庭一景

保羅．塞拉諾美術館

la Fundación-Museo Pablo Serrano

地址 Paseo Maria Agustin 20 50004 Zaragoza
電話 34-976-280659（早上）
傳真 34-976-284370
時間 週一～六 9：15-14：00；16：00-20：00。週日 9：15-14：00。
交通 從皮拉爾大教堂走，大約十五分鐘，所以建議有心者可以利用徒步，一方面可以散步看風景，一方面可以認識市區的古建築物。或可從火車站走 C/Mayandia，大約 3 至 5 分鐘即可到達。
門票 2.1 歐元
其他 准許攝影

一座原本只是藝術家致力宣導當代藝術材質創作與其理念而創立的基金會，如今成爲在西班牙教導當代藝術創作理念非常重要的美術館之一。它同時也是一座紀念藝術家的前衛式美術館——塞拉諾美術館－基金會（la Fundación-Museo Pablo Serrano）——1985 年藝術家自創基金會，藝術家逝世之後由基金會理事團接管，至 1995 年中轉交亞拉崗自治區政府（Gobierno de Aragón）管理，才正式定名爲現今美術館之名，並正式成爲一座專藏藝術家生平四百件雕塑傑作的專人紀念館。

建館緣起

這座美術館原來只是一座古老省市收容所，也是藝術家祖父曾經做木匠的地方，1985 年由於藝術家感念祖恩而選爲基金會之地，1995 年轉交自治政府管理。經自治政府管理之後，即派亞拉崗名建築師拉杜雷

保羅．塞拉諾美術館入口區

塞拉諾美術館外觀（上圖）

保羅・塞拉諾美術館入口區（左圖）

（J. Manuel Perez Latorre）重新改建，使它成爲一座具備現代感的美術館。雖然整建之後的它，館內外看起來裝飾簡單，而且只有一間塞拉諾的專門展室及一間兒童創作工作室而已，但建築師拉杜雷巧思的設計，不僅將館內展場設計成具有「現代藝術品味」的展場，更是將館外環境也設計得獨具一格；館內展場——一種往下走漸層式的迷宮格局，但又不致像迷宮一樣如墜五里迷霧；它是一個開放式且爲低式透明玻璃的展示牆所組成的展場，讓人第一眼看到就覺得很有創意，符合藝術家建館宗旨。

館外圍著一道水渠，用來隔離城市主要喧嘩大道的來往車聲，要想進入美術館的人，必須先藉由一座具有東方味道的小石拱橋才能入館。當然，這也是建築師另一種獨到的建築自然理念——水元素：利用這道小河來隔絕吵鬧的城市，利用小橋來邀請市民進入到一個可以忘掉世俗、煩慮的地方，讓大家能進入到一個眞正純淨心靈的世外桃源，能說不別出心裁嗎？

今日美術館能完美的呈現，皆要感謝藝術家的苦心爭取；可以這麼說，因爲當初建館之路可說是荊棘重重——由於市政府的延期、推托，文件申請的關卡過於繁瑣，此館的產生可說是稍嫌太晚！怎麼說呢？在申請過程要不是藝術家持續地大聲疾呼，才能在1985年7月29日落實基金會的成立；否則的話，我想藝術家是無福消受了。而這個遲來的春天並沒有讓藝術家享受太久，因爲同年藝術家就逝世了，只留下一種親切的話語迴盪在美術館各個角落裡：每一個藝術家都可以到此申請展出、表演活動，甚至發表奇異的藝術創作，美術館會全力輔助、導引，做好作品與觀賞者的橋樑。假如美術館只有單單展出作品的「工作」，那它是死的美術館——這是塞拉諾逝世時所留下來的建館之言。由此可知他的前衛思想與愛護年輕創作者的心情，不得不讓我們對他心急建館的用心感到佩服。

保羅・塞拉諾美術館地圖

保羅・塞拉諾簡介

保羅・塞拉諾（Pablo Serrano）1908年2月10日生於亞拉崗區內的一個小鎭，父親曾是薩拉戈薩市的名獸醫。據說他的童年過得非常快樂，很會自得其樂，例如：藝術家曾經如是說：「……我愛到小河邊玩，利用河沙做成圓球炸彈，然後打在地面上，讓它炸開，我很喜歡看這種材料炸開的感覺及它炸開的聲音……」從這句話的意義來看，您就可以想像得到小小的塞拉諾已比一般小孩更能「觀察入微」與更加「容易受到感動」，天生就具備藝術家的敏感細胞。

雖然，塞拉諾大約在十二歲搬到巴塞隆納受教育，因政治（極權）的關係，他父親決定把他送入寺院受教士教育，同時也到私人雕塑學校學習。五年之後，塞拉諾成爲教士教師，一邊爲教會奉獻，一方面教授雕塑課程。到1929年因教會的關係他有緣到阿根廷傳教，順便教授雕塑課程，直到1934年。1935年又因宗教義務到烏拉圭傳教，但從巴塞隆納到烏拉圭，他都沒有放棄邊教課邊進修他心愛的雕塑藝術。這種毅力使他慢慢地進入雕塑界，也讓他完成一系列的雕塑理論及傑作，從此聲名大噪，揚名海外，不但獲得許多大獎，也榮獲教士們的尊崇。

自決定從烏拉圭回西班牙，他就決心放下「身段」，盡其所能爲推廣現代藝術鞠躬盡瘁。他馬不停蹄的接受訪問及演講，甚至崇拜者的追訊與討論。他說：「……講給不

常年展區全景（上圖）
第二層展區（下圖）

入耳的大眾聽，不如說給知音，這位知音會再傳給十位知音，十位知音會有百位知音洗耳恭聽……我的目的也就達成，何必嘆知音就一個呢？……」這就是藝術家塞拉諾刻苦耐勞的個性，他孜孜不倦地奔走傳授創作思想，即使邀請的人只有一人他都很樂意接受。

他曾說：「從觀賞者或對話者的回聲中我可以再得到新的創作靈感，綿延不斷，變化也多端，材料會使我取之不盡，用之不竭……眞的！我是一位多變化的人，喜歡不斷的改變，不穩定……一方面我喜歡合理的邏輯思想，來探討我所規畫的藝術問題；另一方面，我對人生的奧祕也很有興趣，很想知道我們爲何活著？爲什麼存在？……萬一我在自己的規畫問題中迷失了，我不會繼續問下去，我會放棄或是重新再規畫，這種現象，都只能證明我只是一個——人而已。」這就是藝術家塞拉諾的個性，這種個性歸結出他的藝術特徵：永遠在尋找新的創作題材、理論、思想與藝術規範，當然這些「變化」的思想可以在他的作品中看到。

與前衛藝術接觸

話說自從藝術家回到西班牙後，雖然他已在海外成名，受到教士們的尊崇，也得過許多大獎及藝術贊助，但卻缺乏眞正與雕塑界或藝術界接觸的機會。如此回西班牙的他，就決定選擇回到他當初學習雕塑的地方——巴塞隆納市，看看當地前衛藝術的動向。理所當然地，這裡令他感觸良多：這時他已屆四十七歲（1955年7月30日），也是他在藝術創作路上的轉捩時期；他發現一種雕塑材料，可以用火慢慢鑄成他想要的造形、心情及感受。新的創作發現，打開了另一條藝術路線。這個藝術創作的思想成爲他一系列呈現成熟、穩健風格雕塑的開始。

在此同時他的家鄉——薩拉戈薩又大聲呼喚他回鄉「看看」，各大報紙不斷登出他的消息，促使他不得不回鄉傳播他的藝術創作史及其新作代表。這個回鄉動作，間接地令他接觸到亞拉崗區域的前衛藝術；如：保羅・加爾加憂（Pablo Gargallo）的雕塑藝術。期間也不斷榮獲藝術創作大獎；如第三屆伊比利半島雙年展雕塑獎。

1956年塞拉諾決定到馬德里「觀察」，因而與西班牙新前衛年輕雕塑派有所接觸，如：奧德伊莎（Jorge Orteiza）、年輕的奇里達（Eduardo Chillida），皆是當時雕塑新秀的主流人物，「刺激」了他的藝術創作，其雕塑風格也受到影響。同年春季末，他決定與太太胡安娜（Juana Frances）到歐洲一遊。在這段歐遊期間，他走遍歐洲各地，認識了從古至今的藝術派別，但最令他心儀的還是當代藝術；他曾遍尋每個當代館及藝廊，和歐洲前衛藝術家接觸，例如：到巴黎時，他特別去拜訪貢薩雷斯（Julio Gonzalez）的女兒，只為了解藝術家的創作理念，及滿足他求知慾。

1957年，塞拉諾再回馬德里，加入前衛組織「El Paso」的行列。這個組織大家都知道是當時歐洲無定型主義主要活動組織之一，其會員有：沙烏拉（Antonio Saura）等。在此期間他也創作了一系列雕塑傑作。他說：「我已可以算出無盡的空間，可以感受到眞實街道的情感，也就是在生命是活的、有速度的地方感覺。但如有存在一個寧靜的地方，不動地計算時間，那只有去做這個字才能達成這種境界：眞實生命的境界。」這些眞實生命的體會之作，亦是今日美術館首要典藏之品，接下來我們就依藝術家開始在雕塑嶄露頭角的時間作介紹。

典藏品

> A.五〇年代的創作主題

塞拉諾喜歡多變化的創作，在這多變化的創作中又以肖像為多，也是他在五〇年代初正式走入雕塑界的創作。他說：「……我一直對詮釋肖像有興趣。因為每一個人都有

塞拉諾　相遇　銅　21 × 44 × 15.5cm　1982

塞拉諾　空間的韻律　鐵　80.5 × 72 × 77.5cm　1959（上圖）

塞拉諾　手放胸前的紳士（葛利哥名作）銅　28 × 15 × 12cm　1974
「在普拉多的娛樂品」系列之一（右圖）

塞拉諾　吉他 A-2　銅　42 × 25.5 × 16.5cm　1985
「和畢卡索享樂、吉他、立體派」系列之一（下圖）

其獨特的象徵與意義。我對每一個人的兩個空間：生活與習慣特別感興趣，我會先觀察他們，之後學習他們，當我確定認知熟悉之後就詮釋他們。在詮釋時就不再需要肉體的呈現了，說明白一點，肉體的呈現會干擾我……」一些歷史人物、當代名人、他的親戚朋友及藝術家的肖像都由這位亞拉崗雕塑家雙手製成，維妙維肖地展現出如哲學家安東尼・加亞（Antonio Gaya）、政治家卡爾多斯（Benito Perez Galdos）、文學家曼契杜（Antonio Machado）及藝評家米傑・達比埃（Migud Tàpies）。

> B.六〇年代的「溝通喜悅」

六〇年代之後塞拉諾開始對人和他周遭的環境情有獨鍾，在這方面，藝術家必須與所有人溝通，當然首先必須要和自身開始溝

通——一種所有藝術創作來源的原生地。他在六○年代最突出的一系列創作：「聯合－並列」主題，詮釋出一種單純與獨特的抽象複雜觀念，及展現一個與人溝通的理念。藝術家說：「我稱它為『聯合－並列』，是因為這兩種觀念是雕塑的造形，人類可能交流的現象，也就是對於這兩種觀念的處理方式：凹凸面、正負面、男女面；當他們的造形接觸時，都像器官造形一樣，柔順、純眞地反射……」，例如其作「麵包系列」，塞拉諾以簡單的觀念解說：「雕塑家是一位用材料創作象徵符號的人，我已說過，首席雕塑家應是工人，為什麼不能做一位建築雕塑師呢？為什麼一位流行的設計師不能創造顏色呢？或在布料上做立體表現呢？為什麼不能當一位麵包雕塑家呢？這些都是因為與所在地的觀念有關，一些我們不敢承認是雕塑品的地方。我正在尋找一種內心的光……我正在尋找一種溝通……，讓這個『麵包』能聯合及分享，如此您就可以看到麵包裡面的白顏色材質（剝開麵包時），就能理解了，如果您不能剝開麵包是不會……當您再把剝開的麵包分享給其他的人時，從他那邊您又能學習到其他的事，這個就是人類最高品質的地方。……我相信麵包，麵包剝開與分享象徵著所有我要尋找的意義，象徵著溝通及內部反射的意義，自己潛意識的反射與工作。麵包猶如金三角的食物：工作時、奉獻時、分享喜悅時……」從以上藝術家之言與其展示的作品中印證，不難體會出他的另一個創作理念及其藝術眞諦。

> C.小品的樂趣：七○年代的創作主題

塞拉諾在六、七○年代有一系列「膾炙人口」的小傑作，這系列的作品主題主要有二個方面：為對抗佛朗哥極權政治的主題「二十五年的和平」，諷刺了極權者在位時的「和平象徵」。他說：「可憐呀！生命就如此完蛋了呀！只留下一個嘴巴而已，什麼都沒有了啦！什麼都沒有了呀……」。另一個主題：「觸碰造形」，這一系列的主題是塞拉諾在七○年代初開始探討的題材，藝術家暫時放下他奇特的人生哲學，探討思維中觸碰的感覺，延續六○年代「聯合－並列」系列的創作路線，其最傑出的作品如：〈錯誤〉（1973～1974）。

塞拉諾　錯誤　銅　29 × 26 × 30cm　1973-74

> D.重回古典風格

七○年代中期，塞拉諾尚未脫離小品格式的創作形式，在此期間他熱愛古典繪畫，例如：「在普拉多的娛樂品」系列，很明顯

塞拉諾　宮廷侍女圖（維拉斯蓋茲名作）　銅　左 12 × 8.5 × 7.5cm，中 11 × 7 × 6cm，右 10.5 × 9 × 55cm　1974　「在普拉多的娛樂品」系列之一（上圖）

塞拉諾　阿爾巴女爵肖像（哥雅名作）　銅　37 × 10 × 11cm　1962　「在普拉多的娛樂品」系列之一（左圖）

地表現出他對大師哥雅、維拉斯蓋茲、葛利哥、提香的崇仰，他將這些古典大作一一翻製成雕塑品，使這些名畫像注入新生命，「活在三度空間」的我們周遭。這些名畫包括有：哥雅的〈阿爾巴女爵〉肖像、維拉斯蓋茲的〈宮廷仕女圖〉、葛利哥的〈紳士〉等。

在他最後時期的創作，也就是到了八〇年代的創作，他最愛的即是研究立體派的藝術。一系列「和畢卡索享樂、吉他與立體派」創作系列，幾乎是雕塑家塞拉諾向畢卡索致敬的極致。他的〈大吉他〉，即是在這一系列中最大、最具代表性的創作品，也是位於美術館外，小河中的雕塑品。這種展示，足已說明其意義。他說：「立體派一部分是理性，另一部分是感性；解構為了結構，解構是事實，為了另一個結構的事實，所以立體派對於急於尋找時間或生活焦慮不安的我們來說，它是一個最佳的藝術環境。」

哥雅之家及版畫美術館

Casa Museo de Goya

A. 版畫美術館

地址　Zuloaga 3 50142 Fuendetodos（Zaragoza）
電話　34-976-143830
傳真　34-976-143857
時間　週二～日 11：00-14：00；16：00-19：00 。週一休館。
交通　可從薩拉戈薩市 Botillo 廣場坐公車，每週二到週五早上 10：00（每小時一班），下午 15：00 回薩拉戈薩市。週六、週日及國定假日早上 10：00 在 Botillo 廣場（也是每小時一班），19：00 回薩拉戈薩市。
門票　一般 1.8 歐元，半票 1.2 歐元。

B. 哥雅之家

地址　哥雅廣場（Plaza Goya）
電話、時間、交通、門票同上。

在西班牙距離薩拉戈薩市（Zaragoza）四十四公里遠，有一座人煙稀少，猶如荒漠之城的小鎮：福德杜多斯（Fuendetodos），人口不超過百人，卻在十八世紀時誕生了一位偉大的宮廷畫家——法蘭西斯哥．哥雅；一世紀之後，一群藝術家爲了感念「神奇畫家」的「豐功偉績」，與亞拉崗自治政府共同再現「畫家之家」，並建立一座畫家的版畫美術館。現在我們就來神遊這座在荒漠之中的傳奇小鎮，大師哥雅的故鄉，怎樣從人口凋零，轉爲今日熱愛藝術之旅的遊客「必經」之地，及探望哥雅大師的故居。

福德杜多斯鎮

原本它是一座無人知曉的小鄉鎮；一座擁有漫長世紀變化所留下來的殘亂文化混合區，遺留了中世紀、文藝復興時期的斷壁，甚至於昔日北非阿拉伯攻佔西班牙時期的建築物。

哥雅之家前之哥雅廣場，背景有一座哥雅的銅像。

MUSEO DEL GRABADO
FUENDETODOS
FRANCISCO DE GOYA
Y LUCIENTES
1799
AÑO DE LOS
CAPRICHOS
200 ANIVERSARIO
1999
Casa-Museo del Grabado

此鄉依地勢來分，可分爲二個區域：一爲在高位的區域，二爲在低位之區。兩區域的命名皆因高低地形的不同而定；二者皆經由哥雅街（Goya）、自由街（Libertad）、聖羅基（San Roque）及福德街（Fuente）互通。

A.在高位區域的小鎭，原來人口發展之區在亞拉崗廣場周圍；一座螺旋式的廣場。這座廣場依當時小鎭大小的比例來建造，是有著十七、十八世紀半尖

哥雅之家及哥雅版畫美術館地圖

圖右為「哥雅展場」，曾為小學學校。左為「哥雅之家」。（上圖）

「哥雅版畫美術館」外觀。在哥雅之家附近還有一座「哥雅版畫美術館」，當年是看守哥雅之家的守衛人所住的地方。（左頁圖）

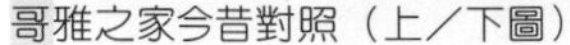
哥雅之家今昔對照（上／下圖）

哥雅之家的客廳

頂拱門和長椅的廣場。後來因人口發展慢慢地結合教堂後面的憲政廣場區域，也就是現在我們稱為上方區域之地。而由上方區域到下方區域必須經由露天階梯。然而露天階梯到低位區域又有兩個開放式空間，這兩個開放式空間，是當時十七、十八世紀建造時所留下來的斷垣殘壁：尖頂拱門、方石牆，是一種純轉化形哥德式建築風格。

B.在低位區域的小鎮，是小鎮的熱鬧之區。以蘇洛亞加街（Zuloaga）為主；有鄉鎮市公所、版畫美術館、哥雅之家和哥雅展室等，而且在此區也有一些文藝復興時所建造的殘餘房屋。

鎮上的教堂剛好位於高低兩區之間交會點。現在的教堂是建造於西班牙內戰（1936～1939）之後的模樣，代替原有巴洛克式的小教堂。原來的已於內戰時被毀，但還是可窺出一些殘餘的基底石塊。就如北部亞拉崗國會街之上，也尚存一些破損的阿拉伯式城堡土坯牆。然由於福德杜多斯保留這些建築美的質感，所以當太陽照射到小鎮時，格外地顯現出一種多變化的石牆質感美，令人分外享受到另一種顏色的神奇。

許多大師經常與其出生之地密不可分，留下許多動人的傳奇故事，就如福德杜多斯與哥雅一樣。哥雅的作品成為世界的寶物，受世人的崇仰，而這座鄉鎮也因哥雅而備增榮耀，它永遠是這位大師的搖籃。在亞拉崗藝術發展政策上，將它列入旅遊的「觀光點」，讓每一位拜訪福德杜多斯的人，都能感受到當時畫家的生活環境，了解畫家出生的地方、畫家第一次作畫的地方、第一次做夢的地方……至今令亞拉崗自治政府驕傲的是，福德杜多斯已不再是沒沒無聞的「荒漠之城」，它的拜訪者已超過一萬五十人。您是否也想走一趟大師的故居呢？

哥雅簡介

法蘭西斯哥・哥雅，生於1746年3月30日，31日在當地小教堂受聖洗禮。父親何塞・哥雅（José Goya）是一位鍍金師；母親加西亞・盧西埃德（Garcia Lucientes）是一位西班牙貴族後裔之女，二人育有四位兒女：利達（Rita）、杜馬斯（Tomas）、哈幸達（Jacinta）與哥雅，哥雅最小。

隨著歲月的增長，哥雅在福德杜多斯鎮度過快樂的童年，期間哥雅的父親替當地的教堂家具鍍金。哥雅稍大時也跟著牧師到處奔走；目的是爲了一些公爵及臨時主人畫牆壁、教堂聖物箱、教堂的門或牆壁。這種不斷爲教堂作畫的壁畫藝術或油畫技巧，是促使他未來走向畫家生涯的因素。而且哥雅也和一般畫家一樣，從小就喜好畫其母親與祖母常用的日常用具、酒杯及金屬器皿。所以待哥雅十三歲之後，父親決定搬回薩拉戈薩市，即將哥雅送進陸沙（José Luzan）素描工作室學習，然而哥雅有空的時候還是會回故鄉作畫。成年之後哥雅到過馬德里、羅馬遊走畫畫，直到宮廷大門爲他敞開，成爲宮廷大師爲止，哥雅都是一位成功的肖像畫家。一生熱愛生命的他悲天憫人，是一位「性情中人」。當戰爭摧毀了西班牙每個角落，烙印著拿破崙馬匹下蹂躪的痕跡時，他沈痛地用「最尖刻之筆」畫出「隨性系列」、「災難之作」、「鬥牛」與「荒唐」之作等，隱射出人世間的殘暴，控告社會冷酷無情的一面。

哥雅之家：哥雅的臥房（上圖）

哥雅之家的廚房仍保有昔時的面貌（中圖）

哥雅之家：二樓的客廳間（下圖）

哥雅展場二樓：當時的時段展正展出詩人畫家布羅沙的作品

哥雅在最後的歲月，傳聞曾再回出生之地。依姪兒沙巴德（Martin Zapater）的記載，哥雅看到自己在出生地的教堂裡所畫的作品；驚奇地如是說：「您們不要對我說，這是我畫的！」1828年他在卡爾杜哈（Cartuja）鎮與世長辭。

哥雅之家

建造於十八世紀，原屬於哥雅舅舅米傑・盧西埃德（Miguel Lucientes）的房子，後來因哥雅的父母決定回福德杜多斯小鎮定居，而轉讓給哥雅的父母。

屋內的擺飾極爲簡陋：進門即是小客廳、客房及廚房。再由石梯導引到二樓，二樓也非常單純，只有一間小門廳及二間臥室。我們可由相片中看到哥雅當時所住的房間。最後再上三樓，三樓是一間存放穀糧的倉庫（閣樓）。整棟房子還保留當時簡樸的模樣，只有加上一些簡單的家具和複製的作品與資料，讓人有歷史再現的感覺。內部擺設也令人不由得想起畫家刻苦生活的情形，及看到影響哥雅生性樸素的肇因。就如馬汀・沙巴德寫道：

「對我家來說，或對我來說，只要有一幅聖母肖像、一張桌子、五張椅子、一個鍋、碗、瓢、盆和一盞燈即可，其餘都是多餘的！」

這棟房子——哥雅之家傳至1913年是屬於哥雅孫女的姪女：貝尼達・阿芝娜爾（Benita Aznar Lucientes）所有。當年畫家蘇洛亞加和一群薩拉戈薩的藝術家，爲了維護、保存這座曾是十八世紀大畫家居住的地方，決心買下，在此房子的大門右邊掛上一塊大理石，上面刻著向畫家致上最真誠的禮讚：

「這棟樸實的房子誕生了一位值得國家驕傲與藝術界驚奇的傑出大師：法蘭西斯哥・哥雅，1746年3月30日生，1828年4月16日逝世；在此向他致上永恆的懷念，遍佈每個角落。」

談到畫家蘇洛亞加，我們可以如此形容，要是沒有這位慷慨畫家就沒有現今的哥雅之家和版畫美術館了。他是一位非常熱愛哥雅藝術的畫家，也是崇拜哥雅畫風的人，他認爲哥雅是一位神，造美於世的藝術家，所以愛屋及烏，就燃起買下大師故居的興趣，但這個點子一直到1928年才正式落成：由蘇洛亞加和亞拉崗區域的推廣藝術協會（SIPA），爲了紀念哥雅百年祭辰，而買下的「贈品」。目的之一，是爲了保護哥雅之家。然而最溫馨的是，爲了維護這棟房子也順道將附近一棟房子買下，做爲看護哥雅故居的守衛者安居的地方。

這棟鄰近的房子，即是現在的哥雅版畫美術館，也是一座純樸的住宅，一座讓人感動及沈思的美術館。

很可惜的是，哥雅之家曾在西班牙內戰（1936～1939）時毀壞，雖然1946年由薩拉戈薩市議會的建築師利歐斯（Teodoro Rios）重新修復，但還是未能完全恢復原樣。一年之後，再由裘利斯（Antonio Choliz）修改至完美爲止，並加建了右邊的房子。這棟房子曾經也是蘇洛亞加委託建造的房子，當初做爲小學使用，後來按亞拉崗美術館發展條例改爲哥雅展室（藝廊），現爲時段展區。

1981年，此棟房子再由薩拉戈薩市議會通過的美術發展條例重新修建，命拉法爾加（Luis Burrillo Lafarga）和羅倫佐（Jaime Lorenzo）兩位建築師合作，至1985年完成，期間1982年7月13日哥雅之家正式對外開放，同時也被國家評爲歷史建物，受國家保護。

哥雅版畫美術館

這座美術館的成立必須要感謝一些非常慷慨大方的畫家及藝術家的捐贈；由於他們不惜犧牲自己的作品，將拍賣而得的錢，籌集起來買下二套哥雅名版畫作品：「隨性系列」（1878年第四版）和「戰爭的災難系列」（1863年第一版）。之後再請薩拉戈薩省議會和福德杜多斯鄉公所贊助，將它改爲現今的美術館。

哥雅版畫美術館1898年對外開放。它位於福德杜多斯小鎮上的蘇洛亞加街三號，離哥雅之家不遠。1993年館內的設備更加完善；可分爲三層：第一層入口區有門廳、廚房，走到底有一座四方庭院，院中有一座井泉等。這些空間現在成爲美術館的販賣區、版畫技術室、辦公室、時段展區。第二層有臥房，現在改爲：「災難系列」和「隨性系列」的展室。第三樓，閣樓，也就是舊糧倉，現在爲〈鬥牛〉之作與〈荒唐〉之作展區。整棟房子雖然改爲美術館，但盡量保持當時房子的原貌；例如：原有的結構特徵不改，留下原來建物的樓梯，爲了使空間更寬大除去了一些不必要的薄牆，同時用石灰牆代替原有的陶土牆，粉刷之後使牆面更明亮了。

當初成立此館最主要的宗旨有三項：1.展示福德杜多斯畫家的版畫作品。2.顯示畫家獨一無二的版畫之作。3.執行與版畫有關的時段展。對於這些宗旨，剛才我們已說過，在此房子的二、三樓已呈現出，不過此

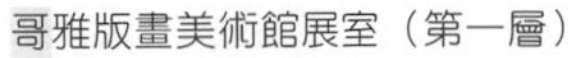
哥雅版畫美術館展室（第一層）

「哥雅版畫工作室」外觀。在哥雅之家附近還有一間雖小，但聞名世界的哥雅版畫研究中心，讓所有喜歡研究哥雅或版畫的人，到此上版畫課。

哥雅版畫美術館展室一景（右圖）

館最特別的地方是一樓的二個房間：一間是教導不同版畫技巧的版畫教室；另一間則是展示亞拉崗畫家與其他不同特質的版畫家之展室。美術館想讓參觀者發現哥雅另一方面的「個性」，經由版畫的介紹，可以看出一位充滿想像力、幽默、樸素、刻苦的畫家，及他的夢想、他的喜好和他的生活。這些皆是哥雅發自內心，痛斥人性無知、殘酷的作品，這種情懷也深深影響到其他藝術仰慕者，傑出的藝術大師：杜雷羅、林布蘭特、杜米埃、羅特列克和畢卡索等。

>典藏品

A.「隨性系列」共八十聯幅，是哥雅發自內心之作。整個系列畫家用犀銳諷刺的手法來隱射人類殘酷的一面，用古怪、荒唐、可笑、幽默的手法將社會最苦澀的一面眞切地表現。幾乎讓我們對這一系列幻想式的「隨性」之作更感到眞實性。

B.「戰爭的災難系列」，1810年哥雅開始製作，主要描繪人類受苦、痛苦的感受。赤裸裸地表現出戰爭所帶來的苦難、禍害，和「隨性系列」一樣，都是畫家自我精神解放的創作。

C.「鬥牛系列」共四十幅聯版，1815年製。這一系列的作品展現出鬥牛士與牛的勇猛、逞強之力感與美感。

D.「荒唐系列」，可能是所有哥雅版畫作品中最難詮釋的作品；因依作品的內容來說，類似哥雅黑色時期的油畫風格（1819～1823），而依作品的主題和動機來說，卻是一種再現哥雅青年時代常表現的主題，只不過處理的方式更戲劇化了。毫無疑問地，這系列之作也是哥雅潛意識之下的產品。

哥雅版畫工作室

此工作室是一間版畫的工作室，內部開設版畫課程，課程大部分開放給版畫鑽研者、美術學院學生和一般對版畫有興趣的人，從教授不同版畫技巧，到成爲一位專業版畫技師的課程都有。其面積大約200平方公尺，內部設有平版、木版印刷等設備；主要目的是想讓福德杜多斯鎮成爲一座版畫藝術教育、推廣、發展的中心之地，提供一個塑造專業版畫人才的地方。

從1994年對外開放至今，已成許多版畫愛好者及藝術家自我發展創作的地方。雖然遠離塵囂，但所有課程包吃住。唯一不方便的地方是對外交通與通訊很不方便，我想這方面亞拉崗教育組會再努力改善。

「哥雅版畫工作室」內學生正在上課的情景

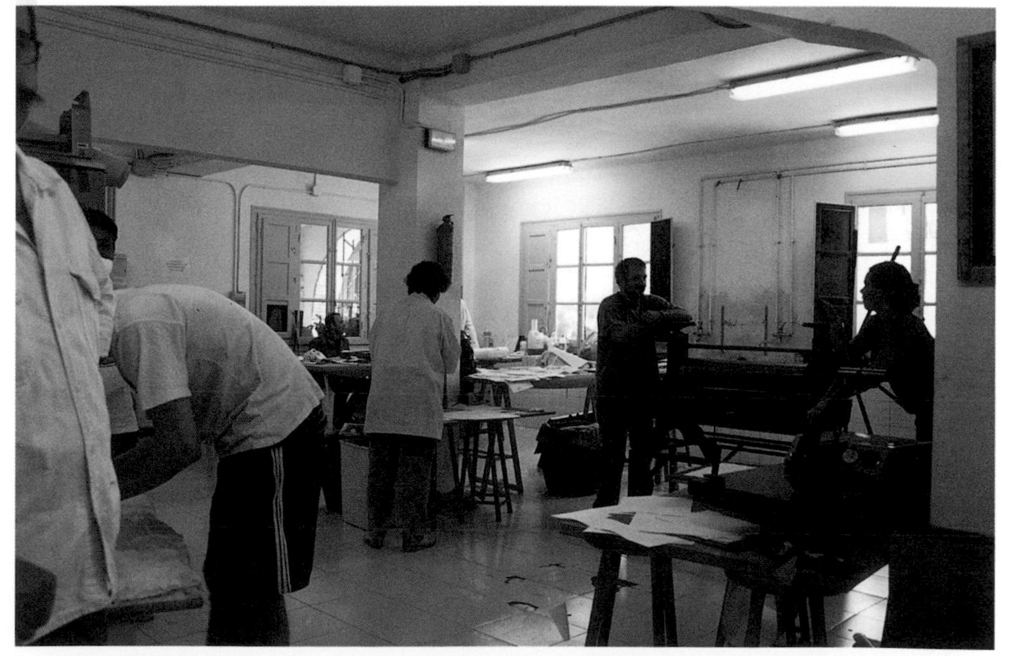

勒雷素描美術館

Museo de Dibujo en Castillo de Larres

地址 Apartado 25 22600 Sabinanigo （Huesca）
電話 34-974-482981
傳真 34-974-480917
時間 11-3月：週二～六 11：00-13：00 ，15：00-18：00 ，週一休館，週日和國定假日 11：00-13：00，16：00-18：00。4、5、6、9、10月：週二～日及國定假日 11：00-13：00 ，16：00-19：00；週一休館。7 、8 月：週一、日及國定假日 10 ：00-14：30 ，16：30-21：00 。
交通 最好開車，因為那裡沒有很方便的交通可以到，由圖可以看到距離火車站還有相當一段路。
門票 1.5 歐元。團體 25 人以上 0.90 歐元西幣。
網址 www.serrablo.org
其他 准許攝影

素描是藝術發展最原始的繪畫語言，這種基本的語言在傳統上一向是做爲雕塑或繪畫等藝術顯示簡樸思想的前鋒。簡單的說，即是在習慣上製作雕塑或繪畫等藝術作品之前，所必備的「工具」。沒有它可能有許多不朽之作不能傳世，缺少了它，可能許多大作也無法實踐，所以它在藝術發展上，一直佔有非常重要的地位。

在西班牙庇里牛斯山下，偏遠幽靜的一個小鄉鎮沙畢奈尼哥（Sabiñanigo）上，有一座古色古香的小城堡——勒雷城堡（Castillo de Larres），將二十世紀西班牙所有傑出藝術家的素描融聚起來。任何人萬萬都沒想到這座在十九世紀末被廢棄的小城堡，在一項美妙藝術發展政策的協助下，成爲今日西班牙唯一典藏素描作品的美術館。

建館緣起

在九世紀時，此鎮原本要蓋一座防衛式的城堡，但卻遲至十四世紀末、十五世紀初落成，十六世紀才擴建到今天的模樣。經十七、十八世紀輾轉傳至亞拉崗貴族烏利艾斯（Urries）家族手中，因時事的變遷，在十九世紀末形成半廢棄狀態，無人管理。二十世紀初由貝利歐六世（Sixto Belio）買下，直到 1983 年捐贈給塞拉布羅協友會（Serrablo）管理。八〇年代開始，協友會便在亞拉崗自治政府通過的一項美術發展條例下，創立這麼一座專門典藏素描作品的素描館——勒雷素描館。於此塞拉布羅協友會即開始整頓修建此建築物，向西班牙所有藝術家及藝廊募捐作品；三年後，也就是 1986

勒雷素描美術館外觀 ©Museo de Dibujo en Castillo de Larres（右頁圖）

勒雷素描美術館建築是將廢棄小城堡整修而成的。圖為尚未整修前的樣子。 ©Museo de Dibujo en Castillo de Larres

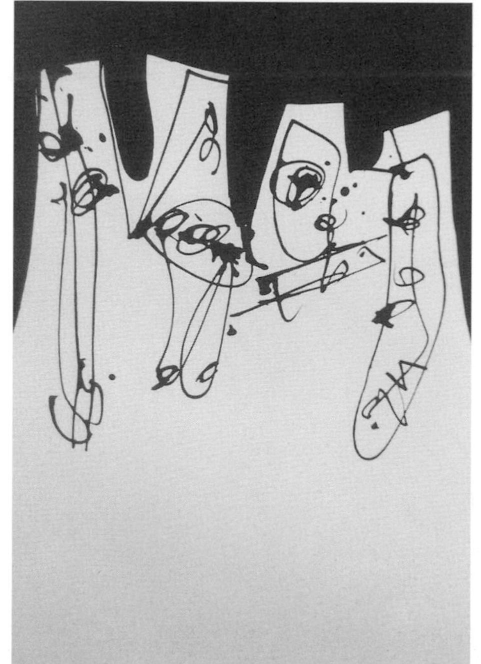

安東尼・沙烏拉　無題　水墨　34.7 × 25.1cm　1986

年9月14日，此館正式對外開放。

此館共有十四間展室，二千餘件典藏品，三五〇件作品展示。雖然它因地理位置的關係十多年來鮮爲人知，但這並不代表它是一座不對外發展的素描館，相對的，它這十多年來一直努力對外交流，推廣此館名聲，並經常接收、募捐作品來增加館藏品，也常辦交流活動來吸引人潮參觀。如暑假時段展，即是特別利用人們在暑假有空遊覽時辦的活動，藉以吸引文化愛好者，擴傳館名。所以多年來也慢慢地傳爲人知，甚至聲名遠播美國，備受紐約市立美術館的重視，特別給予交流合同，使此館的典藏品能每二

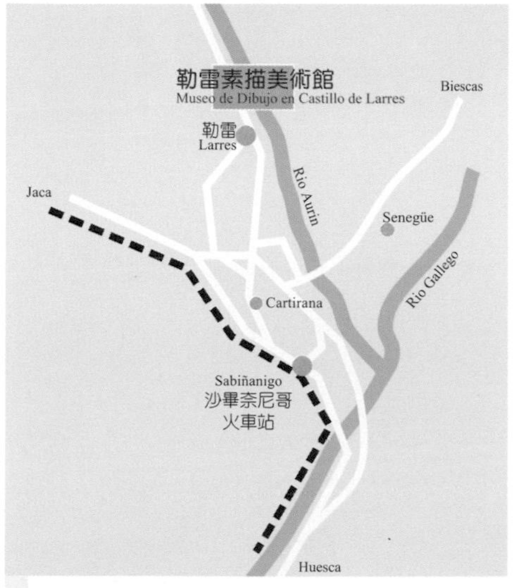

勒雷素描美術館地圖（上圖）

二樓素描展室（左邊展室）（右圖）

素描館第一層中庭走廊　©Museo de Dibujo en Castillo de Larres（下圖）

年就做一次交流，到紐約展出。這都是令人驕傲的事。

和當今一些大美術館或博物館比較，這座勒雷素描館算是有其獨特經營特色：典藏品皆是用募捐或接收而來的，而不用館資金購得，備受好評。因爲這種不花錢立館的事在當今美術館執行上是非常困難的！然而它卻克服一切，十五年來成功的立館至今。

典藏品

此館共有三層：第一層一、二號展室是暑假時段展的地方。三、四、五號陳列室，展有亞拉崗區域藝術家的素描作品。六號展室展出亞拉崗當代插畫作品。

至第二層，七號展室置有塞拉布羅協友會榮獲美術貢獻最高黃金獎章，及一些當地沙畢奈尼哥藝術家的素描作品。再來八號展室，展有一些畫家的自畫像素描。九號則是一間非常小的四方形展室，陳列西班牙五、六〇年代「抽象世代」藝術家的素描代表

入口區右邊展室（人體素描室）（上圖）

哈維爾・沙烏拉　男與女　雕塑、鑄鐵　素描館藏（下圖）

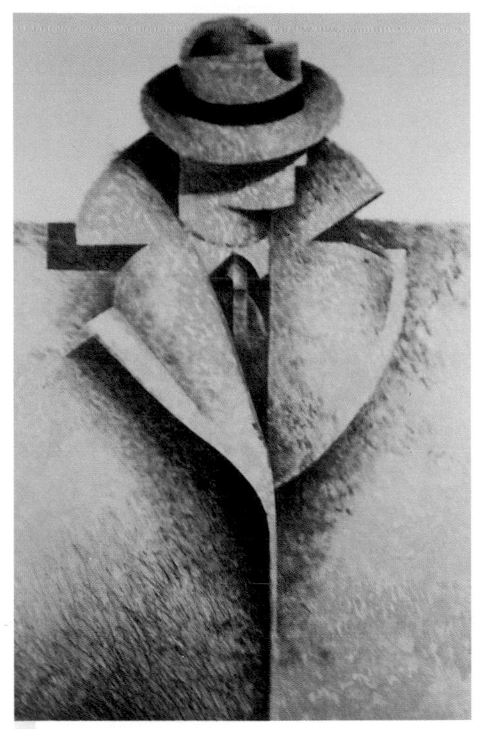

索爾貝斯　魅力　綜合素材　114 × 76cm

作，其傑出藝術家如：安東尼・沙烏拉（Antonio Saura）、蘇雷斯（Suarez）、艾蘭德斯（Hernandez Pijoan）等。十號展室則是此館改建最多的地方，也是此館採取自然光源最多的一間展室，內有七〇年代西班牙年輕藝術家素描作品。

十一號展室，位於此館最隱密的小內室，作品皆屬小尺寸的。作品雖小，但卻可見藝術家精心製作的素描工夫。到十二號陳列室，此展室是主要的展廳，因爲保留有建館之初所留下來的卵石地，光滑柔美，歷經幾世紀仍如新的一樣，照映著傑作，在這個重要的展室收藏了達利、蘇洛亞加（Ignacio Zuloaga）等大師的作品。從十三號展室可見西班牙一世紀以來的幽默插畫之作及報章雜誌上刊載的政治插畫，非常有趣，可比較出因時代背景不同所產生的藝術風格。最後，也就是十四號展廳，陳列歷史性素描作品及一些當代西班牙最傑出卡通畫家的作品，也就是八、九〇年代的作品。

以上所有的作品，據館長卡文・莫亞（Julio Gavin Moya）強調，這些作品都是用最恰當的方式擺設，展室的照明無不小心翼翼，讓典藏品以最完美的方式呈現。而且館長還特別強調此館的一個天然優勢，他說：「很少美術館能像勒雷素描館這樣具有天然的美景，位處庇里牛斯山下的風光明媚、田野氣息，且一望無際，視線盡在眼裡，眞是令人神怡，可以使參觀者一邊欣賞藝術家的美作，一邊沈醉在芳香的原野中。」最後館長叫我再加上一句：「信不信由您，來坐坐看就知道了。」

基梅尼斯　鳥籠與鳥　水彩、壓克力　40.2 × 30cm

卡斯提亞—拉曼加自治區

葛利哥之家美術館

冠卡西班牙人當代抽象美術館

冠卡西班牙人當代抽象美術館

Museo de Arte Contemporaneo Abstracto Español

地址　c/Casas Colgadas 16001 Cuenca
電話　34-969-212983
傳真　34-969-212285
時間　全年開放週二到週五：11：00-14：00，16：00-18：00。週六：11：00-14：00，16：00-20：00。週日：11：00-14：30。週一休館。
交通　從馬德里 Atocha 火車站坐火車，大約是一小時半多至兩小時，到了可以徒步走上山大約 20 來分，不然就坐計程車大約三分鐘就到。
門票　3 歐元（學生、團體票五折。冠卡市民免費）。

一座位於峭壁岩石上，人稱「垂花飾」建築物的美術館——西班牙人當代抽象美術館，是畫家費南度．索貝爾（Fernando Zobel），在 1980 年將他所收集的作品捐贈給胡安．馬爾其（Juan March）基金會時正式成立的。顧名思義，此館即是專門收藏西班牙藝術家作品的美術館，館內主要典藏西班牙五〇年代，西班牙美術史稱爲「抽象世代」藝術家的作品，包括繪畫、雕塑、版畫、插畫、素描等，共一千三百件作品。由於歐洲各地重要美術館，在五、六〇年代已典藏這群傑出藝術家的作品，但唯獨在伊比

冠卡西班牙當代抽象美術館日景　©Dominguez 攝影

利半島上的西班牙沒有，因而索貝爾得到冠卡（Cuenca）的市政府支持決定成立「這樣」一座美術館，。

建築物

美術館位於冠卡韋爾卡河（Huécar）邊上的懸崖峭壁——人稱垂花飾房子——屬於冠卡政府所擁有，一座奇特復古式的哥德建築物。館內以松木做樑，粗石做牆，館外看起來簡樸、古拙，陽台卻是號稱道地的冠卡陽台，整座看起來非常親切（像不像東方建

冠卡西班牙人當代抽象美術館夜景 ©Dominguez 攝影（左頁圖）

奇里諾（Chirino Martín） 風 鐵 直徑 56cm 1966（左圖）

里維拉（Rivera Manual） 金銀絲織物的鏡子 鐵、木材 169 × 112 × 12cm 1963（右圖）

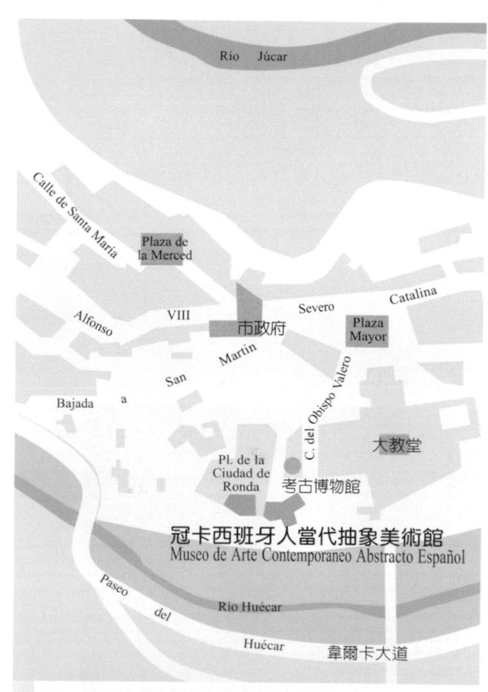

冠卡西班牙人當代抽象美術館地圖

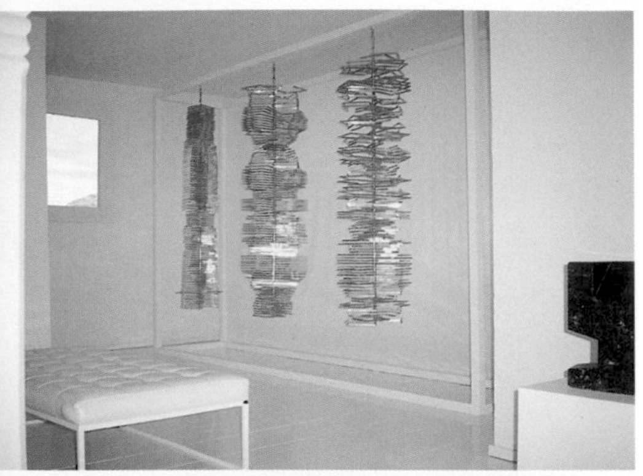

美術館展室之一：塞貝雷　柱子　鋼
各 190 × 52cm　1970（上圖）

美術館展室之一（下圖）

築物？我初看時以為到中國大陸呢！）

此座原屬於十五世紀貢薩雷斯（Gonzalo González de Canámares）的房子，到了十八世紀才成為紅衣教會的教館。而後這棟房子就不斷在修復與荒廢之間「重複徘徊」。到1927年，冠卡政府收為市有，重新修復後才眞正將房子的外觀與結構確定下來。現在的外觀，是1950年和1978年重新整修後的模樣，在藝術家的裝修下「傳神奇特」地聳立在冠卡崗上，默默寫著西班牙前衛藝術史。

建館緣起

西班牙抽象藝術發展得很晚，而且通常站在西班牙藝術史「前衛」線上的藝術家都保有具象的風格。然而時至五〇年代，西班牙第一次爆發出具歷史性、前瞻性的藝術——正好此時也是抽象藝術擴散到全世界的時候——但是，西班牙藝術界還活在閉關自守的大西班牙主義中。這種情形，致使存活在西班牙境內的抽象藝術家被孤立了一、二十年。

以當時封閉的情況，根本看不到西班牙另一種「欲起」的藝術：剛才所提到的抽象語言。所以，毋庸置疑地，他們被社會、藝術界排斥，被認定是顛覆、奇怪的藝術，常

格雷羅（José Guerrero）　藍色期　油畫
183 × 152cm　1971

受保守派的指責和嘲笑。不過，由於它是屬於無拘束、自由自在的藝術，一些畫家與雕塑家用不起眼，具有挑釁性的素材來表現，當時發展處境非常困難。如今，這個「困難經驗」讓現在的西班牙藝術界記取一個教訓：當現在西班牙藝術家可以自由自在的創作時，那是必須嚴記這個「教訓」來了解當時藝術家創作的情境。就如此館的歷史，也就代表前述的創作者；在當時引伸出一種「前衛」的思想來反抗或蔑視當時任何外來的評論，所以此館的成立即是象徵著抵抗傳統藝術的基地。

館藏內的幾乎每一位藝術家，皆遊歷過歐洲各國，其中尤以巴黎、羅馬爲主，看過當時整個歐洲藝術發展情形，各有各的「己見」思想。雖然他們都用同樣的方式創作，但這並不代表這些藝術家是模仿那時期或那時地的風格，而是表現了他們在那時期、那時地可以自由自在、全心全意創作，不被任何人的嘲笑或側目所影響。

米耶雷斯　哺乳動物　綜合媒材　160 × 160cm　1971

魯埃達作品　油畫、木板
130 × 130 × 7cm　1988

假如您仔細注意看這些作品，會發現在此館聚集的作品並不是美國抽象表現主義，也不是法國抒情抽象主義，更不是歐普藝術或結構主義（Constructivismo）。雖然很像，但每一位藝術家在作品上都有其「在這裡與那裡的混合特色」，這是理所當然的！不過，在這裡的「混合特色」之中亦可細分出其獨特的西班牙風味，繼承自葛利哥、里貝拉、維拉斯蓋茲、哥雅以來的獨有思想商標：作品帶著悲情、災難的符號，一半暴烈（激情）、一半溫和的表現風格，呈現出正統純西班牙特徵。但在其純種特色之中又能辨識出「雖是同根生，但有不同的性格」。可以這麼確定地說：在此館中找不到重複的風格。

不過話雖如此，美術史上還是將他們「整體化」，規畫出一代風格，西班牙稱做「抽象世代」──要不是「抽象世代」的努力，持之以恆的創作，今日也不會有抽象的地位了。所以抽象能在西班牙成功，必須感謝這些藝術家的爭取，然也由於他們的例子，讓西班牙藝評家更小心、更客觀地去愛、去了解當今的藝術，使之不至於有任何先入爲主的偏見，而至「歷史重演」。

最値得一提的是，這群抽象藝術家爲了要發展這種各自爲政的風格，但又不能孤軍奮鬥，他們做了一項非常好的「決定」，幾乎每位藝術家都聯合起來開團體展或出畫冊，使我們很容易因時、因地將他們編列在一起，以了解這些各自爲政的藝術家特色。他們在不同地方組成不同的藝術團體，如在巴塞隆納稱爲 Dau al Set，在馬德里稱 El Paso，瓦倫西亞有 Parpallo，巴斯克是 Gaur，在冠卡即是抽象美術館前身——抽象藝術基金會。

基金會內部（上／下圖）

先從巴塞隆納的 Dau al Set（1948～1953）談起，這個團體主要有安東尼・達比埃斯和顧伊夏特（Modest Cuixart）；也就是由超現實主義自動派發展到抽象主義材料派的藝術家，美術史稱非定型主義材料派。

El Paso，1957 年起至 1960 年，創立的目的是爲了充實西班牙當代藝術的內容而起。藝術家包括：安東尼・沙烏拉（Antonio Saura）、費伊度（Luis Feito）、米耶雷斯（Millares Mannel）……，他們的作品皆帶有強而有力的個人抽象語言，屬於抽象自由派，美術史稱爲非定型主義表現派，代表五、六〇年代西班牙美術史上的主流。

Parpallo 團體（1956～1961）：瓦倫西亞有一些藝術家，想將抽象語言加上傳統建構主義的藝術語言帶入藝術界，所以組成此團體。其主要創立人有：賈畢諾（Amadeo Gabino）、塞貝雷（Eusebio Sempere）。

Gaur（1966～1970），由巴斯克畫家與雕塑家組成，有奧德伊沙（Jorge Oteiza）、奇里達（Euduardo Chillida）等。目的在反抗當時巴斯克傳統文化和藝術，走向抽象主義路線。其作品帶有建構與幾何意味。

最後一個組織：就是以索貝爾和杜內耳（Gustavo Torner）爲主的藝術團體，也就是我此篇所提的主角：共同建立起西班牙人抽象美術館的藝術家。

費南度・索貝爾生於菲律賓馬尼拉，是在菲西裔。由於遊走過美國、法國、義大利和西班牙，讓他認識當時走在前衛派的藝術風格；無論是北美抽象表現主義，或是歐洲非定型主義他都非常了解，所以其作品帶有歐美各派抽象風格。1955年他到西班牙，開始和西班牙抽象藝術家一起創作；1961年決定定居西班牙，一邊創作，一邊收集抽象藝術家的作品，一直到他想成立這麼一座美術館。

他和一群抽象藝術家共同企畫建立這麼一座心中的美術館；首先由杜內耳和魯埃達（Gerardo Rueda）隔間，其他藝術家幫忙粉刷佈置室內外，在冠卡市府的贊助下，於1966年開幕。這時雖只是雛形，但此座美術館已成爲藝術家「創作象徵」的地方，也成爲整座冠卡城市的活動中心。在1980年冠卡西班牙人抽象美術館已經非常有名，經常榮獲國內外各項美術貢獻獎，所以典藏品也增加許多，並擴建館內的空間，在軟硬體設備也加強了。費南度·索貝爾決定將此館捐給對歐洲文化、科學發展有重要貢獻的基金會——胡安·馬爾其基金會。他確信此基金會能在健全的運作下持續經營他的「願望」，同年年底「西班牙人抽象美術館」正式命名。

現在館內已擁有歷史性、代表一代藝術的美學風格和強而有力的自我創作個性的典藏品，這種個性也已轉成此館向這些藝術家致敬的地方。

胡安·馬爾其基金會

介紹完了美術館，不能不簡介一下這座爲文化、科學鞠躬盡瘁的基金會——胡安·馬爾其基金會。

胡安·馬爾其基金會於1955年創立，屬於胡安·馬爾其奧爾汀納所有。今天基金所在地是到1975年才正式啓用，位於馬德里市中心，以推廣文化與科學知識爲主，多年來舉辦過不下四五〇次重要的藝術展覽，也贊助過將近五百位藝術家或學生研究創作，對歐洲藝術界有重大的貢獻。基金會不但經營多元化，還擁有冠卡西班牙人抽象美術館和外島帕爾馬·馬約卡「當代美術館」，被認爲是一座歐洲最摩登的文化中心。除此之外，基金會本身也有行政部門、時段展、研究中心、圖書館、教室、科學座談會議室和二座大型活動廳（內設同步翻譯機和電視牆）等設備，使基金會的名聲達到世界地位。

胡安·馬爾其基金會主席荷塞·路易斯·優斯德（José Luis Yuste Grijalba）

就以基金會每年的展覽來說，無論是自己主辦或其他美術館、藝廊與私人合辦等，都是高水準的展出，而且每年三十五次的藝術展，無論是在基金會所在地展出或是在西班牙其他地區與國外的展覽，皆呈現出基金會有一流的承辦實力，如康丁斯基、畢卡索、馬諦斯、莫內等，另外尚有派別展、國格展、學院派、某風格展等，一一顯示出基金會用心製作的情境。所有的簡介、導覽手

基金會所在地

冊皆免費，所有的展覽皆配合演講、影帶和其他認識展覽必須的資訊或設備。

> A.在推廣藝術方面

受基金會獎金贊助的藝術家與研究生包括國內外共有五百多位。這些研究、創作者在不同崗位上，發揮人盡其材的效用。有時他們回饋給基金會的效應比基金會付出的更大，令基金會「獲益良多」。而有些藝術作品必須修復，但非常昂貴，也因基金會贊助得以實行，如聖・瑪利亞・德利包爾寺院（Santa Maria de Ripoll），塞維亞大教堂的聖桌、裝飾屏等。不僅如此，基金會最大的貢獻是出版了一套十八冊的「西班牙大地」之書，此系列納入西班牙不同地區的藝術家歷史、背景、派別與畫風，有如一本西班牙當代藝術史一樣。

> B.在美術館方面

1.冠卡抽象館；2.馬約卡當代館。

前已談過了抽象館，現在就短述一下馬約卡的當代美術館——馬約卡當代美術館：1990年創立，位於聖・米傑（San Miguel）街十一號古宅區，是屬於巴卡・馬爾其（Banca March）的房子，擁有300平方公尺，七間展覽室、一間行政辦公室、服務區和販賣區。

作品共有三十六件：七件雕塑、其他繪畫——都是二十世紀西班牙藝術家的作品，如畢卡索、米羅、達利、達比埃斯、沙烏拉、克利斯等。此館最具特色的地方是，無論在巴利阿里群島（Islas Baleares）出生的，或是戶籍是巴利阿里島的人，門票都免費。開放時間星期一到星期五：早上十點到一點半，下午四點半到七點半。星期六早上十點到一點半。星期日和假日休館。

> C.在音樂方面

基金會每星期舉辦演奏會，分五類型：1.團體演奏：包括學校組織，屬於每星期三的演奏會。2.教育性演奏會：每天早上，針對不同學校、機構所設，主要教育年輕學生而設的課程，但必須事先申請，同時講解陪伴演奏。3.中午演奏型：每星期一中午十二點，有不同樂器和不同方式的演奏。4.星期六演奏型：每星期六中午，以樂團演出。5.致敬演奏型：突顯世界級音樂家、文學家的演奏會或為文化慶典活動所演奏的演奏會。

這些演奏人或團體組織皆為受過基金會贊助培養過的人才。

> D.在圖書館方面

除中心圖書館之外，也設有西班牙當代戲劇圖書館。

圖書館於 1983 年創立，位於所在地二樓，藏有文化、科學、音樂研究書籍、檔案。而西班牙當代戲劇圖書館，藏有四萬六千檔案：包括書籍、文稿、相片、時裝圖案、裝飾、磁碟和錄音帶等和任何有關當代西班牙人戲劇資料的檔案。除此之外，還加上一些特別的國內外研究論文。開放時間：10 月至隔年 6 月：星期一到五早上十點至下午二點，下午五點半到八點。星期六早上十點至一點半。7 至 9 月：星期一至五早上九點到中午二點。八月休館。其他也包括西班牙當代音樂、藝術資料和基金會自己出版的書籍。

> E.在課程、演講、討論會方面

每年基金會都會準備五十堂課程、演講，包括不同類型的主題與人類科學有關爲主。

> F.在國際生物會議中心方面

這是西班牙和外國合作的科學活動。創立於 1991 年，以交流技術、知識爲主，常常開國際會議以供技術交流。基金會因此特別設有研究、分析部門。

而在其他贊助研究方面，基金會也設立贊助金、獎學金、團體研究獎或特別研究獎，已有五千多位西班牙研究者受益。以上種種，您大概了解此基金會的面向，不愧是一座歐洲藝術中心！

馬約卡當代美術館入口處

葛利哥之家美術館

Casa-Museo de El Greco

地址　C/ Samuel Levi, s/n
時間　週二到週六 10：00-14：00 ，16：00-18：00 。週日 10：00-14：00 。星期一和國定假日休館
電話　34-925-224046
傳真　34-925-224559
交通　從馬德里 Atocha 火車站坐火車大約 50 分鐘至一小時，再乘坐計程車只要三分鐘就到。
門票　一般 2.41 歐元。半票 1.20 歐元。週六下午及週日免費。
其他　看完葛利哥，吃個午餐，之後再參觀大教堂及聖・杜門（San Tomas）教堂等名勝古蹟，一天下來應是非常有味道又驚喜的！

建築物

葛利哥之家，聽說不是葛利哥住的房子哦！那爲什麼會變成葛利哥之家呢？目前沒有很可靠的資料顯示是葛利哥住過的房子。現在的葛利哥之家是當時一位侯爵：維加一伊克蘭（Vega-Iclan）於 1905 年買下的一棟文藝復興風格的房子，這棟房子的主人之前是另一位維也那侯爵的行館，位於達汞（Tajo）河岸陡坡上，靠近當時一棟臨時猶太教堂，曾有資料顯示，葛利哥（又名多明尼哥・提托克波洛斯〔Doménikos Theotókopoulos〕）及其兒子馬努埃（Jorge Manuel）曾經住過這棟房子，但後來又有文件證明，他們並沒有住過這棟房子。這棟房子的主人實際上叫莎慕艾・勒維（Samuel Levi）：一位佩德羅王（Rey Pedro）的出納官，而眞正屬於葛利哥房子的地方，是位於下方一點，更靠近達汞河旁的陡坡上。不過，無論資料怎麼「證明」或「翻案」，誰會在意這一個小小的「錯誤」呢！因爲這一棟葛利哥之家是那麼代表十六世紀的建築物，那麼具有獨特的葛利哥時代背景的房子，所以誰也不會在意這棟建築物葛利哥是不是住過；另一方面，要不是伊克蘭侯爵利用這個錯中錯的「理由」，也無法找到更合適的理由替這棟沒有博物館條件的房子變成葛利哥作品安身之地，所以無論它最初的動機是如何？今日的葛利哥之家美術館，算是把西班牙十六世紀奇才之作整理得有條有理，不至於讓我們東跑西逛地看葛利哥分散在托雷多城內的大作了。

建館緣起

談到美術館的成立，令人不能不提這位

葛利哥之家美術館外觀一景　© 柳嘉興攝影（上圖）

葛利哥之家美術館入口區大門一景　© 柳嘉興攝影（左圖）

知名收藏家伊克蘭侯爵，他是當時西班牙最有名的收藏家，擁有許多名作，葛利哥之作即是其中之一。當初他爲了整合葛利哥分散於托雷多城內的作品，想出替這位畫家成立一座美術館，點子一出，當時有許多藝術家及學者都全力支持，如名畫家索羅亞（Sorolla）、貝魯艾得（Beruete）、梅利達（Melida）、哥西歐（Cossio）等。

1907 年 10 月 31 日，達馬梅斯伯爵（Tamames）向地方議會呈上一封由伊克蘭

展示著葛利哥作品的葛利哥之家（上圖）

一般人將葛利哥之家稱為葛利哥美術館（Museo Greco），此為其入口。（左圖）

侯爵寫的申請書，建議國家成立一座葛利哥美術館，他願意將自己1905年買下的行館及其收藏品捐出，來拯救分散在外的葛利哥作品。不久之後，省議會一致通過申請，侯爵即開始執行他的建館方案，他邀請了建築師勒雷多（Eladio Laredo）與加拉撒（Carranza）重新修建這棟文藝復興的房子。很快地！這棟道地的托雷多建築物，即被認爲是葛利哥之家而聲名遠播。

在此期間，古貝爾斯（Martines Cubells）被任命爲修復葛利哥之作的負責人，負責修復藝術家的大作，至1910年4月27日國家行政部門接管這棟建築物，6月12日托雷多市政府對外開放，稍後，阿爾豐索十三世也親自主持開幕儀式，同時成立維加一伊克蘭基金會來管理這座美術館；聘畫家索羅亞、貝魯艾得、哥西歐、梅利達擔任基金會的理事委員。到1921年美術館納入其他典藏品：包括十七世紀西班牙學院派的作品，而擴大展廳，聯合另一棟十六世紀的房子，整修之後再正式對外開放。

美術館在1950至1960年間曾整修過，至1990年，因爲要使美術館更具博物館條件，再一次的大翻修，將美術館與葛利哥之家整合爲常年展區，也就是目前可以欣賞的地方。

典藏品

二樓的展室以葛利哥的作品爲主，大多數是藝術家最後階段的創作品（1600～1614）。其代表作，若依每一張畫的順序來敘述的話：第一展室有〈聖彼得的眼淚〉（1580年左右），第二展室〈12位門徒肖像〉，第三展室〈托雷多城地圖與市景〉及〈戈巴魯畢亞兄弟肖像〉。之後走到

葛利哥之家美術館地圖（上圖）

葛利哥之家中有許多的古老家具（下圖）

一樓，這一層樓的展室不只有葛利哥的作品，也展出西班牙十七世紀各地學院派的作品，如托雷多、塞維亞、馬德里等地學院派之作，在這些學院派之中的作品最值得一提的是托雷多學院派的路易斯・特立斯坦（Luis Tristan），一位與葛利哥家族有密切關係的人，據說被喻為葛利哥的傳人。

一樓展室：五號展室為小教堂，六號展室為圖書館，第七號展室為時段展，八號展室展出十七世紀馬德里及托雷多學院派的繪畫，九號展室為塞維亞學院派，第十號及十一號展室與葛利哥之家和花園正在整修，尚未開放！

葛利哥簡介

多明尼哥・提托克波洛斯；俗稱葛利哥（El Greco），1541 年生於希臘克里特島（Creta）。

1560 年到義大利受到許多藝術派別的影響，其中尤以文藝復興為最，如到威尼斯學習提香、丁托列托等人的顏色，1570 年到羅馬認識米開朗基羅的繪畫理念，1576 至 1577 年到西班牙。稍晚和一些義大利的畫家一樣都被聘為艾斯戈麗亞陵墓（El Escorial）作畫的畫師。基本上，葛利哥的作品皆是出於一些重要人物所託之作，所以生平作品比一般畫家少得很多。

葛利哥晚年到托雷多城為生，在那裡認識了一些與他背景相似的人，如路易斯・德・卡斯狄亞（Luis de Castilla）——一位將他介紹給托雷多大教堂的藝術家，以至於托雷多大教堂內今日留下許多葛利哥的名作。在托雷多城時期是葛利哥人生最後創作時期——矯飾主義（Manierista），但卻有自己個人的特色及誇張路線——對！沒錯！那個每次把人物畫得長長的就是葛利哥；他不只以宗教畫為飯碗，也是肖像和風景畫的高手，這些作品即是此館目前典藏品中最精華部分，所以您要是到西班牙馬德里一遊時，不如順道花一天的時間到托雷多城參觀，應是非常值得的！

葛利哥　聖保羅　1600 ～ 1607
油彩、畫布　70 × 53cm

卡斯提亞—里昂自治區

巴杜里國家雕塑館

新藝術與裝飾藝術美術館

新藝術與裝飾藝術美術館

Museo Art Nouveau y Art Deco

地址 C/Gibraltar 14, 37008 Salamanca
電話 34-923-121425
傳真 同上
時間 復活節到10/15：週二～五11：00-14：00，17：00-21：00，週六、日及國定假日11：00-21：00。10/16-4月：週二～五11：00-14：00，16：00-19：00，週六、日及國定假日11：00-21：00。
交通 從馬德里Atocha坐火車到Salamanca，到的時候可以坐計程車比較方便大約五至十分鐘即到，否則就徒步走大約30分鐘。
門票 個人1.8歐元。團體（10人以上）1.2歐元。學生、退休人員1.2歐元。免費：14歲以下、美術館會員、週四早上。其他：十人以上如須要導覽必先預約(時間是一小時)9.02歐元。
網址 http://www.museocasalis.org

馬努埃・拉蒙・安德烈得基金會（La Fundación Manuel Ramós Andrade）的新藝術與裝飾藝術美術館位於西班牙最具古城風味的薩拉曼加（Salamanca）小鎮上，離馬德里市中心大約二小時火車車程。薩拉曼加市政府收購當地名古宅──麗絲之家（Casa de Lis），重新整修之後才改成美術館，於1995年4月6日開幕至今。其典藏品可以說是二十世紀初流行的新藝術與裝飾藝術的傑作，更可以這麼誇張地說，這些作品大概是目前薩市最珍貴的寶物了。五年來不只將薩市的觀光人潮帶入盛期，更使薩市在歐美聲名遠播。現在我就來簡介一下這座小巧精美的「漂亮美術館」。

建館緣起

美術館的成立是由一位私人富商馬努埃・拉蒙・安德烈得提議，將他一生收集的新藝術與裝飾藝術作品捐贈給薩市市政府，與薩市訂下合同共同經營美術館，薩市提供建築物讓典藏品有足夠的空間保存。所以此座

新藝術與裝飾藝術美術館內中庭全景

新藝術與裝飾藝術美術館正門外觀（麗絲之家正門）（上圖）

新藝術與裝飾藝術館眺望台（陽台）（右圖）

美術館也是一座典型的公私立合作經營的美術館。

薩拉曼加市政府每年要撥款約八百萬台幣，贊助此美術館一切管理支出費用。而基金會的董事必須由薩市市長擔任，理事長由薩市大學校長與納維斯費拉斯村長擔任。納維斯費拉斯（Navasfrrás）村是一座位於薩市與葡萄牙之間的過境小鎮，也是捐贈人安德烈得出生地，所以捐贈人在捐贈條件上明文規定理事長要由納維斯費拉斯村長擔任，而且也規定，美術館所有的收入、利潤皆做爲納維斯費拉斯村小孩的獎學金及幫助當地老人的輔助金。據館長說，自開館以來已幫助不少清苦小孩與貧困老人，也算是薩市一項非常有意義的德政。

目前美術館有一位館長、二位行政人員、一位會計、三位解說人員、三位清潔員與四位保全人員。典藏品至1999年8月止共增至一七〇〇件，十九種類型，皆屬於二十世紀新藝術與裝飾藝術的精品，如法、德陶瓷娃娃，現在有一五〇〇件作品陳列於館內

陶瓷娃娃展室（上圖）

科利內（C.T.R. Colinet） 德巴舞者
銅、象牙、大理石 高 24cm 1920
©Museo Art Nouveau y Art Deco（左圖）

展示給大眾欣賞。每一件作品都仔細分門別類，建立檔案，猶如一本典藏字典一樣，從電腦查起來一目瞭然。而每件典藏品，尤其是象牙、絲布類，特別用最好的溫、溼調節系統來維護，這也是捐贈者特別向市府提出的品質要求。所以美術館雖小，但這幾年來卻建立起與眾不同的管理方式，使此館比起任何一座在「卡斯提亞和里昂」自治區內（Castllana y Leon）的大美術館並不遜色。而且自開館以來，美術館每年有將近十二萬人參觀，這對一座坐落於小鄉下的美術館來說是非常不容易的事，所以它也被評為是「卡斯提亞和里昂」自治區內最多人參觀的美術館，值得令人重視。

建築物

麗絲之家（Casa de Lis）造於二十世紀初，是一棟擁有現代主義風格的房子。主人米傑·德·麗絲（Miguel de Lis），是一位在薩拉曼加市的工業鉅子，因一次偶遊巴黎機會而迷戀上當時正流行的新藝術。回西班牙後，即請一位薩市有名的現代主義建築師華金・瓦加（D. Joaquín Vargas）在杜內斯（Tornes）河岸邊的岩石上蓋了這麼一座迷人的居房。房子從南面蓋起（目前美術館後門），至1905年完成北面外觀，也就是現今美術館大門。房子蓋得相當亮麗精美，可惜的是米傑・德・麗絲卻無法享受新家太久，因爲此房完成不久之後，他就與世長辭了。

在長長的二十世紀中，這棟房子換過許多主人，前四十年爲艾斯帕拉伯（Esparabe）家族的私產，後四十年是薩拉曼加市教會的宗教之家，逐

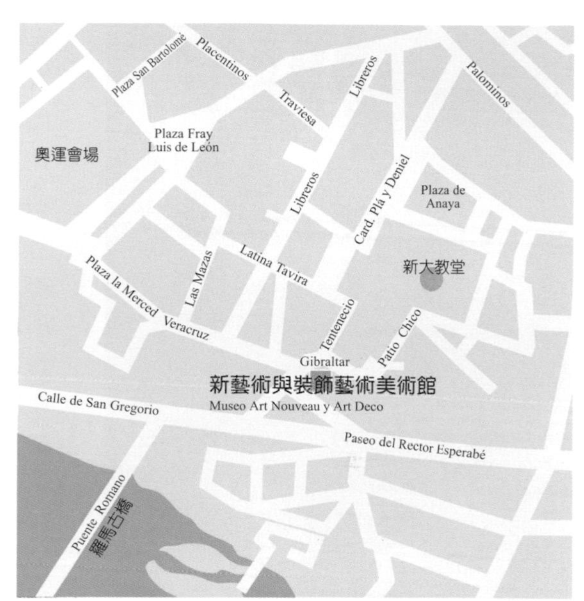

新藝術與裝飾藝術美術館地圖（右圖）

冠巴（Carl Kauba） 穿長披袍的女人 彩繪銅
高21cm 1900 ©Museo Art Nouveau y Art Deco

愛米勒・加葉 燈 彩繪玻璃 高76cm 1900
©Museo Art Nouveau y Art Deco

波德茲（O. Poertzel） 迷人的蛇女 銅、大理石
高26cm 1930 ©Museo Art Nouveau y Art Deco

漸毀損無人管理，八〇年代初爲了不使它繼續毀壞，薩市市府決定收爲公有，改建成當地文化中心。八〇年代末，由富商拉蒙・安德烈得想出建造新美術館的點子，他與薩市市府達成協議，將他一生收集的裝飾藝術品捐出，才促成這座具有「藝術」價值的房子成爲薩拉曼加市中人人皆可欣賞的漂亮館，並邀請建築師戈梅斯（D. Javier Gomez Riesco）和莫羅斯（Francisco Morós）負責改建。

建築師將這棟房子原本建造的鑄鐵結構保留，當做裝飾元素，強調出此館建館本質。另外再請維亞拉納（D. Juan de Villaplana）負責用二十世紀初的彩繪玻璃技巧修復所有破損的玻璃，其中最特殊的地方是整座中庭屋頂上的彩繪玻璃裝飾，猶如七色彩虹的天空一樣，繽紛不已，可以說是此館最寶貴的黃金地帶。

典藏品

館藏品雖有十九種類型，但可大致分爲如下：A.陶瓷類；B.琺瑯；C.銅製品；D.玻璃類；E.娃娃類；F.珠寶；G.花瓶；H.家具類。

A.陶瓷類：十八世紀初陶瓷藝術引進歐洲，很快地即在法、德流行，設有許多陶瓷工作室。一些新藝術的創作者很有可能在此時發現到這種新藝術材料，所以大量採用，創造出藝術史上一頁充滿綺麗色彩的流派。

在美術館內的陶瓷作品具有國際性的象徵，有維也納的分離派（Sezession）風格的作品，義大利的多利諾（Torino）和加伯迪

基巴魯斯 舞者 銅、象牙、大理石 高30.4cm
1920 ©Museo Art Nouveau y Art Deco

莫德（Capodimonte）、德國的梅特曲（Mettlach）、西班牙的貝利雷（Mariano Benlliure）等。

B.琺瑯：在美術館的琺瑯皆是來自法、俄的精品，但因來源較少，所以比較不爲人知。不過卻是無可置疑的歐洲難得一見的典藏品。

C.銅製品：十九世紀末有一群奧地利雕塑家，採用有鍍染顏色的銅作雕塑品。這種雕塑多是小尺寸的作品，所以很快地就成爲歐洲中高階級家庭喜愛收集的對象。其中最具代表的藝術家如：愛米勒・加葉（Emile Gallé），這位代表性的藝術家不只在銅製方面十分突出，玻璃、陶瓷、家具設計方面也別出心裁，就如他在此館的代表作：燈。

D.玻璃類：十九世紀中，工業開始大量使用玻璃，使藝術界也注意到這種新的材料，成爲藝術創作上非常重要的裝飾元素。也許是因爲流行，所以法國一些傑出的現代主義藝術家，如：愛米勒・加葉、杜奧（Daum）兄弟、納斯學院（Nancey）都特別喜歡用這種材料創作，以此帶動了整個歐洲藝術朝向玻璃製品的創作，使歷史加添一頁多采多姿的透明藝術。然而我們也不能忘記一位在玻璃藝術創作方面稱得上是一代巨匠的人物：雷納・萊利格（René Laligue, 1860-1945）。他不只在玻璃創作上有過人的表現，在珠寶設計上也能展現出奇異的才華。在此館一些華貴而出眾的珠寶與香水瓶設計，皆是出自於他爲1925年巴黎國際展而製作的精品。

E.娃娃類：當時在法、德的中上社會流行珍藏陶瓷娃娃，當時作品無論是在設計方面或在材料方面都擁有最好品質，其中胡梅奧（Jumeau）之家出品的娃娃，由於製作精美大方，可說是在當時廣受喜愛到連排隊預訂都很難訂到，因爲大部分的娃娃都落在貴族手中，盛名遍及全歐。

F.珠寶：依現代主義風格的法規，珠寶代表新女人的情感萬花筒。所以許多藝術創作者也朝向這方面創作。然爲了要詮釋千變萬化的女人，藝術家花盡心血塑金、鑲鑽來表示各個不同個性的女人，我們可由美術館內的珠寶得知女人在當時是如此的「貴重」。

G.花瓶類：美術館內的花瓶，大致是以陶瓷、玻璃材料製作的。頸部或瓶口廣大，美觀實用，我們可以從二個斯內德（Charles Schneider）製作的二個代表作看

塞赫（E. Seger） 情侶 銅、大理石、象牙
高40cm 1920 ©Museo Art Nouveau y Art Deco

愛米勒・加葉　水果花瓶　彩繪玻璃　高 32.6cm　1890
©Museo Art Nouveau y Art Deco

契勒・續德　水罐　彩繪玻璃　高 23cm　1910
©Museo Art Nouveau y Art Deco

契勒・續德　杯子　彩繪玻璃　高 21cm　1910
©Museo Art Nouveau y Art Deco

法貝赫（Karl Faberge）　北京蛋　銀、法郎、美石
高 9.3cm　1915　©Museo Art Nouveau y Art Deco

萊利格　別針　黃金、紅寶石、鑽石、琺瑯等
1903　©Museo Art Nouveau y Art Deco（左上圖）

佚名　裝飾藝術銅製舞者　銅、黃金、銀、紅寶石、鑽石等　1920　©Museo Art Nouveau y Art Deco（右上圖）

到當時的流行樣式與風格。斯內德受立體派影響，所以作品大致是幾何、機械的造形。

H.家具類：在十九世紀末，歐洲的家具設計大多朝向一致的口味，雖然每個國家有不同的派名，不過其風格是一樣的。當時的風格在法國稱爲新藝術（Art Nouveau）、英國叫現代風格（Modern Style），在義大利稱自由派（Liberty）、德國叫年青風格派（Jogendistil）、奧地利叫分離派（Sezession），而西班牙稱現代主義（Modernismo）。其共同特色：突破傳統，爲新藝術時代的來臨鋪路。自然成爲靈感的泉源，像是植物造形的使用，顏色的調配皆依自然的漸層顏色轉換，採用彎曲線條，加入銅、玻璃等元素。其代表人物如愛米勒・加葉、歐馬（Gaspar Homar）。

蒙德蘭（Mothereau）　蒙德蘭嬰兒7號　陶瓷、布料
高45cm　1880　©Museo Art Nouveau y Art Deco

館長專訪

新藝術與裝飾藝術美術館

貝雷斯・卡斯托

館長貝雷斯・卡斯托

貝雷斯（Perez Castro）館長畢業於薩拉曼加市藝術史學院，專攻當代藝術史，和「新藝術與裝飾藝術美術館」典藏品捐贈人拉蒙・安德烈得有非常深厚的友誼，所以此館即由安德烈得重託請他掌管。現在我們就來訪問這位對當代藝術瞭如指掌的「漂亮美術館」館長貝雷斯。

徐芬蘭（以下簡稱徐）：館長，很高興您能接受訪問，我利用大概半個小時的時間請教您幾個問題。

館長（以下簡稱館）：哪裡！哪裡！我盡可能回答問題。

徐：這麼漂亮華麗的美術館其館藏品是屬於什麼樣的類別？

館：本館主要典藏的是從十九世紀末到二十世紀第二次世界大戰以前的作品，也就是人稱歐洲新藝術與裝飾藝術的作品，我想沒有一個美術館與我們相同，典藏這麼完全的新藝術作品。

徐：好像尚未碰到。典藏品聽說是一人捐出的，非常驚人，是在怎樣的情況下促成的？

館：是的！它是一座非常特殊的美術館，捐贈人安德烈得是一位在巴塞隆納做水族館生意的人，但家鄉是在此，所以他有一個心願：想把一生收集的藝術品獻給家鄉，但又不知如何保存，最後才與薩拉曼加市政府達成合議，他捐作品，市府負責保存，如此創立這麼一座美術館了。

徐：那您為何到此來擔任館長？

館：我因與捐贈人有深交，他對我也有深切的認識，信任我可以承擔此工作，所以就交付我此職。

徐：您在此之前從事哪方面的工作？

館：我因為畢業於薩市藝術史學院，所以很幸運地找到薩市市府文化部門的工作。

徐：在文化部門負責哪一部門？

館：當專業文化顧問，管理一切市政文化。

徐：那麼您現在的館長之職是屬於公務人員囉？

館：不！不是的！因為此館是屬於基金會

的，我是基金會派的，所以是私人聘請而非公務人員。

徐：不過，您說此館是屬薩市的……？

館：是的，但是本館的行政人員派使、門票收入、販賣所得，一切由私人基金會管理，簡單地說，由私人經管公家事業，典藏品和建築物雖是公家的，但捐贈人由於與市府訂下協議，捐贈條件上註明有百分之幾的管轄是私人基金會的，不過基金會是救助機構，所以有權管理此館一切盈利。

徐：原來如此！美術館有多大？

館：2,200 平方公尺。

徐：陳列室？

館：二十間。

徐：那再請問館長，貴館也辦時段展嗎？

館：是的！展覽以與本館典藏有關或時代相同為主。

徐：貴館也和其他美術館一樣，有擴館的計畫嗎？

館：是的！我們因為每年基金會有百分之六十的權利買新作品，至此典藏品增加不少，於是目前預計擴大到四千平方公尺，這樣即可將所有的作品展出，使大家都能一口氣看到所有的典藏品，而不會有所遺憾。

徐：我想再問清楚一下，那貴館的經費來源？這麼龐大的開銷，不是單方面能負擔？

館：是的，每年市府提撥約八百萬台幣（40 millon），其他推廣費、辦展，我們則尋找贊助者。

徐：哪些人？

館：譬如銀行、電台、當地慈善機構、基金會等。

徐：美術館的收入做何用途？

館：剛說過本館的盈餘都必須交給基金會，因為基金會負責將這筆盈餘交給納維斯費拉斯村，做為小孩的獎學金及老人輔助金。

徐：最後我想問最後一個問題，您覺得二十一世紀的藝術流行將是如何呢？

館：我想二十一世紀的藝術派別有百分之八、九十皆持續反覆二十世紀第二次大戰後所興起的派別，不會有太大的改變。

斯德夫（Margaretes Steiff） 馬戲團人物 布料 高41與42cm 1910 ©Museo Art Nouveau y Art Deco

巴杜里國家雕塑館

Museo Nacional de Escultura

地址 c/Cadenas de San Gregorio, 1 y 2. 47011-Valladolid
電話 34-983-254083
傳真 34-983-259300
時間 週二～六：10:00-14:00；16:00-18:00。週日、國定假日：上午10:00-14:00。週一、1/1、1/6、5/1、5/13、9/8、12/24、12/25、12/31休館。
交通 從馬德里坐火車要兩個小時，到了巴杜里火車站之後坐計程車比較方便，而且一下子就到，否則公車是很難等的。
門票 2.4歐元。
網址 www.mcu.es/bbaa/museos/index.html
其他 禁止攝影

號稱西班牙唯一典藏宗教木雕的美術館——西班牙巴杜里國家雕塑館，位於巴杜里（Valladolid）省區內，從馬德里坐火車約一小時又四十分鐘——一座收有幾乎全巴杜里，或可以說全西班牙國內所有教堂裡的裝飾品。與其他省縣市的美術館一樣，巴杜里國家雕塑館曾因戰亂的關係，遭遇過一連串的搶奪、破壞。現在看這批看似平凡的「國寶」，其背後都擁有一段非常不幸的歷史，如今因現任館長烏雷亞（Jesús Urrea）的努力整頓，多年來從紊亂的記載資料中，抽絲剝繭的將它重新編整起來，使它再度發光，我們現在就來瞧瞧吧！

建館緣起

這座美術館原本是一座寺院，聖格雷戈里奧神學院（San Gregorio）在十五世紀末

聖保羅大教堂外觀

聖・格雷戈里奧神學院（國家雕塑館）的廊台（第二層樓）一景（上圖）

巴杜里國家雕塑館大門外觀。大門上有一片半葉形狀的三角楣，上面闡述著此神學院創始人阿隆索・德・布爾戈斯跪在教宗聖格雷戈里奧面前的情景。在三角楣的上方是一個噴泉，噴泉中有一梱石榴樹枝，樹枝上左右有獅子，中間是皇家的徽章。（右圖）

（1488～1496）由修道士阿隆索・德・布爾戈斯（Alonso de Burgos）創立，他是帕倫西亞（Palencia）主教，及伊莉莎白二世和費南度六世教皇委員之一，致力於研究神學。院內附設教學，以研究聖經爲主，在當時寺院本身即典藏許多裝飾品，多以宗教木雕爲主，後來才慢慢融入其他巴杜里省區內寺院、教堂的裝飾品。至 1835 年此寺院被廢除之後，雖仍保留許多藝術品，但逐漸「荒廢成塚」。到 1933 年這座神學院才被選爲國立雕塑館所在地，至此改變命運，重新

大肆整修、改建，成爲一座正式的國家美術館。

館內大部分的典藏品首先是由「聖母形成」教堂收藏的宗教作品。1842年從「聖母形成」教堂搬到聖十字神學院（Santa Cruz），同時公開對外展示。1844年評爲國有財產，由國家財產顧問機構管理，不過在當時因西班牙對文化典藏並不是很有興趣，對於這批作品的保管、修復費可說是微不足道，致使流失甚多，實在令人惋惜。至1852年再納入一座舊教堂路易莎・德松（Louisa Tensson）內的典藏品，其中包括：繪畫、雕塑（浮雕、木雕）等。這些也都是從巴杜里省區內許多廢棄的寺院的收藏而來的。

自從這些作品搬到聖十字學院之後，舉辦了一連串的推廣活動，當時館長貢薩雷斯（Pedro González）把這些被廢棄的寶細心整理、修復，並不在乎它將來是否有用，但因缺乏資金的問題，實在難以個人力量完成。他就利用個人公共關係和一些公私立機構套關係，甚至吸引一些喜好收集古董的人來贊助，所得的募款與贊助很快就使此館成爲西班牙一座綜合美術館。館藏品隨之增多、品質也隨之提高許多——尤以彩繪木雕爲主——成爲至今在西班牙收集最多木雕的美術館。

依當時時代背景來說，收集木雕品，對西班牙人來說並不是一般的習慣，但這種材料美及其傳統技巧價值是這麼豐富與奇美，不收集典藏實在可惜，所以貢薩雷斯才這麼用心經營、安置。不過這些國粹後來因傳統習慣制度的關係，被忽略放在此館的二樓「冷凍」，只有部分可以展示出來而已。至1913年此館才建立起顧問團，一方面整治這些一世紀以來未被注意的精品，一方面規

15號展室：胡安・德・胡尼　埋葬基督　彩繪木雕組合　1541-44

畫未來新館址。

1933年4月29日，法令頒佈把美術館定位爲「巴杜里國家雕塑館」，而聖格雷戈里奧神學院則被選爲置放這些典藏品的所在地，將聖十字寺院的作品全部移至此，神學院重新改裝，迎接「貴客」到來。並任命擔任西班牙雕塑史研究的德・奧魯艾達（Ricardo de Orueta）來處理館藏品；建築師莫雅（Emilio Moya）和坎德伊拉（Candeira）改建，讓它重現當時建築風格之美。

至目前爲止，聖格雷戈里奧寺院的典藏品持續增加，無論是原有的典藏品或慢慢來自西方的捐贈與轉讓，都一直有作品納入。另一方面則來自國家政府有計畫的購買，其中最重要的，如買下圭爾公爵典藏的八十件絕品，幫助我們更加了解西班牙人的雕塑史。館藏品囊括從西班牙中世紀的雕塑大師作品到十八世紀藝術大師的極品；一種與當時國際流派有關的，或影響藝術家風格、流派的作品，可以說這些作品都在西班牙雕塑史上佔有非常重要的地位。

在欣賞美術館之前，我們必須先要認識一位在西班牙雕塑史上有一席之地的宗教雕塑家貝魯格特（Alonso Berruguete）；也就是一至三號展室裡大部分作品的藝術家。

典藏品

> 1-3號展室：阿隆索・貝魯格特

阿隆索・貝魯格特（1488?～1561）是畫家佩德羅・貝魯格特（Pedro Berruguete）的兒子，生於西班牙帕倫西亞省(Palencia)的帕雷德・德・納維村（Paredes de Navas）。1507年到義大利求學，學習、認識古董與文藝復興大師的作品。在那裡他吸收到新藝術、矯飾主義雕塑風格，後來成爲他藝術發展主要的路線。

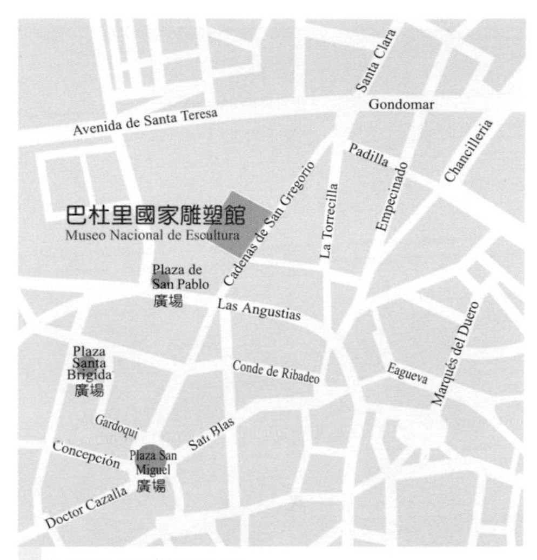

巴杜里國家雕塑館地圖

在第一至三號展室裡大部分的作品是他一手製作的，其中最具代表性的作品是聖貝尼托（San Benito）寺院裡的裝飾品。由德・杜羅（Alonso de Toro）在1526年委託製作，1532年完成。1842年因爲教堂被拆除所以將寺內擁有的繪畫、雕塑轉讓給古省博物館，直到1881年再將這些寺院的典藏品搬到目前所在地，這些就是現在我們可以在一至三號展室欣賞到的作品：祭壇裝飾屏、組畫群、片段的群像雕塑等。依據研究，這組片段的祭壇裝飾屏是由左右兩邊長方形的木板加上中間頂半圓形的木板組合而成，是一件描述基督與聖貝尼托的生活事件。展廳可分如下主題：一號展有聖貝尼托寺院中心與側堂部分的雕飾屏。二號陳列的是此裝飾屏內所屬的大尺寸人物雕像。三號則是展出小尺寸雕塑品，有些則是當時十六世紀非常出色的「矯飾主義」大師的作品。

18 號展室：佩德羅・德・拉・瓜德拉　贖回囚犯　木浮雕（彩色木雕）1599

> 4-5 號展室：格雷戈里奧・費南德斯

格雷戈里奧（Gregorio Fernandez，1576～1636）是一位在十七世紀卡斯提亞（Castillana）區藝術風格（巴洛克）的雕塑家。生於魯戈（Lugo），後搬至巴杜里，從此發展他專業的藝術活動。他的作品經常與宗教、皇族、貴族有關，所以是當時西班牙藝術家之中較被重視的雕塑家之一。其作品風格以寫實爲主，注意細部的表現，肌肉的擴張、皮膚的質感、頭髮及鬍子尾端的彎曲表現；人物生動活潑、衣飾有重量、陰影有轉折，具有獨特的象徵主義特色。其代表作如：四號展室的〈受洗基督〉，或五號展室的〈平躺基督〉。

> 9-10 號展室：哥德繪畫與雕塑作品

哥德主義最基本的特色即是哥德式裡的自然主義風格：從羅馬風格轉型到早期哥德風，也就是從不眞實與規格化的羅馬風格中轉到自然繁複花飾的哥德自然主義。這種風格即是把眞實拉近，在描寫人物方面，無論是比例、動作或表情都比較接近事實，而周圍的情景與眞實空間的連帶關係也比較合理，但尙有象徵主義的味道。

九號展室裡的作品，雖然大多屬於十三世紀大教堂裡留下來的羅馬式主題作品，如基督、被釘在十字架上的耶穌和聖母與聖嬰，但可從這些主題風格中偷窺到「前衛哥德風」的來臨：A.基督：沒有痛苦的羅馬式基督，身體柔軟、完整，腳只釘一根釘子等，但此時也出現帶荊棘皇冠的基督雕像。 B.被釘在十字架上的耶穌：這種主題常帶有一群組像群環繞在基督周圍，如聖母經常位於基督右邊，用合起的雙掌祈求上天。而聖約翰則位於基督左邊，手持書以痛苦憂傷的表情顯示。C.聖母與聖嬰：在十三世紀的雕塑家習慣重複使用羅馬式畫法，以聖母坐著抱著聖嬰，不過風格卻有明顯的改變：1.是人性化的改變；2.是衣飾的繁複；3.是將聖嬰由中心往旁邊移。到十四至十五世紀聖母的身體比例漸漸正常，曲線開始柔順，聖嬰的重量可反映在聖母的衣褶上。在此間最具代表作如〈聖母哀痛抱著基督屍體〉。

十號展室如「聖安達納西奧」和「聖路易德杜魯沙」寺院裡的裝飾屏能顯示當時畫風及雕塑風的作品。大師對於布料、鐵質與石質的描述逼真，甚至抓得住人物的心理狀態，無不別具一格。而最特殊的地方是此作中間部分：〈聖伊德豐索〉，不過目前這部分已被法國羅浮宮珍藏。

在此室還有一件傑作：「聖赫羅尼莫」教堂裝飾壇，由畫家何塞．伊格烈（Jorge Ingles）繪製，記載著此聖者的一生。人物的表情強烈，細部如書本、衣褶、蠟燭等，畫得尤爲細緻，是一件典型的安達魯西亞哥德式風格的作品。不過，在它原始空間表現上卻缺乏比例。

＞11、12號展室：文藝復興風格的雕塑品

在十六世紀初，西班牙卡斯提亞區的藝術發展了兩種不同的藝術風格——A.安達魯西亞哥德式後期風格：比較表情化。B.義大利文藝復興風格：比較寧靜美，線條柔和、纖細，崇尚宗教神話的表現。但在這兩種藝術風格之中還保持著哥德戲劇式表現，常常牽引著觀賞者情懷，在藝術界具有舉足輕重的地位。

另一件高雅的「聖貝尼托」唱詩聯椅也是令人亮眼的作品。它是用核桃木製成，可分上下兩部分：下方有二十六個主教位子，在它椅子上刻有一系列新教徒（各福音）的事件，和基督與聖母的生活故事。依年代工整地排列一起。上方的部分雕有稀奇古怪、奇妙非凡的紋案；如：奇異人物造形、植、動和雙性混合造形等，毋庸置疑地，它是一件令人目眩之作。

＞15號展室：胡安．德．胡尼

胡安．德．胡尼（Juan de Juni，1507～1577）生於法國喬尼（Joigny），1533年到西班牙，之後即在西班牙藝術界有一席之地。他和貝魯格特是同時代的藝術家，矯飾主義風格的中期代表。由於作品表現時常抓住宗教人物神韻，將教義表現得更爲傳

27號展室：胡安．阿隆索．維亞貝利耶　聖保羅之頭　18世紀

18 號展室：佩德羅・羅丹　帶荊棘皇冠的基督
木雕

神，被當時藝術喻爲鬼斧神工之傑，其代表作如〈埋葬基督〉。

〈埋葬基督〉於1541至1544年由德・圭瓦拉（Antonio de Guevana）、卡洛斯五世、摩杜奈多主教請胡尼製作。依保存資料顯示，這件作品是一組裝飾之內的雕塑品。作品中有七位人物，首先是「死去基督」的身體，周圍有六位人物環繞。這些人物的位置依對稱的方式來佈置，以聖母和聖約翰爲主分爲左右兩部分，這種方式可以使作品的動態成對比。先由中間躺在刻有圭瓦拉修道士徽章石棺上的基督身體談起，基督臉部顯示崇高、莊嚴、輪廓深刻，身體血流如注，有如受酷刑的痛苦，令觀賞者對死亡戰慄。中後方的人物：聖母跪在基督旁，由聖約翰輕輕扶持著，其動態的形式猶如對立的動向線。此動向線在佈局上具有平衡的效果（基督平行，聖母和約翰直立，剛好打平動向）。左邊沙樂美（Salome）和德・阿利馬德亞（Jose de Arimatea）面對觀者以變形、彎曲姿態來顯示出他們悲痛的心情。

> 16、17、18號展室：十六世紀末最後三十年與十七世紀初的雕塑品

十六號展室大致與當時宮廷有關，當時宮廷中流行宮廷矯飾主義風格，而且高雅的雕塑品大部分只有在大教堂（El Escorial）裡才可以看到，也就是當時皇族的墳墓區。它們皆屬於工程浩大、技術艱難的作品，其材料有大理石、銅塑等。這些精美、優秀的十六號展室的作品，酷似義大利藝術家的風格，代表作如：聖・迪耶戈（San Diego）寺院中的片段裝飾屏。

十七號展廳展出十六世紀中期代表作品，如聖愛蓮娜肖像、十字基督，而其大師如西洛埃（Siloe）、貝魯格特及胡尼等。十八號展室陳列十六世紀最後三十年風格的作品，如新羅馬式矯飾主義的風格（表現在伊比利半島北半部的風格），其最重要作品如〈贖回囚犯〉。此作人物臉形方正、鼻子挺直、輪廓深厚、眼大且彩繪的方式非常像巴杜里省內學院派所使用的方式。然其涵義暗指「抗議」之語。

> 19、20號展室：十七世紀巴洛克雕塑

在十七世紀呈現天主教和新教徒對抗的局面。當時天主教爲了要穩定教義、安定教心，於是利用畫像組群像、雕塑來做爲教育信仰者的工具，讓信仰者了解天主教義，持續信仰，所以西班牙雕塑界就在這種流行下轉成一種表現手段，慢慢地發展出自我個人

的風格，也就是開始拋棄神話式的教義，使用寫實的藝術語言。這種改變可以從以下幾點看出：人物彩繪用比較發亮的顏色來吸引信仰者的注意力，增加細部的眞實性（如基督的眼睛用玻璃，牙齒用象牙製作）來強調自然眞實性。除此之外還加入新主題，如受難基督、殉難、殉道、贖罪、懺悔等主題。

這一世紀的巴洛克雕塑風格在西班牙也分兩大代表區：A.卡斯提亞的格雷戈里奧；爲第四、五號展廳的作者。B.安達魯西亞的塞維亞及格拉納達（學院派）出生的傑出雕塑家，如蒙達奈斯（塞）、阿隆索・卡諾（Alonso Cano）和佩德羅・德・梅納（Pedro de Mena）——格拉納達。

藝術家卡諾最特別的地方即是在雕塑品中詮釋出宗教教義，其代表作如：〈受洗的聖約翰〉。這件作品人物身體勻稱，比例完美，臉部表情生動、形容悲傷，令人感同身受。另一位德・梅納也有代表作；如：〈痛苦〉——表現的風格也是類似卡諾；臉部難過、哀傷，頭巾邊緣特別雕得典雅細膩。眼睛用玻璃製作，眼瞼下方微紅，小嘴張開等，無不增加此作戲劇性價值，好像眞人在眼前一樣絕妙。此作與〈聖安娜〉肖像幾乎一樣。

> 20～29號展室：十八世紀巴洛克雕塑品

在十八世紀因卡洛斯二世的逝世，西班牙開啓了國內受國外藝術家影響的風潮。在宮廷也已有官方藝術形成。而在雕刻方面則以法國與義大利式的藝術家最爲討好，其表現的風格如A.莊嚴富麗、甜美高貴的調子。B.動態、戲劇性及技術完美的表現。不過也有一些改變，如a.慈悲、感恩、家庭式的主題出現。b.小題目產生。c.造形更完美、更高雅，細部更精緻化。d.彩繪顏色更多。e.人物表現更有動態、更自然化。

雖然這一世紀也保有上一世紀留下來的畫題或雕塑題材，如受難基督、痛苦的聖母等，但卻放棄了原有的強烈戲劇性表現，反之加強了內容的精神性，其代表作如：〈聖保羅之頭〉；由維亞貝利耶（Alonso Villabrille）所作，是一位在馬德里工作的澳大利亞雕刻家。此作品最值得一提的是，表現出聖保羅殉教的意念——被斬首。我們可以由此作看到一位傳佈福音者的頭部雖在亂石與玻璃之間痛苦，但毅力堅定的神情，也可以從其頭髮、鬍子雕法中，看見作者雕工之深，除此之外，它的眼睛還是用玻璃裝上去的，牙齒也是象牙裝的。

20號展室：何塞・德・莫拉　憂傷　木雕
17世紀巴洛克雕塑

17 號展室：圖中為聖・迪耶戈寺院的裝飾，祭壇一景（木雕）；左為痛苦逝世的基督（浮雕）；右為埋葬基督（浮雕） 16 世紀末

> 30 號展室

唯一展出的是一件具有那不勒斯風格之作的〈基督誕生之景〉。此作場面浩大，戲劇感十足，可見藝術家具有巧奪天工之手，鮮活地將那份一般人日常生活的情景融入宗教神話之中，溫馨感人，猶如人間天堂，令人看了無不想暢遊其境同享其樂。

建築物

建築物屬於哥德時代末期的代表作之一，於1488至1496年建立。神學院是由阿隆索・德・布爾戈斯（Alonso de Burgos）創立。此建築物整體來說是採用豐富的雕飾紋案，可在外觀、大門、窗戶、小教堂（神殿）等的裝飾圖樣看到其特出之處。在欣賞這些地方的時候，就猶如欣賞到一件令人賞心悅目的壁毯一樣。不過您要是注意的話，可以發現到有趣的事，到處可見重複的百合花圖案；也就是，創始人的象徵符號。

>外觀

外觀擁有迷人的雕飾情節。先以裝飾元素來說，它可分植物（石榴樹）、動物、小孩及人物等，兩旁扶壁雕有類似的柳條帶子綑住樹幹狀的浮雕。另一方面以情節來說，它可分上下兩部分情節：1.在大門上方有一片半葉狀的三角楣，內雕著阿隆索・德・布爾戈斯修道士跪在教宗聖格雷戈里奧面前受禮儀式。 2.在這片葉子的上方有一座噴水池，池中有一棵石榴樹。泉池象徵著「生命之泉」，而此樹則代表「智慧之樹」，象徵著天堂之地只有讀書人返家的地方。在石榴樹之間雕有一隻鷹及兩頭獅子：代表著伊莉莎白二世和費南度六世的皇家標誌。整面牆皆由左右兩座扶壁（護牆）支撐著，這二座護牆上有戰士與野人的雕像，上方是戰士象徵美德，下方是野人代表人性善良、無知與

16 號展室：門上方是被釘在十字架上的耶穌，屬於聖・迪耶戈寺院的裝飾屏一景

認命的天性。但由於戰亂的關係，一些資料未能證明誰是此外觀的作者，不過依風格來推敲，很像西蒙（Simón de Coloma）或基爾·德·西洛埃（Gil de Siloe）或胡安·瓜斯（Juan Guas）的手跡。原因是這些藝術家都曾在巴杜里省內作過類似形式的作品。

27 號展室：聖母瑪利亞裝飾祭壇　木雕　18 世紀巴洛克雕塑　作者佚名，是為法蘭西斯哥納教堂作的裝飾屏

＞庭院

此建築物共有二層，造形四方，中庭可見豐富的雕塑紋案。以拱狀的樑柱加上旋轉式的柱子組合而成，其柱子的柱頭有百合標誌，四方牆角上有創始人的徽章。

二樓的廊台雕飾以建築觀點來說，它是持續一樓走廊裝飾風格的路線擴加花樣，如加入雕紋欄杆，柱頭花飾變得繁雜：動、植、人等造形，而柱頭上方的三角楣不只有百合的圖樣，也加上千日紅及天使圖案等裝飾。另外在它上方的一條雕帶，也雕有無數徽章，包括伊莉莎白及費南度六世的皇徽，最後在這條雕帶上的排水口是以哥德式奇異動物造形製作。

＞聖格雷戈里奧附屬的小教堂（神殿）

蓋於 1484 至 1490 年的建築物，由阿隆索修道士命約翰·瓜斯（Juan Guas）與德·達拉維拉（Juan de Talavera）兩位建築師建造的，是一座靠近聖保羅大教堂附近的神殿，也是阿隆索修道士的墓園。十九世紀之後隨聖保羅大教堂一起轉讓給國家。

建築物擁有非常簡單的結構，由二塊長方形和一個小半圓屋頂構架起來的小教堂。其內的樑柱雕飾了人物、天使、創始者徽章的圖案，也有一座唱詩台，上面刻有龍舌蘭的葉子、薔薇、小石榴、橡木等動人的圖案。目前的欄杆是十九世紀重新裝修，雖然不能像原本小教堂的樣子，但已做得盡量像當時的情景。

目前美術館將它納入典藏系列之一，如材質方面：木材、石頭、銅等製品。作品方面：有裝飾屏、墳墓、聯椅。風格方面：擁有哥德、文藝復興、矯飾主義和巴洛克等風格。

巴利阿里群島自治區

米羅與皮拉爾在帕爾馬美術館

米羅與皮拉爾在帕爾馬美術館

Museo de la Fundació Pilar i Joan Miró a Mallorca

地址　C/Joan de Saridakis 29 07015 Palma, Baleares Island
電話　34-971-701420
傳真　34-971-702102
時間　5/16-9/15：週二～六 10：00-19：00。9/16-5/15：週二～六 10：00-18：00。全年週日與國定假日是 10：00-15：00。週一及 5/18、6/24、12/19 休館。
交通　公車：3、4 和 21。
門票　成人 4.20 歐元。帶相機或攝影機 4.80 歐元。學生、老人、團體（10 人以上）每人 2.40 歐元。免費：會員或十四歲以下小孩。週六（Palma 居民免費）。
網址　http://www.a-palma.es/fpjmiro

位於西班牙瓦倫西亞省（Valencia）對岸的巴利阿里群島（Islas Baleares）最大島帕爾馬馬約卡（Palma de Mallorca）——首都帕爾馬市；擁有三十萬四千人口，風光明媚，碧海藍天，是西班牙與歐美人士夏日必「朝拜的聖地」。市區有一座國際前衛文化活動中心：「米羅與皮拉爾在帕爾馬」美術館。這座美術館不只是單純可以欣賞「歷史文化的地方」，更是一座帶有活力的國際文化中心，具有文化資訊與國際交流前瞻視野的美術館。

建館緣起

1971 年 1 月，米羅寄了四封信給最親近的人；二封是給二位親密的朋友，另二封是給親人——一封當然給了他的太太皮拉爾・胡貢莎（Pilar Juncosa）；信上寫到：「對於我死後的事……」當時，米羅即已做好隨時會離開人間的「心理準備」（當時 79 歲）。雖然在此之前他才做過健康檢查，一切安好，可是他卻決意寫這四封信。在給皮拉爾夫人信上有這麼一段：「……我擔心，萬一我走了，我在松布特（Son Boter）區和阿布利內斯（Abrines）區的創作都隨之而逝……；我已和塞特談過我的擔心，塞特叫我建立一座美術館……，希望您也能幫我完成它……。」於是，四位收信人召集了主要創始人聚集：路易斯・塞特（Josep Lluís Sert）、米羅家庭律師安德烈・魯亞（Andreu Rullan）、建築師安東尼・胡貢莎（Antoni Juncosa，皮拉爾夫人的兄弟）、安格爾・胡貢莎（Angel Juncosa，皮拉爾夫人的兄弟）與皮拉爾夫人等來幫忙完成塞特的建築草圖與米羅的「願望」。

米羅與皮拉爾在帕爾馬美術館新大樓外觀　©Gabriel Ramon 攝影

他們幾乎每天下午都在帕爾馬飯店裡的咖啡廳聚會，討論如何建造美術館。首先由米羅出點子；因為他想讓這座美術館擁有萬全的功能，像一座「活」的工廠，為所有的年輕藝術家敞開大門，特別是研究米羅作品的藝術人員能來此研究。所以在捐贈時；條款上才有這麼一條規定：「美術館的所有設備將開放公共使用……」，我想這也就是為什麼此館會成為公有（市立）美術館的原因。

如是，「米羅與皮拉爾在帕爾馬」美術館在米羅和他的太太皮拉爾．胡貢莎決定將藝術家平日從事創作的四座工作室捐贈給帕爾馬．馬約卡市政府時正式成立，此時是1981年。

這座工作室是米羅從1956年搬到馬約卡致力創作一直到1983年逝世的地方。在此之前，藝術家就曾經考慮到他周遭所創作的作品——日以繼夜工作所留下來的痕跡；對他來說這些身旁的作品是最珍貴的，屬於另一種創作階段風格的作品——他擔心無人管理或被廢置一旁，所以就決定用最適合的方法來保持這些作品——捐贈。藝術家認為這種決定不只可以讓自己的心血得到良好的處置，還可以讓馬約卡的市民欣賞到他最重要的藝術創作。

1981年，帕爾馬市政府同意大師所提的點子，通過決議案，讓「米羅與皮拉爾在帕爾馬」美術館正式成爲市民擁有的公共場所；如同一座活動中心，使帕爾馬的市民「全程參與」它的成長生命，且確定這座美術館未來的目標與宗旨——美術館成立的自治規章；章程第四條明白規定：美術館必須朝向的目標：推廣、傳播藝術知識、培養未來帕爾馬．德．馬約卡年輕藝術工作者，對內加強並與帕爾馬市民保持合作，幫助年輕藝術家實現發表作品的願望，克服一般博物館與美術館式的規章，盡其所需，與清楚教導當代藝術美學等基本知識。以一種落實且具有活力的活動來說明當代藝術美學觀。

五年之後，1986年也就是米羅逝世後三年，更讓人感覺到需要完全落實這座美術館，並擁有眞正的自我行政、置展中心的所在地，使美術館益發完美（在此之前只有工作室，沒有辦公室）—— 一座能合乎章程規定的美術館。所以米羅遺孀皮拉爾夫人再次公告擴大捐贈的土地與經濟贊助。土地以松布特區和阿布利內斯區爲主。經濟贊助則是捐出了三十九件小作品（包括別針等裝飾）、三幅油畫拍賣做爲「米羅與皮拉爾在帕爾馬」美術館擴建的資金。

1986年12月9日，在馬德里舉行拍賣，由蘇富比拍賣公司主持——結果成功的以高價售出。而這件擴建案之初的背後也涵蓋著皮拉爾夫人重要的省思：第一，讓大家認識帕爾馬城市。第二，讓世人了解在此有米羅晚年最重要的作品。因爲她認爲在馬約卡蓋一座這樣眞正的文化中心，可以讓米羅的作品得到確實的推廣，如同一些二十世紀大師和流派一樣廣爲人知，也可以讓這裡的年輕人欣賞到他們所崇拜者的作品。除此之

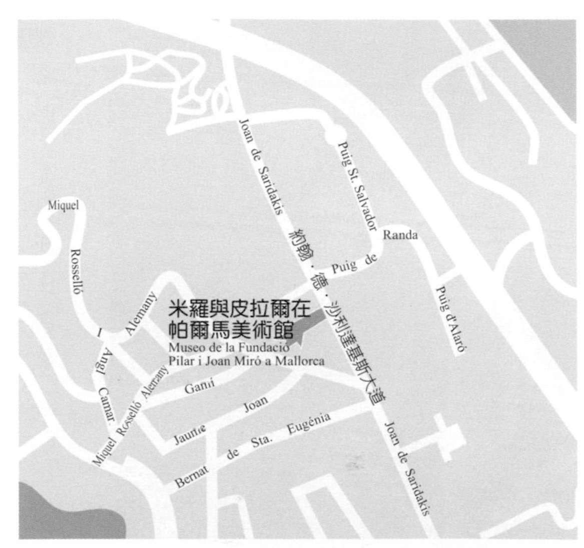

米羅與皮拉爾在帕爾馬美術館地圖（上圖）

米羅　熱情的微笑　油畫　33 × 46cm　1953
馬約卡米羅美術館收藏　©La Fundació Pilar i Joan Miró（下圖）

米羅和他的太太皮拉爾　1970

外更可以打響帕爾馬城市的知名度，讓西班牙添增一座適合置產的新地標。因此，1987 年，知名的建築師拉斐爾・馬內歐（Rafael Moneo），當時還是美國哈瓦特設計學校的校長，也是路易斯・塞特的學生，接到此新擴建案——要在藝術家曾經住過的地方：松布特區和阿布利內斯兩區蓋美術館，再加上四座舊工作室，美術館共有六棟大樓，成爲完全符合規章所規定的美術館。

>執行過程

「米羅與皮拉爾在帕爾馬」美術館是一座公共基金會機構。它的建立是經過正式的法律條款成立的。除此之外，基金會還有當初想要成立時所制定的章法來建立它運作結構、實行方針與目標。章法明白規定：基金會必須要有自我審核企畫案和作品的能力，如同直接經營管理它所建造的建築物一樣。這同時說明基金會必須選出能獨立操作的理事團來執行行政規章，誠實負責運作、推廣、策畫美術館的活動與實踐美術館的宗旨、指導美術館未來活動的方針。

這群理事團必須至少由十五位常任理事組成，最多二十位，由創始人意願提任。另外十名常務委員則由帕爾馬市政府和市長委任；這十位委員可從藝術、文學或政治團體選出。而且「理事團」每年至少開一次會，檢討一年施政措施和預審下年度運作方針。同時西班牙政府也指派五名理事和市政府加派四名理事幫助規章的活動行表與目標。

建築物

此館是自 1956 年即開始的米羅當時的藝術工作室形成。當時的面積 12,000 平方公尺，從 1992 年擴大到目前爲止共建有六棟大樓佔地 30,910 平方公尺的土地。六棟大樓分別如下：

>（A）塞特工作室：

建地面積：210 平方公尺

立面：1,470 立方公尺

層數：二層

建造年代：1954 ～ 1956

建築師：路易斯・塞特

1.簡介：工作室的設計建造由塞特負責。在介紹這工作室之前，當然得先介紹一下塞特是誰，他是米羅多年的好友，也是建築界的前衛捍衛者，1937 年和米羅在巴黎一起策畫佈置西班牙國際畫展的夥伴，自此之後成爲至交，也成爲米羅一生經濟贊助者。1956 年他替米羅買下這座工作室的土地，建造這棟房子。所以藝術家感念其恩，因此定名爲「塞特工作室」（也就是米羅與皮拉爾在帕爾馬美術館前身）。另外 1968 年他在巴塞隆納建造「米羅美術館」（La Fundació Joan Miró）。而他二位得意門生：拉斐爾．馬內歐和海梅．費利薩（Jaume Feixa）都是先後擴建兩座米羅美術館的建築師—拉斐爾建造「米羅與皮拉爾在帕爾馬」美術館；海梅擴建巴塞隆納的「米羅美術館」。

塞特工作室也是一座塞特先前做建築實驗的地方。工作室是一棟四方形的房子，高度達到一般建築物的二樓高。和另外一座之後新蓋的大樓比較它雖然是小得多，但在他們之間又有一間更小的四方形房子連接，所以造形看起來配合得恰恰好，從高處往下看，呈現出L形。因此造形看似簡單，卻是一座非常精緻完美的建築物。更特別的是，它的外表和室內裝潢一直都保留著大師生前所留下來的樣子，使參觀者更能體會到大師當時的創作情境。

2.服務項目：有專業解說員。

>（B）松布特工作室：

建地面積：425平方公尺

立面：5,100立方公尺

層數：二層

建造年代：十七世紀

特色：馬約卡傳統風格建築物

1.簡介：它是十七世紀馬約卡本土造形的房子，內有閣樓、正廳、臥房。室內牆壁上保有米羅用炭筆繪製的十幅草圖（素描）。這些素描是米羅爲了準備他的雕塑品而畫的。

2.服務項目：有專業解說員。

可做爲藝術家和學者集會的地方。

可執行季節性教學課程。

>（C）版畫工作室：

建地面積：200平方公尺

立面：1,000立方公尺

層數：二層

1.簡介：這是由舊車庫改造而成的，米羅在此設置版畫室。目前是版畫教學教室和藝術家工作的地方。室內有一台200×100公分的螺旋壓力機、樹脂、酸鹽、版畫桌、油墨、滾筒和一些版畫必備的用品。

2.服務項目：版畫教室，教授技巧和印刷。

當代藝術家的使用室。

>（D）平版或石版（包括絹版）工作室：

建地面積：176平方公尺

立面：704立方公尺

層數：一層

1.簡介：這是一座另外蓋的建築物。它也是四座工作室之中最新的一間工作室。當初米羅認爲版畫教室不夠用，所以又加蓋了這麼一間平版工作室，於是這座小小的工作室就在他精心的設計下完成。目前工作室擁有一台60×80公分的油印機、曬乾架、控制桿、滾筒和不同尺寸的平版必需品。在絹版方面，有照射網版、絹印機、曬網架和一些絹版基本的設備。

2.服務項目：開設平版、石版教學與教授技術、印刷。

提供當代藝術家使用。

教授絹印。

>（E）攝影室：

建地面積：228平方公尺

立面：684立方公尺

層數：一層

1.簡介：它是一間舊式的寄宿客房，經修復後改裝成攝影室。目前做爲多項教學教

塞特工作室（內部）（上圖）
米羅的松布特工作室（外觀）（下圖）

室和藝術家工作的地方。

2.服務項目：攝影室（包括暗房）。

多功能工作室。

儲藏室。

以上工作室都是由瓜羅（Guarro）之家機構贊助。

>（F）新大樓：（1992 年擴建）

建地面積：29,911 平方公尺

層數：二層加地下室。

1.第一層樓包括入口處：圖書館建地面積：11,818 平方公尺；辦公室 12,558 平方公尺；走道和中庭空間 27,480 平方公尺；第一層斜坡道 2,475 平方公尺。

2.第二層（正廳）：時段性展覽室建地

面積 11,000 平方公尺；圖書館 16,038 平方公尺；視聽室 9,438 平方公尺；販賣區 2,700 平方公尺；教室 7,400 平方公尺；電梯 900 平方公尺；廳道和走廊 27,385 平方公尺；常年展覽室 61,218 平方公尺。

3.地下室：高額保險儲藏室 10,000 平方公尺；儲藏室 11,200 平方公尺；檔案室 11,000 平方公尺；其他部門與走道 15,200 平方公尺；研究藝術中心 13,000 平方公尺；花園與公共設施 3,500 平方公尺。

4.簡介：馬內歐大樓（Edificio Maneo），我們稱新大樓，由拉斐爾・馬內歐設計建造。1992 年 12 月 9 日開幕使用。建築物以鋼筋水泥和石材建造，是一座非常複雜的菱形建築物，目前是處理基金會運作和收集米羅作品的地方。此大樓運作方針特別針對當代藝術的研究和辦展來形塑新大樓形象；除了是提供研究資料的中心外，它特別的星形外觀也是此棟建築物的特色。此大樓有專門的典藏室和資料（檔案）室。

5.典藏室：「米羅與皮拉爾在帕爾馬」美術館，顧名思義是典藏大師生前在馬約卡創作的作品。屬於他最後創作時期的作品，帶有解放自我藝術語言和成熟的風格。

這些作品皆是米羅自始至終都留在身邊的之作，烙印著米羅另一階段心路歷程的痕跡，突顯他最大價值的作品。筆觸直接堅定，完完全全地展示出他是一位道地的馬約卡藝術家，同時也流露出一位出身地中海藝術家的純真。典藏品共有一千三百多幅，包括：繪畫、雕塑、素描、裝飾品和三千五百件以上不同材料的作品（如草圖）。

6.檔案室（資料存檔庫）：資料庫保存了米羅個人書信往來的資料。這些資料都是他與同時代的學者或藝術家一些重要通信文件，年代範圍從 1918 到 1958 年止，加上一些米羅自己收藏的書籍及家庭照片。米羅生平最大的興趣除了畫畫外還有收集家庭相片。目前資料室繼續收集來自四面八方有關米羅的文章、書籍、報導等。如此基金會也在 1988 年開始設立了一間專門收集米羅資料的新聞傳播室。

米羅與皮拉爾在帕爾馬美術館新大樓內部—星星空間　©Gabriel Ramon 攝影（上／下圖）

運作方針

美術館在拉斐爾蓋新大樓之後即成為帕爾馬市民「生活」重心，成為所有參觀者和遊客選擇到馬約卡度假消遣的地方。

「米羅與皮拉爾在帕爾馬」美術館的宗旨，除了要成為一座真正的文化中心和國際藝術中心外，與創始者的精神結合一致，要啓發當代藝術家的觀念，使當代藝術更前進（包括文學、寫作、音樂等），同時進行文化交流，提供藝術家創作與發表的地方，一座對文化推廣的基地、一座了解現代藝術特色的機構，總之更是一座專門和無與倫比的藝術創作空間、彰顯米羅創作精神和藝術思想的地方……這些皆是美術館目前實踐的方針。

服務項目

A.專業圖書館：超過八千本米羅個人資料史及畫冊，加上現代藝術史、當代藝術家資料或傳記等上萬冊的專業書籍。而且圖書館每年增加的二千本書籍或畫冊，其資料來源都是與其他文化中心或美術館交換，或來自各國藝術中心捐贈與新購買的；也包含世界出版的藝術雜誌、畫家檔案、當代文化資

米羅的塞特工作室（室外）（右圖）

米羅的松布特工作室（室內）（下圖）

訊等。這些皆可由CD-ROM和通訊網路查到。

B.資料中心館：目前擁有米羅千封以上的通信文件，和一些當時所出版有關於評論他作品的文稿、新聞、創作消息等。這些檔案資料皆依年代月份完整地呈現在網路上。

C.工作室：版畫和平版工作室，是給一些國內或國際藝術創作者工作的地方，甚至包括一些更年輕的藝術創作者，如畫家、雕塑家、陶藝家、詩人、音樂人、手工藝品創作者或其他藝術家等。更重要的是，基金會還幫這群人出版畫冊或協助辦展等。

米羅與皮拉爾在帕爾馬美術館新大樓內部—星星空間：展出米羅收藏展　©Gabriel Ramon 攝影

教學活動

A.為教授所開的課程：課程形式——引導開創一種使教授和學生能對話的空間。

B.為學生所開設的課程：1.教育課程：「一天與米羅」——先認識米羅是誰，之後帶領學生進入米羅藝術語言的世界。教完之後再讓學生去研究藝術家的技巧與創作的過程，從中學習發展自我創作的情感表達。2.「了解米羅的周遭」：參觀大師生前的創作物品、生活情境、技巧、材料等。3.參觀館內季節展覽：使學生能融入藝術生活、比較、對話與思考（這個課程必須先預約）。

馬約卡米羅美術館外觀

C.為家庭辦的活動：從1995年開始，美術館準備了一系列為成年人和小孩舉辦的活動。這些活動在週末或休假日舉行：1.「瞭解米羅」活動：從「認識米羅」活動單元而來的經驗，讓一些參加的家庭能藉由對談方式溝通、交換心得來更瞭解米羅。2.「兒童表演」活動：有音樂、舞蹈、戲劇、電影等。3.假日活動：分春季和夏季的活動節目。

D.「對話空間」活動：讓教授和學生經由這個「對話空間」互相討論、交流思考與認識藝術。雙方拿不同藝術題材做為互相對話的媒介。

展覽空間

分為三大空間：

1.星星空間：有A.「對話室」：談天、研討的地方。B.「象徵代表性」的空間（展覽室）。C.國內藝術家的展覽，或一些與米羅

米羅　划雪課程　油畫　193 × 324cm　1966　©巴黎馬埃特藝廊收藏，La Fundació Pilar i Joan Miró

有關聯的主題展覽。

2.季節性空間：分為五大類：A.「貝勒爾」(Balear)藝術空間：專門提供給貝勒爾地方的藝術家發表作品之處。B.「馬約卡」空間：為與馬約卡相關的藝術家專有。C.米羅朋友或同伴的作品展覽室。D.國際當代藝術家展區。E.西班牙或目前國際裝置藝術家的展覽區。

3.室外空間(花園或空地)：A.雕塑展。B.裝置展。

其他活動

1.詩詞教室：A.詩人傳授詩詞的地方。B.演講或討論詩詞。C.演講或討論米羅與詩的關聯。

2.音樂教室：A.「米羅的音樂」：演奏一些與米羅有關的音樂。B.演奏一些和藝術有關的音樂。C.當代演奏表演。D.春夏時在室外朗誦或演奏音樂。

3.討論和辯論當代藝術思想教室：A.演講或辯論目前藝術。B.演講有關目前藝術的社會學、美學和未來的發展。

4.米羅教室：A.以米羅為主的演講。B.對米羅有影響和被影響的藝術演講。

5.戲劇教室。

6.當代舞蹈教室。

7.研究、演講與當代有關的藝術。

8.出版：包括圖錄、活動目錄、海報等。

9.專賣店：出版畫冊、書、影片、紀念品與複製品。

11.咖啡廳與餐廳

12.公共設施區

13.導覽：松布特區和阿布利內斯區皆有專業的解說員解說。

14.假日休息活動：春、夏季。

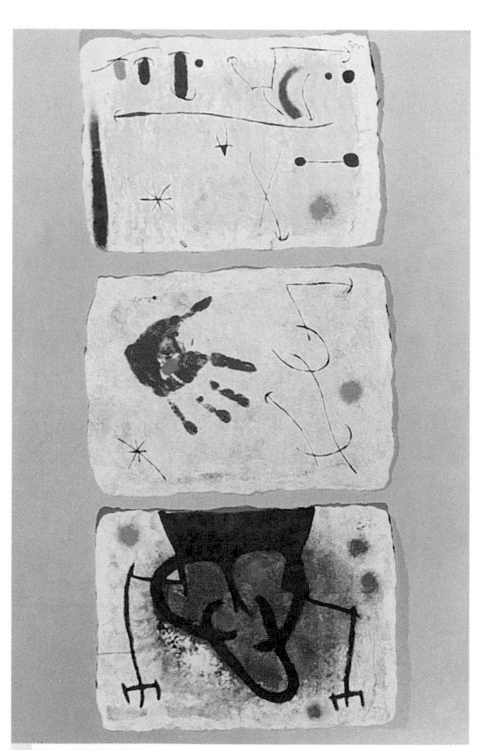
米羅　版畫系列3　1968　©La Fundació Pilar i Joan Miró

館長專訪

米羅與皮拉爾在帕爾馬美術館

奧雷利歐．杜雷德

館長奧雷利歐．杜雷德

目前世界上有三座堪稱擁有米羅最好、最重要作品的金三角美術館。這三座分別是位於西班牙巴塞隆納的米羅美術館（La Fundació Joan Miró）、位於西班牙離島馬約卡的米羅美術館和位於法國巴黎聖保羅．德．梵斯的馬克特美術館（Sanit Paul de Vence Maeght）。

然而大部分的人都認識巴塞隆納和巴黎的米羅美術館；就如大家都知道巴塞隆納和巴黎有一座畢卡索美術館一樣，卻很少人知道西班牙離島帕爾馬上的這一座美術館，猶如很少人知道西班牙南部馬拉加也即將有一座畢卡索美術館一樣。但對於這座不算太遠（飛機從巴塞隆納到帕爾馬約40分鐘）卻又有點遠的離島美術館，我只能用一句古言來稱之：「山不在高有仙則名，水不在深有龍則靈。」雖然它遠在天邊，但每年還是吸引大批的觀光客來拜訪（最多的參觀遊客是德國人，因為有柏林直飛的班機，所以觀光客特別多）。不僅如此，那裡的居民還曾經為此而大聲疾呼：「帕爾馬快成為德國島了」，可見其影響之大。

雖然如此，遠在東方的台灣，大部分的人還是不認識這個美術館，猶如筆者在1995年寫了一篇介紹巴塞隆納和帕爾馬兩座米羅美術館的差異時，朋友才驚訝地說：「原來曾在台北展出的米羅東方精神是由另一座新成立的美術館策畫的，我們都以為是巴塞隆納辦的……」。可見是必須再為此館寫一篇「廣告文」，來讓大眾認識一下。透過與奧雷利歐．杜雷德（Aurelio Torrente）館長的對談，我們也可藉此機會增加對「米羅與皮拉爾在帕爾馬」的認識。

徐芬蘭（以下簡稱徐）：可否請問您，身為「米羅與皮拉爾在帕爾馬美術館」館長？對您是否有特別的意義？

館長（以下簡稱館）：噢！這個問題很有趣……，我是被投票選出來的。之前我曾擔任馬德里當代美術館館長；大概是評審們覺得我夠「分量」，所以才找我到如此風光明媚的島上來當大家長吧！另外，我一向喜愛米羅的作品，尤其是他最後三十年所創作的作品；也就是說本館典藏的作品，對我來說意義特別重要。

徐：而且據新聞資料顯示，您還促成了羅馬「米羅大展」（1999）之行！

館：對！我去了一趟羅馬。此次米羅大展並不容易，共有七十多幅大作（大尺寸的作品）、三十三幅大油畫、四十幅版畫；而且其中有七幅油畫是特別從馬德里索菲亞當代美術館借出的。因為油畫尺寸都很大，運送要有技巧，特別困難。

徐：請問館長，巴塞隆納在 1975 年已蓋了米羅美術館，為什麼 1981 年又要在帕爾馬再蓋一座米羅美術館呢？

館：不！這妳就有所不知了。有很多理由讓帕爾馬成立一座米羅美術館，但真正的理由只有二個：一是因為他太太是帕爾馬人；另一個是因為米羅住在這裡有三十多年之久，已可以說是他另一個「生長的地方」，況且以米羅「本土自居的個性」來說，帕爾馬如同他再生之母，所以他有必要將最後三十年在此所創作的東西留給他的家鄉，就如留給巴塞隆納──他出生的地方一樣。這就是為何要在帕爾馬成立此館的基本要素，也是最根本的動機。

徐：您對此館已有深入的認知，可否請您大約描述一下此館的典藏。

館：此館典藏品到目前為止已有一千三百多幅米羅的作品。大部分是他在馬約卡創作的；也就是剛剛說過的，他最後三十年的創作，屬於他藝術創作上另一階段突破瓶頸與以往不同風格、也很少人認知的作品，非常值得一提。

徐：據資料顯示，美術館成立時即有自治成立理事團，負責執行美術館一切運作方向，而上任主席是剛去世不久（1996年11月）米羅的遺孀皮拉爾．胡貢莎，那麼現任的榮譽主席是由誰擔任呢？他的孫子嗎？或親戚？

館：先回答妳第一個問題；美術館一向由理事團來運作指導，每年至少開一次會，把難得一見的理事們集合在一起「共商大事」。我呢？就是被這些理事們「拖」出來的！而現任的榮譽主席是帕爾馬市市長。

徐：可否請館長簡述一下新大樓展覽室的特色？

米羅　人和鳥　油畫（在硬紙版上）　75 × 105cm　1963
©La Fundació Pilar i Joan Miró

米羅

館：嗯！我想一想，妳指的特色是……？

徐：我想問的是它置產的特色，如是否有特殊的歷史背景？

館：這是有的！第一廳展的是米羅 1960 至 1970 年的雕塑作品。作品的材料都是用鄉村日常生活用品所組合而成的，反映當時藝術界流行的「貧窮藝術」，也反映當時米羅在這鄉下創作題材的改變。第二廳是米羅的版畫作品，這一廳的版畫非常特殊，表現米羅詮釋的功力。因為米羅將十五世紀加泰隆尼亞「石頭」的故事用二十四張水墨版畫描繪出來，這本書記載著石頭的力與權力傳說。第三廳是羅尤（Josep Royo）的編織藝術，這一廳也非常具有意義，羅尤是米羅的好朋友，兩人常在一起討論藝術，尤其是編織藝術，而羅尤也是米羅編織藝術作品的助手，所以這一廳的作品全都是出自於羅尤為米羅所畫過的作品所創作的編織作品（掛在牆上如畫的作品，製作於 1990～1993 之間）。這也是羅尤為紀念米羅而作相當特別的編織藝術展覽室。再來第四廳，也就是最後一室，全部都是水墨作品，那是因為當時米羅認識一位日本人，那位日本人送給米羅一些宣紙，讓米羅可以嘗試另一種創作材料，所以此廳亦是象徵他另一種改革的展覽室。

徐：喔！原來每個展覽室都有其象徵意義。那「米羅工作室」呢？

館：「米羅工作室」現在只有季節性的展覽而已，以前雖是米羅工作的地方，可是現在已沒有人使用了，成為馬約卡年輕藝術家置展的地方。

徐：那松布特和阿布利内斯區呢？

館：松布特現在只開放參觀，並不做工作室。而阿布利内斯現在是米羅孫子住的地方，也是米羅到馬約卡就一直住到逝世的房子。

徐：可是我看導覽，書上寫說它是一間工作室？

館：不！它一直是米羅的住宅，資料上可能說的是在它範圍之内的一間小柴房，連接松布特的房子。

徐：原來如此。那麼塞特工作室呢？

館：塞特工作室，現在尚有米羅留下來的一些未完成的作品，也是米羅生前工作時最大的空間，很可惜後繼無人，他的孫子不喜歡畫畫。現在塞特和松布特二間工作室，先後每半小時依序開放給遊客參觀，不再當工作室了。

瓦倫西亞自治區

艾爾達鞋子博物館

瓦倫西亞 IVAM 當代美術館

瓦倫西亞 IVAM 當代美術館

El instituto Valenciano de Arte Moderno IVAM de Valencia

地址　C/Guillem de Castro 118 46003 Valencia
電話　34-963-863000
傳真　34-963-921094
時間　週一休館。**貢薩雷斯館**：週二～日 10：00-19：00。**卡門館**：週二～日 11：00-14：00 及 16：30-19：00
交通　5 號公車。
門票　**貢薩雷斯館**：一般人 2.10 歐元。半票：學生、青年 1.05 歐元。IVAM 會員、退休人員及 10 歲以下的小學生免費。週日免費。**卡門館**：一律免費。
網址　www.ivam.es
其他　團體請先預約，有導覽人員。

建館緣起

瓦倫西亞（Valencia）當代館 IVAM 建於 1986 年，是瓦倫西亞自治政府為了瓦倫西亞區域創立一個研究推廣二十世紀藝術中心的地方。為此他們不惜耗費巨資購買國際當代藝術家的作品，其中尤以西班牙當代雕塑大師胡立歐・貢薩雷斯（Julio Gonzáliz）的作品為主，其次如：西班牙非定形主義大師的作品、六〇至七〇年代形式主義大師的作品等，並加蓋了一座新大樓，在 1989 年 2 月 18 日請索菲亞皇后隆重開幕正式啓用，為瓦倫西亞自治區藝術史增添一份「當代色彩」。

建築物與典藏品

此館建築師基梅內斯（Emilio Gimenez）和沙隆杜雷（Carlos Salondores）將 IVAM 當代館分為二：一為貢薩雷斯館；另一座為卡門館（藝術家貢薩雷斯的遺孀）。這二座館都是專展當代藝術家作品的藝術中心，至目前為止已有二百三十多個藝術大展在此亮相。其典藏品共有六千多件，皆是國際前衛流派的作品，除了最具代表性的西班牙傑出雕塑家貢薩雷斯的精作外，尚有各國無定形主義、形式主義、普

貢薩雷斯館內設圖書館　©El instituto Valenciano de Arte Moderno IVAM de Valencia

Lajos Kassák
i l'avanguarda hongaresa
Sergio Larrain
DISSENY
Grà
fic
EN L'ERA
MECÀNICA
LA COL·LECCIÓ
MERRILL
C. BERMAN
Moisès

卡門館：維祺大使藝廊　©El instituto Valenciano de Arte Moderno IVAM de Valencia（上圖）

瓦倫西亞 IVAM 當代館外觀　©El instituto Valenciano de Arte Moderno IVAM de Valencia（左頁圖）

普藝術等藝術家的作品。這些典藏品有的來自捐贈，有的是寄放，有的是高價買來的，這些年來已在歐洲或西班牙境內幾個大美術館遊走不下一百五十次展出了。所以IVAM已漸漸成爲推廣二十世紀藝術流派及藝術家作品的中心了。

此館最特別的地方在於攝影、拼貼印刷與素描作品收藏，因爲在當代藝術上這些都還是尚處於「次等地位」，但其重要性不下「頭等藝術」。而這些專門藝術的資料皆儲存在此館的圖書館內；這座圖書館及其檔案中心，近年來已成爲許多學生與研究者熱門使用的地方，不輸給任何一座西班牙時髦前衛的大圖書館。

在策畫展覽方面，IVAM 當代館已納入國際性企畫展覽，其中包括歐美音樂團體的活動，在這當中，有百分之六十二的展覽是當代館自己策畫主辦，另外百分之二十二是和世界許多重要國際美術館或文化中心合辦，例如：英國泰德美術館、西班牙泰森美術館等。

在推廣當代學術方面，IVAM 已舉辦過許多前衛流派的藝術研討會，如：結構主義、達達主義、非定形主義、普普藝術、攝影等。如今朝向以超現實主義、西班牙前衛藝術、傳統形體主義爲主的題目，就此擴大其範圍，藉以發展出多元化的眞正當代藝術精神，製造瓦倫西亞自治區當地藝術家和國際流派之間的互動與關聯性。

> 1.貢薩雷斯館

一座新蓋的時髦展場，擁有 18,000 平方公尺，於 1985 年開始使用，其百分之六十的佔地畫分爲八個展廳，包括時段展與常態展。這些展廳中有一座唯一具有獨立空間，也是此館唯一留有瓦倫西亞中世紀城牆遺跡的地方，其他三個空間則分爲六個展室，一個獨立雕塑展室。其中所有貢薩雷斯的作品皆是由其遺孀卡門・馬汀尼斯

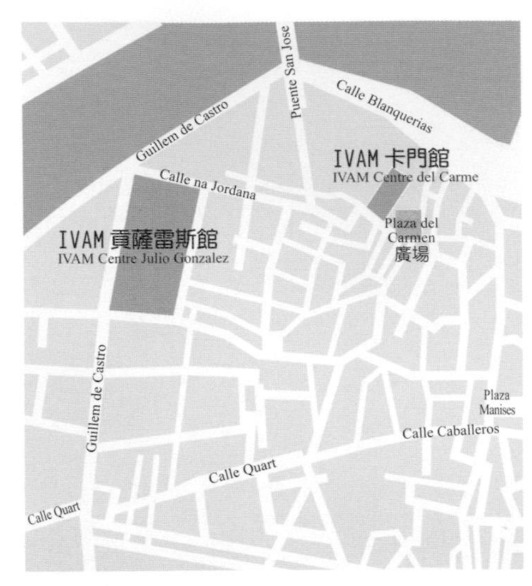

瓦倫西亞 IVAM 當代館地圖（右圖）

貢薩雷斯的作品 ©El instituto Valenciano de Arte Moderno IVAM de Valencia（下圖）

貢薩雷斯藝廊展室一景　©El instituto Valenciano de Arte Moderno IVAM de Valencia（上／右圖）

（Carmen Martinez）和漢斯・哈頓（Hans Hartung）捐出。

> 2.卡門館

原本只是一座十三世紀的建築物，但因具有哥德與文藝復興混合味道，建築師於是將它融入更具有象徵意義的瓦倫西亞符號，一方面表現出傳統瓦倫西亞紀念性歷史特色，另一方面在如此具有歷史性的建物，建築師將它的外觀化爲二十世紀當代風格，使它成爲推廣當地或西班牙區域當代藝術家的地方。

館長專訪

瓦倫西亞 IVAM 當代館

莫内特

館長莫内特 ©El instituto Valenciano de Arte Moderno IVAM de Valencia

瓦倫西亞自治區在八〇年代以前是被西班牙藝術界稱為「前衛藝術荒漠」之區，如今屬於此區的IVAM當代館於八〇年代末急遽興起，而成為西班牙甚至歐洲境內堪稱屬一屬二的前衛美術館。現在我們就來訪問館長——莫内特（Juan Manuel Bonet）。

徐芬蘭（以下簡稱徐）：感謝館長在百忙之中接受訪問，為省時間我就開門見山。請問館長，瓦倫西亞已有市立美術館，為何又蓋一座當代美術館呢？它們之間有何區別？

館長（以下簡稱館）：瓦倫西亞市立美術館與我們有特殊的關係，它是一座在瓦倫西亞區域中相當具有廣度的美術館，典藏的作品從古至今，包括二十世紀瓦倫西亞藝術家的傑作。而當初瓦倫西亞自治區域政府成立這座當代館，並不是與已有的市立美術館對打，而是區域政府為了推廣、典藏、研究現代前衛藝術，完美市立美術館缺失的收藏而設。無論在瓦倫西亞藝術家方面，或西班牙甚至國際藝術家方面都是此館立館收藏、推廣與研究的目標。

徐：其特色為何？

館：既然稱為當代館，特色即為典藏當代藝術家傑作的美術館。然最主要的是IVAM是一座國際藝術中心，是致力研究當代藝術家的地方；特別是二十世紀的藝術流派、藝術家等。我們在此館的兩座藝術館：貢薩雷斯及卡門館策畫過非常重要的當代藝術大展。我們也經常到西班牙或世界各地推展我們的典藏品，除此之外也出版雜誌，這是美術館很少有的項目。另外我們的圖書館也是非常特別的！非常受學生及藝術研究者喜愛。而在教學方面，例如兒童工作室、演講、詩詞、音樂會等都配合本館展覽一一列排，也很受大家的喜愛。

徐：館長的專長？

館：我一生研究藝術與文學，最有成就的地方就是研究二十世紀五〇年代之後的部分。我也從來沒有放棄過文學，因為這是做為藝評最主要的基本訓練。

徐：那您如何成為此館的館長？

莫館長笑了笑……非常簡單地帶過這個問題：1995年維亞隆加（Fernando Villalonga）為瓦倫西亞自治政府的文化顧問，他請我來當館長的！我想這個問題要問他才對。……我想，他認為我的經歷適合吧！

徐：那我很好奇，您在擔任館長之前曾從事什麼工作？

館：自由業！我在報章雜誌寫評論；例如：國家報（El Pais）、ABC報紙等。我也和電視台合作過，製作節目（藝術節目）、出版過許多書，都是與西班牙藝術家有關及一些詩詞書籍。同時我也策畫過許多展覽，最重要也是最得意的一次展覽是於1989年關於「新舊超現實主義之間的世界」，因為此展，我出版了一本《1907至1936年西班牙前衛藝術辭典》，深獲好評。

徐：當代館未來有哪方面的推廣政策？

館：首要擴大本館，這是要讓典藏品有更好的展出空間及保存條件。關於擴館的第一期目標，是於西元2000年開始，之後再進行第二期目標。

徐：今日美術館競爭特別激烈，IVAM有何條件與其他美術館競爭呢？

館：的確是相當競爭！但我相信IVAM已有萬全的準備來因應當代潮流的趨向。

徐：據說當代館是西班牙最摩登的美術館之一，您可以舉例說明一下此館所舉辦過的前衛展嗎？

館：在今日，我們不能正確地評定什麼是奇異的藝術，但可以確定的是，我們所策畫（所做的）有許多展覽都是相當前衛而富有啓發性的藝術展覽：例如：我們曾經策畫過一個展覽展名為「童年與摩登藝術的關係」，將前衛藝術與兒童繪畫相結合，我想這並不是一般的「普通展」！

時段展展室一景　©El instituto Valenciano de Arte Moderno IVAM de Valencia

徐：館長最後想請教您的是，您認識台灣藝術嗎？

館：是的！在我們館裡曾展過二位台灣藝術家的作品，一位是陳庭詩，另是Hsu Li-Hsien，在2001年我們策畫了本世紀最具代表性的中國抽象畫家——趙無極先生的大作。我為此還特別到巴黎拜訪他的工作室。

艾爾達 鞋子博物館

Museo del Calzado en Elda

地址　C/AV.de Chapi 3203600 Elda(Alicante)
電話　34-965-383021
時間　週二～六 10：00-13：00；16：00-20：00，週日 10：00-13：00，週一休館。
交通　它必須要開車才行，因為也是太鄉下了所以交通非常不方便。
門票　一律 1.20 歐元
網址　www.sho.es/museo

什麼是藝術鞋子呢？我想是一種能讓我們腳舒適，又可以顯示出個人獨特味道及高貴氣質的鞋子。這種從「舒適」到「高貴氣質」的演變，我們可以從人類的演變史找到答案。因爲自古以來，人爲了需求，想盡辦法解決其需求，這是我們所知道的，但滿足了需求就想舒適，所以爲了求舒適才將簡便需求的鞋子改良，有了舒適之後就作怪了——求變化、求新、求時尚、求新潮及求品味，至今鞋子在我們的腳下千奇萬變，無不眼花撩亂。

這些年來，艾爾達鞋子博物館將從古至今的鞋子收集起來，重新整理翻製，展示給大眾欣賞，希望藉此一目瞭然鞋史，讓我們了解人類因政治、經濟的改變，鞋子也跟著演變。

然不只鞋子隨著時代改變，其使用的材料也有大幅度變化，例如：鐵、皮、葉、稻草、木質、布、絲、橡膠等。其造形也多樣化：構架形、平底鞋、威尼斯稻草編、路易十五時代高跟鞋等類型。毫無疑問地，每一個時代有每一個時代的「設計」及「味道」，每一個國家民族有每一個國家民族的「特色」及品味；例如：中國的小腳鞋、中世紀的長短馬靴（現在卻是冬季之寶）、阿拉伯及巴基斯坦腳尖往上翹的阿拉丁鞋等。總之只要我們仔細觀看鞋子造形的變化，即可明顯地看出人類社會、經濟、政治的演變史。

而說到製鞋機器的演變卻比較遲，變化也比較少，一直到十九世紀末才開始有大變化（演變）。十九世紀末，第一次出現製鞋機器，如：裁縫機器，或專門剪裁用的機器，但這些機器都還是用腳或手操作的機器。到了二十世紀前半葉才發明了電力發動

艾爾達鞋子博物館外觀（上圖）

館長何塞·馬利亞正專注欣賞館內的彩繪玻璃（右圖）

的製鞋機，因此製鞋業大興工業化。當製鞋工業走入藝術行列時，位於西班牙瓦倫西亞的艾爾達（Elda）市——以製鞋聞名的城市，即在1950至1970年之間完全投入這方面的研究製造。艾爾達市大部分的人口，從古至今即以製鞋業爲主，所以留有許多寶貴的鞋史，這也是促進此鞋館成立的原因，同時也是爲了保留這裡傳統的事業，及傳承祖宗留下來的傳統手工藝術事業。

此館是由艾爾達市政府、教育科技文化部、省議會、地中海基金會、阿歷甘特（Alicante）科技工業學校及FICIA基金會贊助、支持，一方面促使此地傳統製鞋工業聲名遠播，另一方面也可以讓西班牙各地研究者吸取鞋館典藏的資料，探究研討，創造出更好的鞋子。因此鞋子博物館也特別專設製鞋工具典藏，許多從古至今留傳下來的手工製鞋工具五花八門，讓研究者可以探討，精益求精，使之創造更好、更有懷念價值的鞋子。

這些傳統的手工製鞋工具，雖然已被今日新潮科技所取代，卻也在另一方面成爲今日的年輕設計師創造新鞋的最佳靈感來源，

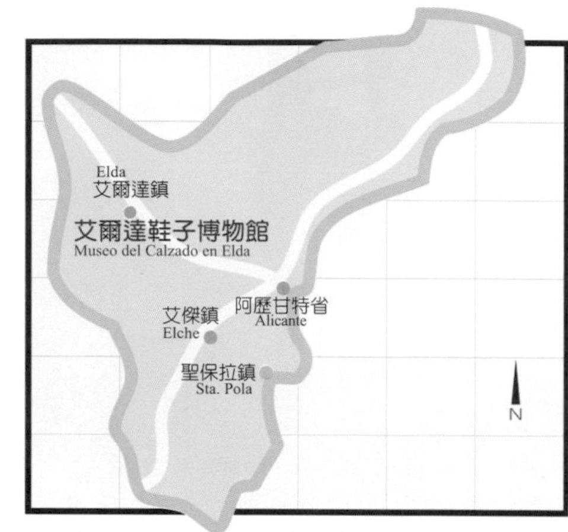

艾爾達鞋子博物館地圖（上圖）

鞋子博物館大廳（下圖）

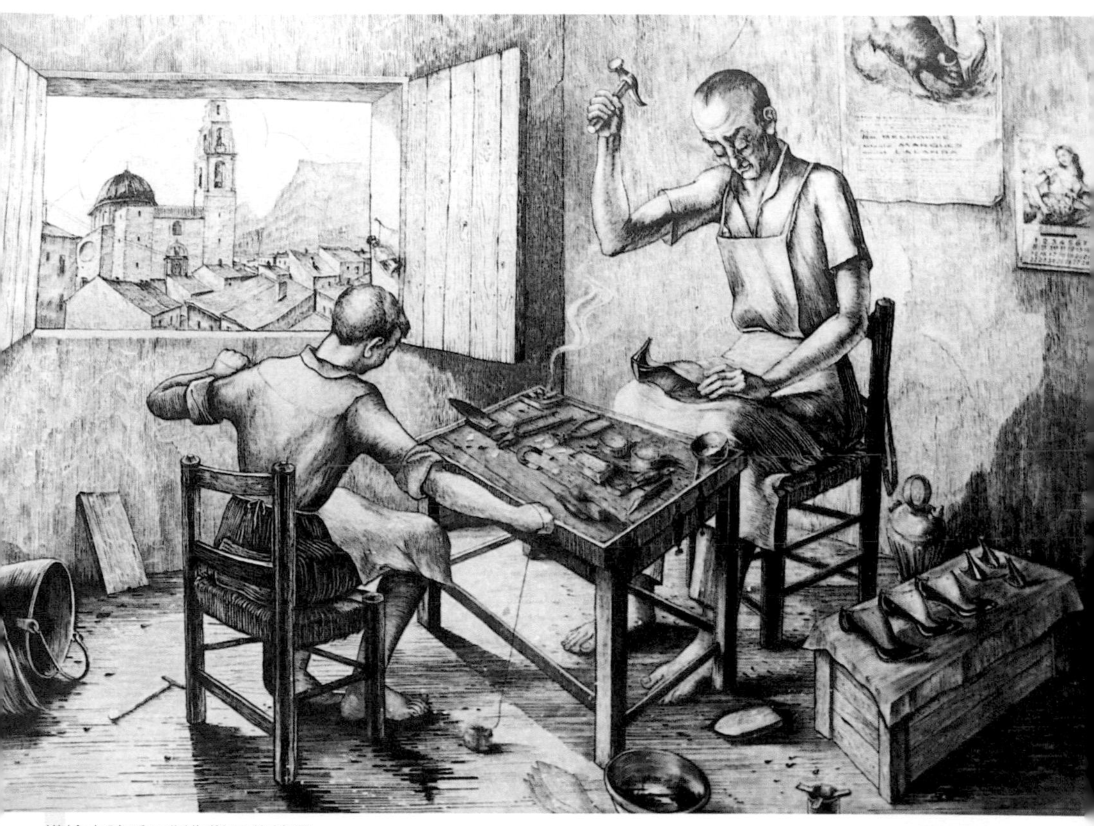

描繪古時手工製作鞋子的情景

而且也被今日的鞋業界認為是製鞋最高品質的保證。

鞋館共有兩層樓，不太大，四個展廳則分別為：鞋子展廳、機器室、圖書館及工具室。

A.**機器室**：製鞋機器、裁縫機、印染機等。

B.**圖書館**：圖書館的範圍包括辦公室，鞋模子、版子、尺寸、樣版及工具等書籍資料一應俱全。

C.**鞋子展廳**：不只藏有歷代鞋子演變史，鞋子與人類發展史、解說、製鞋傑出人物資料、工具及器具等，甚至有國王及皇后贈送給此館的典藏鞋。

D.**工具室**：各式製鞋的機器及器具，包括傳統及現代手工用具等。

最後其典藏包括歷屆金筆設計獎得獎的創作鞋、翻製的迷你鞋、手工製作鞋、胡立歐・維包特（Julio Vibot）收藏捐贈的各類寶貝鞋及各國歷代的代表鞋等。

作品名：盲雞
作者：哥雅
這張作品是哥雅早期的作品，藝術家在創作的時候將此作品仔細研究，仿其造形，加入自我的創作思想，例如：銀邊、黑球等裝飾。

鞋名：哥雅 2000 年
類型：宴會用
材料：藍色綢緞及摩洛哥山羊皮，內、外加舊銀。
時間：1990 年
國家：西班牙
設計師：Manuel Gomez Cano
得獎：第四屆青年設計創作獎二等獎

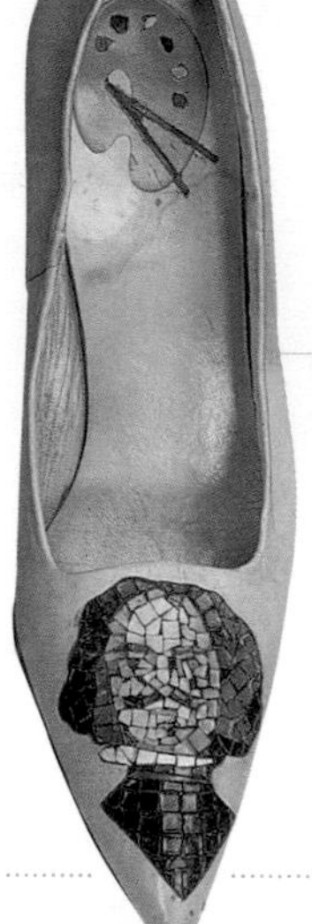

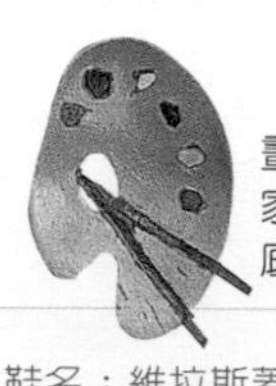

畫家的調色盤：藝術家用皮製作，貼在鞋底內。

鞋名：維拉斯蓋茲
類型：宴會用
材料：黃牛皮製
時間：1959 年
國家：西班牙
此鞋面有維拉斯蓋茲的肖像及他奇特的調色盤，寓有創作者向維拉斯蓋茲致敬之意。

>鞋子與繪畫的關係

您曾想過嗎？在您的鞋上有名作可欣賞？是的！以下有幾雙藝術創作鞋即是西班牙年輕藝術家—鞋子設計師——研讀西班牙大師哥雅、維拉斯蓋茲、畢卡索和達利等名作之後，得到靈感的精心之作，讓您看了之後不得不讚奇！

畫家的手：藝術家用畫筆將整隻鞋子的造形聯結，也用紗織花邊作結尾。

作者將維拉斯蓋茲的〈宮廷仕女〉研究之後，獲得靈感而創製出如此奇異的鞋子。

鞋面是以維拉斯蓋茲名作：〈宮廷侍女圖〉，做為創作的題材，藝術家將此畫研究之後，創造出如此精心的傑作。

鞋名：宮廷侍女
類型：宴會用
材料：摩洛哥山羊皮，淺咖啡色及黑色加一些不同顏色。
時間：1998 年
國家：西班牙
設計師：Ramon Stiago
得獎：第四屆青年設計創作獎二獎

鞋名：格爾尼卡
類型：宴會型
材料：摩洛哥山羊皮，黑、灰、棕色。
時間：1998 年
國家：西班牙
設計師：Jorge Juan Inglesias
得獎：第四屆青年設計創作獎

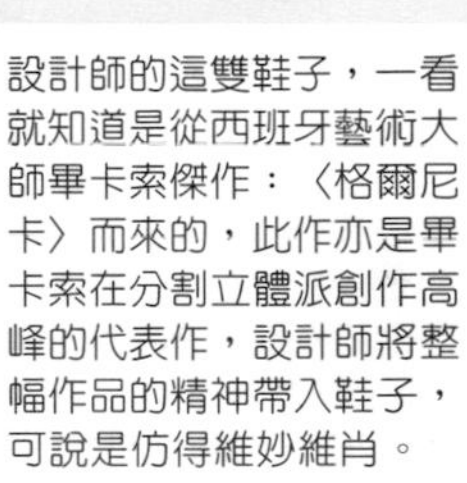

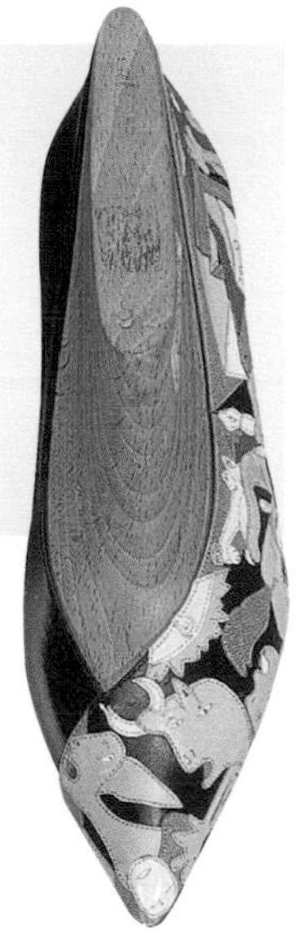

設計師的這雙鞋子，一看就知道是從西班牙藝術大師畢卡索傑作：〈格爾尼卡〉而來的，此作亦是畢卡索在分割立體派創作高峰的代表作，設計師將整幅作品的精神帶入鞋子，可說是仿得維妙維肖。

＞古典的希臘鞋

古希臘時期的涼鞋，造形非常簡單，只有一片底座及用繩子連結住，就如盤子內希臘神話中阿波羅所穿的涼鞋——阿波羅彈琴時腳上穿一雙幾乎全裸的涼鞋，這種涼鞋在西元前三世紀是一種非常美觀及高貴的鞋子。

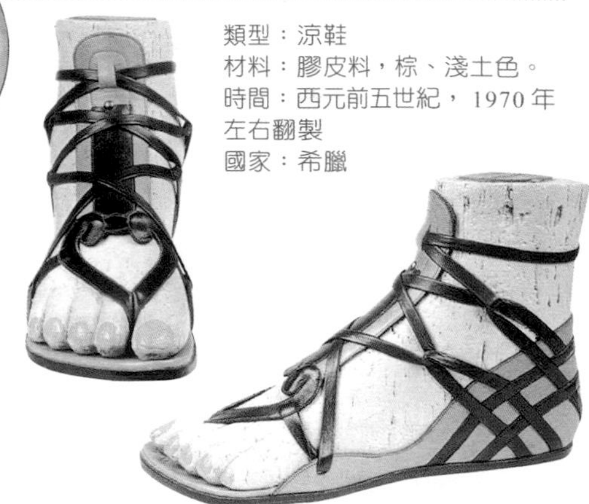

類型：涼鞋
材料：膠皮料，棕、淺土色。
時間：西元前五世紀，1970 年左右翻製
國家：希臘

類型：棕色牛皮、短鞋靴
材料：牛皮、銅色系
時間：西元前四世紀
1995 年翻製

＞古代軍人鞋

古希臘軍人穿的鞋子。在長長的人類史逐漸演化，一直到現在變得大眾化，成爲美而實用的俏麗馬靴。

石雕上的人物腳上穿的即是這種短馬靴，只不過造形比較死板，現今翻製的比較舒適及美觀。

鞋名：軍人馬靴
類型：短靴（軍用）
材料：牛皮，鑲鈕
時間：西元前四世紀
1995 年翻製

類型：小包鞋型
材料：稻草
時間：1850 年
國家：法國

類型：構架型
材料：皮革、象牙色
時間：十六世紀
國家：義大利

類型：大頭鞋
材料：羊皮
製造日期：1900 年
國家：英國

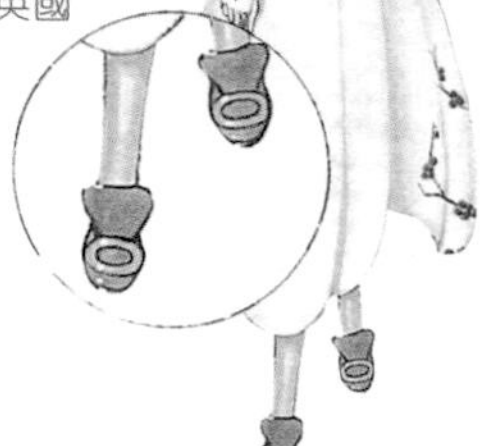

＞法國宮廷鞋

路易十五鞋；在 1715 至 1774 年，路易十五執政的時候，發展了一種新的裝飾風格（洛可可末期），無論在穿著上或是在鞋子設計上都有重大的改變，例如：高跟鞋的出現。

類型：宴會型
材料：皮表加刺繡，紗花邊
時間：十八世紀，路易十五時代
國家：法國

路易十五的肖像：茲因在他的時代出現了高跟鞋，因而留名於鞋史上。

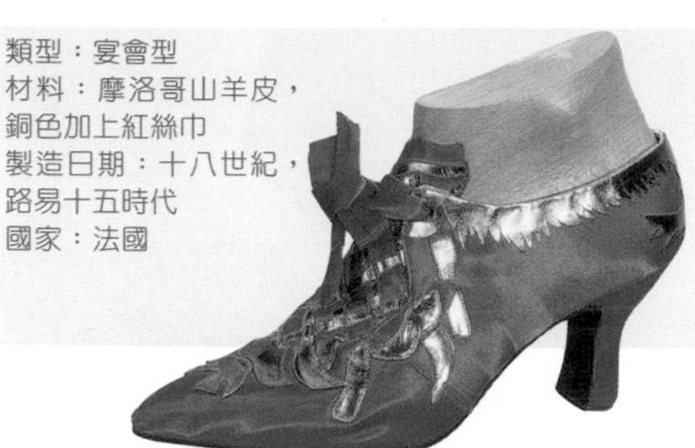

類型：宴會型
材料：摩洛哥山羊皮，
銅色加上紅絲巾
製造日期：十八世紀，
路易十五時代
國家：法國

類型：布歡型
材料：染布紅花、黑紗絲
製造日期：十八世紀
路易十五時代
國家：法國

>中國鞋子

傳統的中國鞋，最具特色的即是以刺繡、絲布爲主，而最引人注目即是小腳鞋，然無論是小腳鞋或兒童、女人鞋都有精細的刺繡工出現在鞋上，這些傳統的工夫傳至今日亦是令人最敬服之處。

類型：兒童
材料：紅絲質
尺寸：9 公分
時間：1830 年

類型：構架型
材料：紅、藍、淺黃絲質料
尺寸：21.5 公分
時間：1940 年

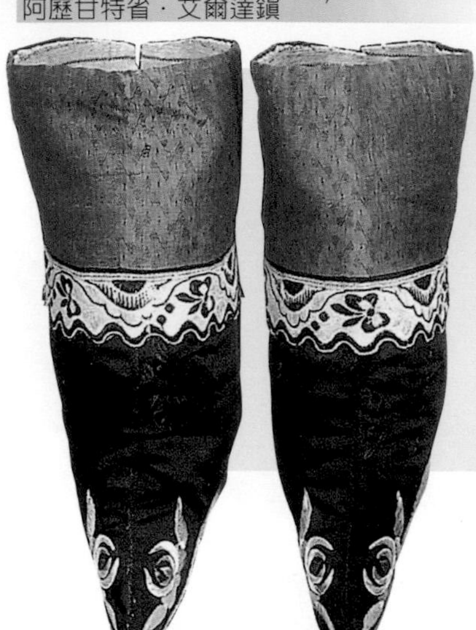

類型：裹小腳鞋
材料：黑絲
尺寸：13 公分
時間：1940 年
國家：中國

類型：裹小腳鞋
材料：黑絲
尺寸：12 公分
時間：1940 年
國家：中國

類型：童鞋
材料：紅色印染布料
尺寸：10 公分
時間：1930 年
國家：中國

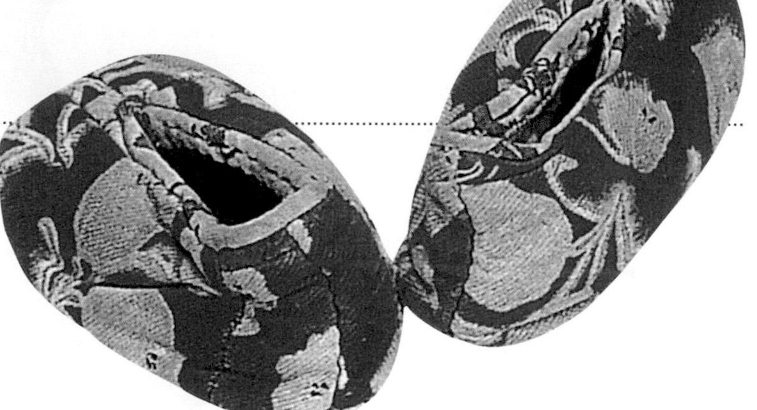

類型：涼鞋
材料：牛皮，紅色
設計師：Antonia Kiousi（雅典人）
得獎：第 14 屆金筆獎第三名
時間：1998 年

＞動物鞋

西班牙年輕的鞋子設計師把各種動物的形狀搬上鞋子，讓許多喜歡夜宴、夜晚狂歡的人能閃亮於大眾面前，特別設計了這些奇奇怪怪的動物造形。

類型：宴會型
材料：摩洛哥山羊皮，棕色。
設計師：Francisco Julio Bernabé Cáceres
得獎：第四屆金筆獎第三名

類型：涼鞋
材料：灰、黑
創造者：Moschino
時間：1999 年

類型：長靴
材料：紅牛皮、摩洛哥山羊紅皮
設計師：Francisco Julio Bernabe Caceres
尺寸：36
時間：1993 年

類型：晚宴型
材料：羊皮、羽毛
尺寸：38
得獎：第六屆金筆獎入選
時間：1990 年
設計師：Antonio Rubio Moreno

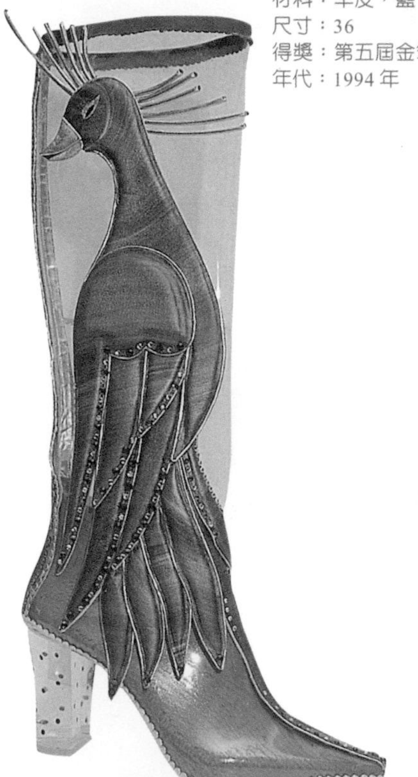

類型：長靴
材料：羊皮，藍、紫色
尺寸：36
得獎：第五屆金筆獎入選
年代：1994 年

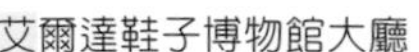

艾爾達鞋子博物館大廳

這些在舞台展示的表演鞋尺寸最大是12 公分，號碼 18 ，是依原造形縮小的迷你表演舞台鞋。

>縮製的表演鞋

雖然它們都是以原樣的造形、材料縮製而成，但無論是花邊處理或細部剪裁都令人欽佩，因爲處理得無不用心精細。

鞋名：迷你表演鞋
設計師：Pedro López Marin
造形：小包蝴蝶造形

鞋館內最大的鞋子

＞雙胞胎鞋

連在一起但並不會被絆倒，一位西班牙鞋子設計師在 1990 年創造出不可思議的手工藝術鞋——雙胞胎鞋——法蘭西斯哥．維拉（Francisco Vera Bernabé）製造出這種不可穿的鞋子，由於新奇突出也被仿製縮小爲迷你表演鞋。

長靴，黑底白點， 18 公分寬，16 公分高，長口為天藍色。

鞋碼 20 ，尺寸 13 公分，材料為布製鑲金色。

宴會型，以鐵片燒製，高 15 公分，跟 7 公分，鞋碼 23 ，尺寸 15 公分。

長口為染布縫製，有鍍金顏色，底為藍色， 17 公分寬， 16 公分高。

巴斯克國自治區

畢爾包古根漢美術館

畢爾包美術館

畢爾包美術館

Museo de Bellas Artes de Bilbao

館址　C/Plaza de Museo,2 48011 Bilbao
電話　34-94-4396060
傳真　34-94-4396145
時間　週二～六 10：00-13：30；16：00-19：30 。週日 10：00-14：00 。週一與國定假日休館。
門票　全票 2.40 歐元（會逐年而升）。半票 1.20 歐元（退休人士、學生和失業者）。免費：12 歲以下小孩、美術館會員、美術館日（週三）

一座象徵城市「立志」現代化的美術館，及展現巴斯克民族（Vasco）對藝術家保護的深情——畢爾包美術館，可說是一座具有歷史使命的博物館。

很少有一座美術館像畢爾包美術館這樣：深深吸引著市民的心及社會的情，其典藏品是「大家湊合」起來的，還不用等到它百年誕辰，美術館已達到其要求本土化的水準了。

一座美術館要詮釋歷史與感覺，毫無疑問地，是需要有心人去做，和好好地保存這些歷史性的東西。在這方面畢爾包美術館已完完全全「做到了」。無論是現在或過去，它已與巴斯克社會的「心情」愈來愈接近了。在此時，畢爾包市政府又決心將這座象徵城市裡的「符號」再做一次大更新，讓它自然而然地展現出一個眞正的本土歷史的反射：一個展現典藏者的驕傲，與隨時準備成爲一座在其自治區內，第一順位的歷史性美術館。

建館緣起

在巴斯克國（Pais Vasco）經濟、社會

美術館中庭花園中庭

畢爾包美術館外觀（上圖）

畢爾包美術館地圖（下圖）

現代化過程中，許多自治區內的城市經濟突飛猛進，尤其是畢爾包城市，在世紀交替時，城市發展相當快速，在非常短的時間內就轉變成一座巴斯克國自治區內的象徵城市。這種成長也使一些中產階級和一些資本家致富，於是一些有心推動文化的資本家，結合地方政府發展成今日畢爾包美術館的局面。當時也有幾位功成名就的藝術家志願參與，如吉亞德（Guiard）、蘇洛亞加（Zuloaga）、溫里諾（Hurrino）、阿特塔（Arteta）、蘇畢奧雷（Zubiaurre）兄弟或艾切維里亞（Echeverría）等共同組成「巴斯克藝術家協會」，將其作品捐給美術館。在 1914 年畢爾包美術館正式對外開放時造成轟動，連帶而來地舉行現代藝術展並正式成立「巴斯克藝術家基金會」（畢爾包美術館前身）。

藝術家協會組成分子是一群在歐洲藝術家圈子中具有分量與名譽的人，他們將其作品捐贈給美術館，讓美術館在缺乏資金的情況下得以順利成立，是一種非常好的方式：一來由於巴斯克國缺乏本土藝術家，這種團體成立可建立檔案，使歷史清楚，又很容易取得「資料」，二來也能快速發展自身現代文化傳承的功能。

在這種「接觸」之下畢爾包美術館誕生了，其典藏品第一次集結是在1908年，雖然它對外開放的時間是在1914年，但在期間其典藏品已足夠提供展示。當時獲得省議會及畢爾包市政府的支持，美術館使社會現代化、使自治區內的年輕藝術家有傳承、表現的舞台之宗旨就算是大功告成了。此時的「巴斯克藝術家基金會」留下一些更具象徵性的藝術組織，並舉辦各式藝術文化活動，如此一來，不但可使公家機構與巴斯克資本家具有相當穩定的關係，也讓畢爾包成爲西班牙境內最有文化活動的城市。

畢爾包美術館成立之時，還有一項特徵與其他美術館不一樣——典藏當代作品，這種動機讓自治區內本土藝術家心動。它首先於1919年舉辦國際雕塑、繪畫展，將其展品收入館內成爲典藏品，在準備五年之後，於1924年成立新館來典藏這些第一批的現代作品，於是這座新館即稱爲現代館。從1924年開幕到1945年一直是獨立作業，1945年之後，畢爾包美術館將之納入館內，正式成爲「當代館」一部分。所以整體

畢爾包美術館內面中庭池塘，正前方即是現代展室。

2 號展室：右邊作品為〈聖母與聖嬰、天使與家族〉

來說，畢爾包美術館先從「巴斯克藝術家協會」成立開始，1914年畢爾包美術館定名，1945年再接收「現代館」，不過名字還是畢爾包美術館（實際是兩館同用一個名稱）。

建築物

西班牙內戰之後（1939），爲了容納二館的典藏品，決定蓋一棟新大樓，仍延續稱爲畢爾包美術館，位於市中心的國家三號公園。新館建築師費南多・烏魯蒂亞（Fernando Urrutia）和貢薩洛・加德納斯（Gonzalo Gardenas）將建築物蓋成L字型，二層樓，第一層樓是三十間展室，比例協調，採自然光，具有新古典主義建物風格——這是受帕拉西野加（Palaciega）和比亞努艾瓦（Villanuevà）的影響。不過由於這一次設計的展室空間，是在短暫的時間匆促完成，不能使大家滿意，所以至七〇年代，決定再翻修，擴建至目前的規模。建築師利巴諾（Libano）和貝阿斯戈亞（Ricardo Beascoa）依現代形式，如德國名建築師凡・德・羅埃（Mies Van der Rohe）的風格建造，外觀簡單明瞭，但修建後的美術館已失去它原有的面貌了，不過也算是解決了兩館不能互通及展場不夠的問題。

典藏品

畢爾包美術館的典藏品一部分來自於公家機構，一部分來自於私人捐贈。自1990年開始，又有來自巴斯克國自治區政府、畢爾包市政府、市議會和藝術家協會的典藏品。這些典藏品可以讓我們大略看到從十二世紀到現今的藝術。我們現在就來略觀一下：

> A.西班牙原始藝術與法蘭德斯藝術

在古典藝術中，最主要以西班牙學院派爲主，缺乏一些國際性的作品，例如荷蘭和法蘭德斯藝術，而其代表作則爲一位加泰蘭人（Catalane）——藝術家佚名——畫的〈聖基督〉。而以整體系列來說，比較具有代表性的則是一系列的西班牙哥德式裝飾屏，或具有國際哥德式的作品，其中以巴托洛梅（Bartolomé Bermejo）的〈被鞭打的聖女安格拉西亞〉呈現的西班牙法蘭德斯風格爲最，這組祭壇畫是畫家爲薩拉戈薩省內的達羅卡（Daroca）區的教堂製作的作品。

如此伴隨而來的是西班牙十五和十六世紀的法蘭德斯藝術，具代表性的學院派之作，如貝松（Ambrosius Benson）的〈銀行家〉和表現對宗教虔誠的作品，如〈十字基督之下的聖母懷抱基督痛苦圖〉，或爲宗教奉獻之作，如馬基（Jan Mandjin）的〈荒誕盛宴〉。

7 號展室：里貝拉專室（右頁上圖）

里貝拉　聖女正在治療聖塞巴斯汀（右頁下圖）

德・維斯　劫往歐洲　1532-1603（下圖）

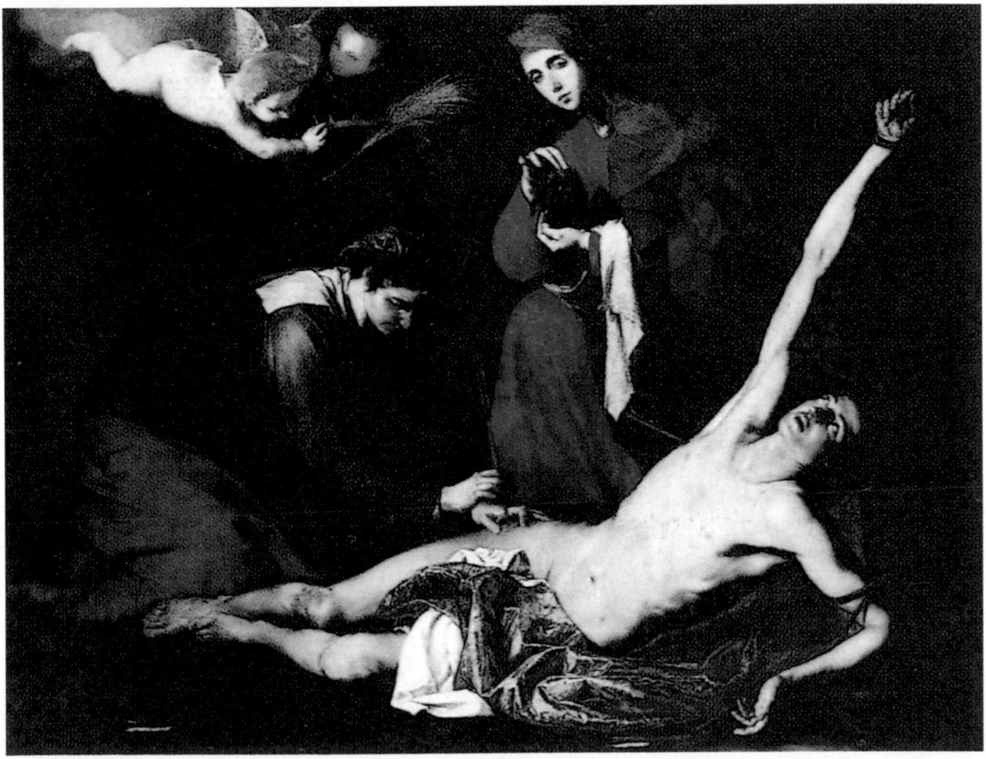

蘇洛亞加　諾艾勒斯伯爵夫人

和他第一次展現〈阿西斯〉全身肖像的傑作。

值得慶幸的是，在美術館典藏中，史稱「西班牙黃金時代」的作品相當多，皆由各學院派捐出，如在塞維亞的羅艾拉斯（Roelas）和老埃雷拉（Herrera el Viejo）、慕里歐（Murillo）及蘇巴朗（Zurbarán）等畫家的作品，其中特別顯眼的，如〈聖母與聖嬰耶穌和聖約翰小孩〉、〈聖女卡達琳納〉、〈聖女伊沙貝爾〉。

繼塞維亞之後的重要學院派，不用說，當然是瓦倫西亞學院派畫風。其傑出的畫家如約翰．利貝爾達（Juan Ribelta）、入義大利籍的里貝拉（Ribera）和歐雷德（Pedro Orrente）。其中里貝拉的〈聖女正在治療聖賽巴斯汀〉一作最具代表性，此作原品置放於艾斯哥麗亞大教堂裡（El Escorial ——皇室陵墓）。而和里貝拉同時代的義大利卓越畫家有多明尼哥．畢歐拉（Domenico Piola）及赫蒂勒斯基（Orazio Gentileschi）；後者美術館藏有其最珍貴的〈陸特和她的女兒們〉，此畫是爲了送給卡洛斯一世（英皇）而畫的「貢品」。

談到西班牙繪畫，大家都知道學院派絕少不了首都馬德里的皇室畫風，如克勞迪奧（Claodio）、卡雷尼奧及維拉斯蓋茲。其中維拉斯蓋茲所畫的〈菲利普四世肖像〉最爲珍貴。然在十七世紀同時代中，西班牙也產

而在十六世紀之間，有一些畫家受義大利文藝復興繪畫語言的影響，如戈沙艾爾特（Jan Gossaert）的〈聖家堂〉或德．維斯（Martín de Vos）的〈劫往歐洲〉之作等皆爲精品。

再來如安東尼奧．莫羅（Antonio Moro）的〈菲利普二世〉和杉契斯（Sanchez Coello）的〈奧地利高級妓女〉肖像。這些皆是我們可以看到的西班牙新學院派的畫風，也是前述所說的，美術館收藏的古藝術是以西班牙學院派作品爲主軸。

> B.從葛利哥到哥雅

從西班牙原始藝術之後，十六至十七世紀的轉變中，有一位非常重要的人物將西班牙傳統現代化，他即是一般人常說的：畫人長長的、皮膚乾乾的葛利哥。美術館擁有他一系列的小作品，其中最重要的，莫過於爲亞拉崗自治區瑪利亞學院繪製的〈報佳音〉

生一些不一樣的畫風，如風景畫與靜物畫。在這方面最突出的有伊利亞德（Iriarte Ignacio）和阿雷亞諾（Juan de Arellano）。基本上，西班牙此時的畫風都有荷蘭與法蘭德斯學院派的影子，所以美術館精選了一系列上述學院派之代表人物，如凡・戴克，其作〈爲基督之死而悲傷〉和喬代（Jacob Jordaen）的〈麵包神吹長笛〉等作最爲怡人。

至十八世紀，西班牙傳統繪畫，算是走至頂端了。在這方面，美術館挑選一些靜物畫家代表如梅嫩德斯（Menéndez）、風俗畫家卡尼塞羅（Carnicero）、路易斯・帕雷特（Luís Paret）和阿爾卡拉（Alcara）——其中路易斯・帕雷特和阿爾卡拉是畢爾包在十八世紀末最具代表性的畫家。當時爲了卡洛斯三世的需求，畫了許多坎達布尼加（Cantabrica）港口風景，如〈畢爾包的阿雷納爾港景觀〉、〈國界景觀〉。基本上，傳統的西班牙繪畫是從葛利哥開始到十八世紀末哥雅爲分界點，所以十八世紀的代表人物當然非哥雅莫屬了。哥雅在此館有二幅作品，一爲〈馬汀・沙巴德〉肖像，另一幅爲〈莫拉汀〉肖像。

> C.從浪漫主義至現代主義

我們再往下看，來到十九世紀初哥雅的追隨者。這些後繼者大致有其畫風的影子，而其中較令人側目的畫家如歐基尼奧（Eugenio Lucas）、阿雷沙（Leonardo Alenza）及屬於浪漫主義與寫實主義的畢爾包本土畫家：布里加斯（Pacho Bringas）、埃斯基維爾（Esquivel）、巴拉加（Balanca）、馬杜魯索（Madruzo）、羅莎勒斯（Rosales）、基內亞（Guinea）和薩馬哥伊斯（Zamacois）。而十九世紀末寫實風景技巧則由卡洛斯・德・阿埃斯（Carlos de Haes）引進，雷戈玉斯（Regoyos）和基亞德（Guiard）的作品即是受其影響，畫風呈現印象派風格。另外此館也買了一幅美國女畫家，也屬印象派的卡莎特（Mary Cassatt）的名作〈抱小孩坐著的女人〉來代表國際性的印象派之作。

至此已進入二十世紀初當代藝術了，美術館典藏發展也朝向巴斯克藝術家身上。其代表性的藝術家有畢爾包美術館第一位館長羅沙達（Losada）、烏麗諾（Hurrino）、莫格羅貝何（Mogrobejo）、拉羅格（Larroque）、埃切維里亞（Echevarria）等。而在世紀交替時，也加入一些精英之作，如蘇洛亞加，美術館珍藏其一系列作品，最特殊的如〈諾艾勒斯伯爵夫人〉的肖像。而以蘇洛亞加年代爲主軸的典藏品中，最著名的莫過於當時以文學研究爲主的「九八號團體」。再來即是巴斯克與加泰隆尼亞現代藝術家了，如諾內爾（Nonell）、安格拉・加馬拉沙及畢卡索爲代表。

> D.從後印象派至今的藝術

高更的〈在阿爾雷斯洗衣〉之作，可以做爲一些二十世紀初巴斯克畫家的「提示」。在當時優秀的巴斯克藝術家，如雕塑家杜里歐（Durrio），印象派畫家如埃切維里亞、德亞埃切（Tellaeche），野獸派的伊杜里歐（Francisco Iturrio），立體派的梅特西格（Metzinger）、埃登（Hayden）和布蘭切德（Blanched），抽象主義的羅伯特・德洛涅（Robert Delaunay），結構主義的托雷斯・加西亞（Torres Garcia）和平

高更　在阿爾雷斯洗衣

面主義的塞爾（Cels）等，現在他們都成爲歷史上具有代表性的前衛藝術家了。

而陳列在這些當代畫家對面的藝術家有古鐵雷斯（Gutierrez Solana）、瓦茲蓋迪亞斯（Vazque Díaz）、奧雷略（Aurelio Arteta）、烏塞萊（Ucelay）與歐萊沙加斯汀（Olassagastí）等，現在他們也已成爲巴斯克民族最崇敬的老輩畫家。同時在其他前衛藝術中，有加爾加憂（Gargallo）、博雷斯（Bores）、文涅斯（Viñes）所組成的巴黎畫派，及超現實主義的托戈雷斯（Togores）、奧斯卡·多明尼哥斯（Oscar Dominguez）和雷高那（Le Kuona）。

至西班牙內戰時，代表的畫家有路易斯·費南德斯（Luís Fernandez），其心力之作〈鬥牛之頭〉，可說是一幅西班牙當代前衛藝術之代表作。另外，同時代的還有風景人物畫家阿爾維托·桑切斯（Alberto Sanchez）。其他如加內哈（Diaz Caneja）、奧爾特加（Ortega）、薩巴萊達（Zabaleta）等皆是不可多得的創作型畫家。

最後，美術館的典藏已至戰後到當代的作品了。典藏品當然以本土性佔大部分，不過也有歐洲主流派來陪襯，其代表藝術家如奧德伊沙（Oteiza）、奇里達（Chillida）、帕拉蘇埃洛（Palazuelo）、達比埃斯（Tàpies）、米耶雷斯（Millares）、阿羅憂（Arroyo），還有國外藝術家的如培根、凡·維爾德（Bram Van Velde）等的作品。

畢爾包古根漢美術館

Museo Gugguenheim de Bilbao

地址　Abandoibarra Et.2 48001 Bilbao
電話　34-94-4359080
傳真　34-94-4359040
時間　週二～日10：00-20：00，週一休館。7月及8月：週一～週日9：00-21：00。
交通　地鐵：Moyua站。巴士：1、10、13及18（Fine Arts Museum 美術館廣場下）。13、27、38、46及48（Alameda de Recalde no.11&12下）。11及71（La Salve 廣場下）。鐵路FENFE（Bilbao-Abando）、ET/FV（Atxuri）、FEVE（Santander）。航空：畢爾包機場從市中心出發只要15公里。（它位於古根漢附近，所以交通是與古根漢是一樣的）
門票　7歐元。半票3.50歐元（退休人士、學生和失業者）。團體（20人以上）6.30歐元。免費：12歲以下、美術館會員、美術館日（星期三）。
網址　http://www.guggenheim-bilbao.es

建館緣起

聞名全球重量級的古根漢美術館於1997年10月19日又添加一座生力軍——西班牙畢爾包古根漢美術館，再加上美國紐約兩座（2001年底拉斯維加斯又增加一座）、義大利威尼斯一座，全世界共有五座古根漢館（實際上四座，因為古根漢家族並不承認義大利威尼斯佩姬·古根漢館）。創始人索羅門·古根漢在紐約創了歷史性第一座古根漢美術館，其內包括行政辦公室、庫存、技術服務等共十層大樓，建築師為希爾海（Gwathmey Siegel）。第二座紐約蘇荷的蘇荷古根漢美術館由日本名建築師磯崎新（Isozaki）設計。第三座義大利威尼斯佩姬·古根漢美術館。第四座即是建築師傑里（Frank O. Gehry）所蓋的畢爾包古根漢美

側觀畢爾包古根漢美術館

當代知名建築師法蘭克・傑里二十世紀末的建築驚奇——畢爾包古根漢美術館　©Museo Gugguenheim de Bilbao （上圖）

畢爾包古根漢美術館內觀　©Museo Gugguenheim de Bilbao（右圖）

術館，總負責人也就是紐約索羅門・古根漢的館長：托馬斯・可蘭斯（Thomas Krens）。他從 1988 年 10 月上任以來，就不斷努力經營美術館行政業務，使得美術館至今的收藏品已達到六千多件，幾乎趨於一本完美的美術史。如今它的勢力又深入南歐工業中心，力求分館國際化的野心是可以預見的。

這位傑出的人才——托馬斯・可蘭斯，1946 年生於紐約，1969 年畢業於紐約威廉學校政經榮譽學位，接著就任於紐約藝術大學專業碩士教授。1984 至 1985 年在布魯克林美術館任策畫顧問時，不斷舉辦多項建築設計比賽，同時也在耶魯大學擔任經營管理學院教授，開授文化機構管理學，1988年進入紐約古根漢美術館工作，1991年擔任古根漢美術館館長外，還身兼數職：德國卡洛斯羅海大學客座教授、義大利羅馬阿斯伯機構委員主席、紐約對外藝術顧問、耶魯大學英國藝術中心和美術藝廊的委員、巴黎龐畢度藝術文化中心康丁斯基委員與德國科隆現代美術館委員，畢爾包古根漢美術館的形成也是他一手推動。

一九九一年紐約古根漢美術館與巴斯克行政部門共同策畫，舉辦一項建築比賽，當今首屈一指的建築師法蘭克．歐文．傑里脫穎而出，贏得此項建築獎，於是畢爾包古根漢美術館開始有了初步的「模子」。

爲了蓋這座巨大型建築物建築師曾仔細的考量過。他適當利用了每一吋的地方，包括考慮到城市工商業的歷史特色，地理位置及相關文化條件，做爲建館的考量，整體看起來非常貼切，很本土化，不過一些社會主義分子和分離分子卻批評它是美帝主義的產品（因爲它的資金雖然來自巴斯克人口袋，但一切行政運作支配、設計等，幾乎是美國人或是資本主義者）。他們希望這麼一座具有復興、恢復目前畢爾包或巴斯克區工業經濟蕭條重任的美術館，能全由巴斯克民族來操作，於是經過漫長的協商之後，終於得到默許，在眾評審委員的認可下，巴斯克區行政部門、紐約古根漢開始撥款，執行巴斯克民族的「夢想」。

然而爲什麼古根漢美術館開館如此令人側目呢？一切由於它牽繫著歷史性藝術發展；無論是開啓美國第一次歷史性國際派的地位（美國本土發展出來的抽象表現主義），

畢爾包古根漢美術館一角

或是帶動國際藝術運動使命的前衛性，都象徵它自始至終存在與發展的重大性。

現在第四座古根漢美術館就位於西班牙正北部巴斯克自治區裡的畢爾包城市裡：目前有一百萬人口，古久以前是正北部首都，不過由於近世紀的自治政府政治因素而易位，改以維多利亞（Victoria）爲首都，但由於它市內有一條聞名的動脈——內爾維庸河（Nervion）而維持其重要性。

畢爾包從古至今就是巴斯克國自治區的工業經濟中心，八〇年代前期曾經一度蕭條，要不是出現一位英明市長．哥羅爾門（José Maria Gorordo），它也不可能挽回昔日光景，而古根漢美術館就坐落在這條著名、有歷史的河岸邊。這塊地方，以前是英

入夜後的畢爾包古根漢美術館別具一番情調
©Museo Gugguenheim de Bilbao（上圖）

畢爾包古根漢美術館正面景觀
©Museo Gugguenheim de Bilbao（左圖）

國墳墓區，埋有第一次擁護卡洛斯皇族受難者的屍體。這塊地方，也是商船鼎盛時期的交易場所，一切沿海事業都在此發展、沒落。這塊地方直到產生了一位奇特的市長（就是前面提及的）哥羅爾門，才將這塊地方起死回生；他以計件包工的方式，配合起重機、拖吊貨機將造船業重新復活，也因此就直接利用這塊空地當拖吊貨機與來往商人暫時停車的地方。慢慢地內爾維庸河岸就順理成章成爲正式的停車場，直到現在選它做爲古根漢第四座美術館用地，其附加性的歷史背景是可想而知的。恰好，這塊土地上原有的造船事業等機廠工具、拖吊貨機與起重機都派上用場，蓋了這座時代性的建築物。

畢爾包古根漢美術館的成功的確得之不易，不只是地基問題處理困難，連一些繁瑣的小事都令人頭痛：在此之前，一些推動建館的事務幾乎是無人理會，讓推動者之一——一位畢爾包本土藝術家奧德伊沙（Jorge Oteiza）大嘆爲難。不過上天的憐憫，他的「吶喊」終於得到回應：1995 年文化部顧問卡爾門第亞（Maria Karmen Garmendia）接見奧德伊沙，詢問、討論建館的相關細節，希望能加快腳步落實建館心願。

在藝術家的「努力關說」之下才能順利在 1997 年 10 月開館，否則不知尚要等多久才會有答案，剩下的就是奔走各地求助。雖然一切辛苦，但是非常值得，因爲

畢爾包古根漢美術館地圖

奇里達和達比埃斯作品展室 ©Museo Gugguenheim de Bilbao

寓有「歡迎光臨」畢爾包美術館之意的開幕作：傑夫·孔斯的〈小狗〉

他看見了巴斯克民族團結的心，在他辛苦解說建館好處之下，他們產生了基本共識；就如另一著名的學者舒拉伊卡（Zulaika）所說：「畢爾包要是有這麼一座美術館，將使政商界改變。」，又如前巴塞隆納市長巴斯奎·馬拉蓋對巴斯克區文化顧問卡爾門第亞所言：「巴斯克政府要是擁有這麼一座美術館，將是歷史輝煌的一頁……」，所以大家都期待它對巴國帶來的「希望」與「自我」。於是「過五關、斬六將」，畢爾包古根漢美術館終於在1997年10月19日正式對外開放。

當時開館的時候，館外有一座美國藝術家孔斯（Jeff Koons）的自然雕塑〈小狗〉，這件作品以眞實的草皮材料製作，高不足三百公分，象徵著「歡迎光臨」的意思，同時具有兩項特殊意義：其一，這隻狗從10月3日起表面草皮開始凋謝，就如恐怖分子（ETA）的手一樣開始沒落。其二，帶有「快樂再見」的意思；其中涵意是指：「歡迎這座象徵巴斯克精神的建築物來臨，也象徵著美術館對巴斯克區未來藝術之路的重大使命與美化之責……」。

文化顧問卡爾門第亞說：「對於一個小國家來說，這是一項偉大的企畫案，這個國家位於庇里牛斯山坎達里亞海之間，有史前時代的民族根源，但是我們想要找的是未來，而不是過去……。古根漢美術館象徵著巴斯克民族『向前看』的意思，宣示它的『前瞻性』，也代表著我們國家轉型之路，朝向未來發展的目標，它具有兩項重大的意義；第一，連接傳統與現代；第二持續固有巴斯克民族傳統與巴斯克民族自主性。」議員貝爾加拉也表示：「這座美術館所帶有的象徵意義非常符合它原有的『本土性』條件，因爲它就坐落在北區發源地——內爾維庸河岸旁，也就是當初商船鼎盛時期重要發展的所在地，隱喻著古根漢美術館如同現代船旗（傳奇）的標誌與愛屋斯卡第的市政共同前進與發展。」而且在它建設的過程中也非常『本土化』，所有巴斯克人繳稅來支付一切基本的開銷，巴斯克區的社會人士盡力，政界、文化界與商界的盡心是有目共睹，沒有提到西班牙三個字，更沒有人談到西班牙×××贊助，連紐約古根漢美術館的館長托馬斯·可蘭斯都引用巴斯克區和巴斯克人民等文字發表，更不用說建築師法蘭克·歐文·傑里都這麼說：「我很喜歡這裡的人，他們的理念、他們的烹調和堅忍不拔的精神是世界聞名……」，而且包括1997年10月18日正式開幕晚會上，在國王、皇后默許下，以兩首巴斯克聖歌取代西班牙國歌，在在都詮釋它的一切「本土性」與「自主性」的特色。

最後，畢爾包古根漢美術館內不僅有二三二件巴斯克本土藝術家作品，尚有巴斯克區都市轉變的歷史，就如公關部副主席愛特沙希伯所說：「古根漢美術館具有它的歷史性：我們已建立了一個愛屋斯卡第工業強國，但對一個完美的國家來說我們需要文化來加強，如同今日我們所期待的這座美術館一樣。這麼雄偉、這麼具有時代性，沒有人不知道它的價值性在哪。它可能被放在馬德里，也可能被放在巴塞隆納，但我們的確打破傳統的把它邀請到我們『國內』來。這是我們的光榮，也是我們的榮幸，這一切都要感謝五十家大廠商的贊助與一千五百個古根漢美術館的私人朋友機構的傾力相助，共同策畫實行古根漢美術館各項活動方針，提昇巴斯克區成爲國際舞台的要角，以古根漢美術館做爲跳上國際舞台的跳板——這將是古根漢美術館進駐畢爾包的開始與未來前途的發展目標。」

建築物

館內有展覽室、視聽室、餐廳、販賣部與行政辦公室；其造形以 50 公尺高的內院爲主線軸，是史無前例的建築大手筆，也是唯一一座佈滿金屬的建築結構；一座如金屬花美感的建築物，遠看像一條船，近看像一隻魚，俯視有如一朵盛開的花般奇異壯觀。而當太陽直射時，這座外觀類似奇花的建築物，更把畢爾包城市襯托得「金碧輝煌」，給城市帶來新氣象。

館內設計的部分，建築師以高五十公尺的內院爲主，是大型裝置或雕塑展的地方，現有三座巨大紅色的維納斯雕塑作品。內院的光線充足，具有引導式的光線使得裝置藝術或大型雕塑更具風味。除了內院裝置廳外，館內尚有三層大小不同的展覽室。而位於內院的四周有彎曲式的拱門、一座玻璃式

展室：克萊門特作品　©Museo Gugguenheim de Bilbao

305號展室　©Museo Gugguenheim de Bilbao

此館的基本開支。然其中之後此館百分之七十五的回收，將交回給畢爾包市民。現在館方的資金，除了人民已投資的稅收外，每年還有一些固定的贊助者贊助；如有三十四家大廠每年贊助一千萬到一億西幣左右；四家工廠每年捐贈200至250萬左右；一些新的贊助團體則是每年以50萬西幣爲主；其他尚有十一位贊助者每年以100萬西幣贊助，畢爾包古根漢美術館在西元二千年捐款已達二億五千萬西幣。

的電梯、一座高聳的樓梯等，加上一組古典展覽室——展出一些具有關鍵性意義的大師作品。其中有一座展覽室如同一艘船般，足足有130×30公尺寬直至沙爾維吊橋。其他如庫存室、輔助室都在地下室，再加上視聽室和位於西北方的優美餐廳，咖啡廳卻位於大樓外的地下室，可望及河岸風景，也可以順道走至販賣處與辦公室，是一座道地巴斯克風味的美術館。

整座建築物佔地共有32,700平方公尺，建築物28,000平方公尺，大樓24,240平方公尺，藝廊10,560平方公尺，圖書館200平方公尺，視聽室650平方公尺，音樂廳有300個座位，辦公室1,200平方公尺，書局375平方公尺，咖啡廳150平方公尺，工作人員加上臨時工共七十五人。整個建築物的總花費是220億西幣；由巴斯克人民、政府、議員分擔，以去除整數的算法：100億西幣花在建築物上，4億西幣花在整治內爾維庸河河岸與市容上，6億花在五年期間購買作品上，其他二億支付在二十年間維持

典藏品

館內的典藏品大多數來自紐約古根漢美術館，目前館內常年展展出分三部分：

1.第二次大戰戰後德國繪畫與雕塑，展期從2002年二月到十月（103與105展室）。

2.二十世紀材料與製造的藝術，展期從2002年二月到十二月（104展室）。

3.康丁斯基與其相關性繪畫，展期從2002年九月到2003年一月（305-307展室）。

時段展也有三個大展：

A.1900-1968年巴黎：藝術之都，展期從2002年五月到九月（第三樓）。

B.巴西：肉體與靈魂的對話，展期從2002年十一月到2003年一月（第二樓）。

C.西班牙藝術家：巴爾德斯（Manolo Valdes），展期從2002年十月到2003年一月（301-304）。

那瓦納德福拉自治區

那瓦拉美術館

那瓦拉美術館

Museo de Navarra

地址 Cuesta de Santo Domingo s/n 31001 Pamplona
電話 34-948-426492
傳真 34-948-426499
時間 週二～六 10：00-14：00；17：00-19：00，週日及國定假日 11：00-14：00，週一休館。
交通 從到市政府廣場依圖走三分鐘就到。
門票 全票 1.80 歐元。半票 0.90 歐元。免費：65 歲以上及 18 歲以下。
網址 www.cfnavarra.es
其他 學校預定，兒童，週六下午和週日（團體請先預約）。服務項目：衣物間、書店、視聽室、圖書館、時段展、會議室、教育廳、當代那瓦拉藝術家資料室。

建館緣起

那瓦拉美術館（Museo de Navarra）是一座由舊醫院改建而成的美術館，與馬德里的「索菲亞美術館」的情形是一樣的。它在十六世紀時屬於「米斯麗戈汀亞」（Misericordia）「聖母教堂」附屬的醫院，位於西班牙正北部那瓦拉自治區內的一市——潘普洛納市（Pamplona）舊區裡。在1956年建築師雅諾斯（José Yárnoz）將它改建成一座涵蓋那瓦拉自治區內具有歷史性及藝術性的「財產」。但因近年來，美術館要跟著時代走的口號下，決定再一次的整修。負責的二位建築師：加爾・塞斯（Jordi Garcés）和艾利克・索利亞（Enric Soria），在1986年執行工程，於1990年完工，1月26日西班牙皇后索菲亞主持開幕典禮，正式對外開放。

原有醫院現在只存大門外觀部分。此大門是在1556年由雕塑家維亞雷亞爾（Juan de Villareal）在建築師阿茲加拉德（Martin de Azcárate）指導下製作。其風格與附屬

館長蘇爾畢娃爾（Francisco Javier Zurbiaur）

修復室一景（上圖）
沙德　謝恩（下圖）

的醫院小教堂同屬文藝復興時代的宗教建築。

典藏品

館藏品包括從遠古的舊石器時代歷史文物到十九、二十世紀那瓦拉（Navarra）本土藝術家的作品。最特殊的莫過於古羅馬時代的馬賽克和石碑文藝術，以及阿拉伯（1005）在撒哈拉沙漠中的綠洲製作出的精緻象牙箱子。此箱子屬於當時勒伊雷（Leire）之地擁有，具有伊斯蘭教風味。再來就是潘普洛納大教堂裡的古柱頭、柱頂、柱樑等，也有令人汴目的，如．哥德式的城牆壁畫——潘普洛納大教堂裡的壁畫，及同系列風格的祭祠神壇、神桌等。除此之外，

也典藏在卡洛斯五世時具有文藝復興風格的「撒哈拉之戰　」系列作品——屬奧利斯（Oriz）館所有。另外一些如巴洛克繪畫、宗教聖品如安傑達（Ancheta）的聖．赫羅尼莫（San Jeronimo）教堂的祭壇——一座同

那瓦拉美術館外觀

樣具有文藝復興風格的教堂，位於布爾蘭達（Burlada）之區，由約翰．德．波斯格繪製。塞布爾維達（Ferrando de Sepulveda）作的哥德式高腳杯，被卡洛斯三世封為烏黑市聖杯（Santuario de Ujue）。最後，也是最重要的典藏品：哥雅的〈聖．安德烈侯爵〉肖像及巴雷特（Luis Paret）畫的〈莫拉丁先生〉肖像。整個館藏品共分四大類：第一類為史前文化、史前傳說文化和古羅馬文化。第二類：中古世紀文化。第三類：文藝復興和巴洛克文化。第四類：十九、二十世紀繪畫。現在我們就來細嚼一下美術館的典藏品吧！

第一類：史前文化、史前傳說文化、古羅馬文化。在那瓦拉地區最古老的史蹟，是在十五萬至十萬年前，也就是史稱的舊石器時代文化。這些舊石器時代所留下來的東西大致分佈在當時烏爾巴沙（Urbasa）、艾加（Ega）、伊拉汀（Irati）之地——當時使用的當然是石器的東西。而當冰蝕的最後時期（約西元前14500年至8200年之間），開始有了文明的社會發展，人類開始以狩獵、漁釣為生，且擅長用骨頭及長桿製作手工藝品。

到了新石器時代，人類又有了大變化，尤其在技術方面，例如：陶製、磨石等。新石器時代之後有一段過渡時期，也就是人稱的新石器時代至青銅時期，大約在西元前2500至1000年之間，此時在西班牙的艾伯

巴哥的凱旋圖　馬賽克　西元1-2世紀

洛格・德・阿德林那所作的14世紀哥德式壁畫（上圖）

哥雅　聖・安德烈侯爵肖像（右圖）

河（Ebro）上開始有了社會組織、經濟交易，慢慢地產生農業生活、畜牧和部落。

從西元前1000至900年前開始，位於庇里牛斯山另一端的族群（凱爾特人或印歐語系的人）一波一波地來到那瓦拉區。他們留下來的「考古史蹟」被鑑定爲鐵器時代，在當時可說是非常多的游牧民族到此定居。此時期的人持續使用手工製陶和裝飾品，如：別針、鈕扣等。

在鐵器時代的第二階段，已出現陶車（旋轉盤）和一些個人運用的鐵器工具用品。這些我們皆可在美術館內看到。

西元前二世紀初，那瓦拉來了許多羅馬人，羅馬文化就開始在西元前一至二世紀在此發展開來，一些小部

第二層 14 號展廳：哥德文化、文藝復興

落開始聚集成小城市，於此就有了如現今我們所認識的潘普洛納、加斯加頓（Cascantum）、加拉（Cara）、安德洛斯（Andelos）和伊頓利沙（Iturissa）。如此西元前一世紀至西元五世紀也就在這些密集的小鄉鎮、城市快速發展下，成爲非常有系統與富裕的民族，例如在羅馬王統治時代，這些地區的建築物到處可見一種典型的裝飾，這種典型的裝飾只有富貴人家才會有，那就是使用馬賽克及壁畫裝飾自己家園的形式。

羅馬人對公共建築非常重視，如開採礦產、水的供應制度（開水道渠）等。至於開水道渠，目前這些工程我們還可以看到一些主要痕跡：第一條是將阿基坦尼亞村落和伊比利半島居民聯繫；第二條是經過那瓦拉區，在艾伯河右邊的水道渠；第三條水道渠，則是將潘普洛納與加艾沙拉古斯達村落（Caesaragusta）連結。由以上這三條水道渠的建立，使得這些區域到處可見奇特的古羅馬路標，這些路標大多是巨大型的石碑，上面刻有當時命令製作路標的皇帝名字。這些我們亦可在那瓦拉美術館藏品中見到。

第二類：中世紀藝術。在美術館所擁有的中世紀藝術品，雖然有來自各地的捐贈品，但絕大部分是屬於舊皇區（Viejo Reino）之品。當時的舊皇區聽說具有非常高的生活水準，藝術家工作項目也都具有非常高的藝術價値，可說是代表了一時期所發展的歷史文化了。再來，原有伊斯蘭統治西班牙時期的作品，比較有代表性的，毫無疑問地，亦是剛提到的勒伊雷的聖・薩爾瓦多寺院象牙盒，後由西班牙科爾多瓦人（Cordobeses）珍藏（其時間約在基督教時期西元1005年所作），此箱子邊緣刻著擁有人的名字及其使用者的人名（牧師和其四位生徒）。

館內有一些聖物箱藝術品，大致屬於中世紀基督教文化，承襲羅馬文化與歐洲味道的作品。這些作品皆由「聖地牙哥朝聖之路」的關係而來。在當時羅馬時代的潘普洛納市也留下來一座羅馬大教堂的寺院外觀、柱頭、柱子、柱樑等，我們也可以在此館看到。那瓦拉美術館內最迷人的館藏品莫過於一系列亮眼的哥德式藝術品，例如：雕塑、繪畫、金銀手工藝品。當然這些也顯示出當時中世紀之下的那瓦拉區社會經濟富裕情況。這種「富裕」的情況使得一些不同派別的藝術也匯集至此。我們可由地理環境與歷史變遷的史蹟來印證。

除此之外，還有一些公共藝術品，如古壁畫等。那瓦拉美術館可說是在伊比利亞半島上，擁有哥德風格壁畫最重要的美術館之一。這些壁畫來自於如在阿爾達伊斯的「聖・馬汀」教堂、阿爾達河那的「聖・羅神」教堂和位於奧利德區的「聖・彼得」教堂。這些原屬潘普洛納市區內哥德式的大教堂壁畫，皆因其品質高，繪畫優美而聞名。其中一幅在修道院食

小教堂祭壇

堂上的壁畫，闡述基督受難的故事，精美之至令人嘆爲觀止，是由約翰・奧利維（Juan Oliver）於1330年繪製的精心之作。卡伊畢恩索（Gallipienzò）和奧列達（Olleta）大教堂的壁畫則到西元十五世紀才出現。

中世紀藝術在金銀手工方面，除了典藏了十四、十五世紀最具代表性的哥德手工銀器外，最重要的還有一座卡洛斯三世封爲「烏黑聖杯」的銀製高腳杯。這座原在烏黑聖女瑪利亞寺院的高腳杯，是代表中世紀那瓦拉區最精細的手工藝品。

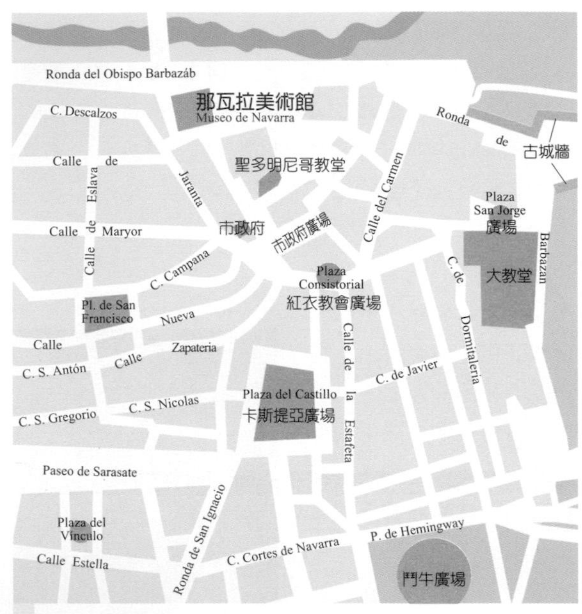

那瓦拉美術館地圖

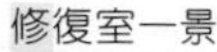
修復室一景

此廳展出羅馬文化時期各類生活用品

第三類：文藝復興和巴洛克繪畫。文藝復興的風格是義大利古典畫風形式，主要發展於西元十五、十六世紀，我們在美術館可以欣賞到不同的雕塑與油畫作品。然最具特色的莫過於美術館的大門和附屬的小教堂。原屬米斯麗戈汀亞聖母教堂的醫院和小教堂，今已成代表十六世紀在潘普洛納市區內最具色彩的文藝復興風格之作。

大門由建築師約翰·德·維亞雷亞爾（Juan de Villarreal）設計，於1556年完工，一件非常「矯飾主義」的作品。二根希臘愛奧尼亞式的建築柱子，夾帶著羅馬凱旋門式的拱形構成，上方有兩位半人半羊的獸身像共同持著一塊那瓦拉自治區徽章。而其雕塑只有約翰·德·安傑達作的〈聖·赫羅尼莫〉之作。

至於十六世紀的繪畫，大致以奧利斯的壁畫見長。這些壁畫屬於灰色系，由當時寺院執行製作，記載「撒哈拉之戰 」的歷史。另外在那瓦拉之區發展的學院派繪畫，也是伊比利半島上屬一屬二的，其最具代表性的如十六世紀下半葉，潘普洛納市的畫家——約翰·德·波斯基（Juan de Bosque），其畫〈聖·約翰〉肖像，亦是屬「拉斐爾式的矯飾主義」風格，其風格影響到後來在亞拉崗區發展的藝術風格。

亞拉崗藝術家如艾克·荷莫（Ecco Horno），深受波斯基影響，是亞拉崗區域藝術代表者。另一位厄斯特列馬杜拉的畫家路易斯・德・莫拉勒斯（Luis de Morales）亦是屬於其學院派佼佼者之一。雖然擁有這麼多位畫家之作，但其實館藏品卻沒有幾件代表作，因此巴洛克繪畫是目前館藏最缺乏的一項。不過，在十七世紀的後巴洛克繪畫卻也出現一位舉足輕重的那瓦拉本土畫家維森德・貝爾杜沙（Vicente Berdusán），其他如加米洛（Fernando Camilo）、德・利索納（Francisco de Lizona）、阿爾戈（Alonso del Arco）等之作，亦是有威尼斯色彩、巴洛克動態的「新矯飾主義」風格代表。

另外巴洛克的繪畫會在此區如此「盛行」，其實要感謝的是一系列非常重要的宗教聖經故事之作——〈創世紀〉（聖經中舊約全書的第一卷），這件作品共分十二聯幅，畫在銅版上，奇特之至，令人咋舌。作者博歐達塔於1700年左右所畫，在當時風靡一時。

而十八世紀最具意義，也是館藏品中最具代表性的二件作品：一件是巴雷特於1790年畫的一幅〈德・莫拉丁〉肖像，可能在當時是唯一的粉彩之作。另一幅則是哥雅於1804年畫的〈聖・安德烈〉侯爵肖像，亦是唯一北部美術館珍藏哥雅大師的唯一名

西加　臨終聖禮

塞布爾維達　哥德式高腳杯

作。

第四類：十九、二十世紀繪畫。已有一些典藏品，但至今尚未蒐集完整，雖然目前有許多人正努力地在挽救、研究及整理，但有些因藝術家已死亡、祖籍不詳、戶籍區域不明等等因素，使得蒐集那瓦拉區域的史料非常困難。然而在這些稀少的資料裡，他們整理出幾位較具代表性的畫家，如十九世紀的阿塞荷（Salustiano Asenjo）——其祖籍雖然屬於潘普洛納人，但卻是屬於瓦倫西亞區域的藝術家「血統」，他在那裡指導當時「聖・卡洛斯」藝術學院的學院派繪畫，聞名一時，所以一直被定義爲瓦倫西亞藝術家。另一位加亞雷（Gayarre）則是經常與其出生地那瓦拉接觸，但定居於外的畫家。還有一位非常學院派的畫家沙拉沙德（Sarasate），其素描作品風格非常嚴謹，人物非常古典，是一位只以「肖像畫」爲生的藝術家。

此外，加爾西亞（Inocencio Garcia Asarta）則是具有「自然夾帶寫實主義」繪畫語言的畫家。另外還有從事教育，但在繪畫方面奇異驚人的西加（Javier Ciga），也是出類拔萃、高人一等的自然寫實主義畫家。其他十九世紀末、二十世紀初，一些那瓦拉本土藝術家，皆因愛好繪畫成癡而組織「繪畫協會 」互勉。在那兒他們創作出重要風格的作品，如：「純樸藝術」之主：多雷歐（Pérez Torreo）和布麗涅爾（Julio Brirol）創立的 「純樸寫實主義」畫派。

進入到當代繪畫。在這些「巨星」之中，有一位在那瓦拉的全能藝術家馬艾茲杜（Gustavo de Maeztu），是一位具有「象徵主義」風格的大師。到了二十世紀，畫家居住在那瓦拉的並不多，特別突出的莫過於巴西亞諾（Jesus Basiano），一位終身投入壁畫的畫家，在表現色層上有過人的展現。

最後，美術館也藏有一些藝術家已過世卻沒人照顧的「名作」，是另一種非常不同於當代語言的風格，如胡立歐・馬汀（Julio Martin）的「新造形主義」繪畫語言——一種介於表現主義與抽象主義混合的悲情、誇張藝術，及另一位早逝英才：馬麗亞諾・羅優（Mariano Royo），其顏色強烈、人物造形幾何……，獨樹一格，耐人尋味。

安達魯西亞自治區

馬拉加畢卡索美術館

塞維亞美術館

塞維亞美術館

Museo de Bellas Artes de Sevilla

地址　Plaza del Museo,9-41001 Sevilla
電話　34-954-221829/220790
傳真　34-954-224324
時間　週二團體日 9：00-15：00 。週一、國定假日休館。
交通　它就在老區可以依圖走到，大約十來分鐘。
門票　一律 1.50 歐元。歐洲共同體市民免費。美術館工作人員、記者之相關人員先申請者也免費。
網址　www.junta-andalucia.es/cultura
其他　館內一概不准攝影，如有需要相片，則必須先申請文函。

塞維亞美術館在 1835 年創立的時候，即以「繪畫美術館」爲名至1841 年對外開放供人欣賞。所有展品皆是 1248 年由聖・佩德羅・諾拉斯哥修士（San Pedro Nolasco）建立的梅爾塞德・卡沙達（Merced Calzada）寺院轉讓給市政府。

建築物

此建物共有一個主樓梯、二層樓、三個中庭，1603 年由德・歐維杜（Juan de Oviedo）和巴德拉（La Bandera）兩位建

美術館正面景觀與穆里羅雕像　©Museo de Bellas Artes de Sevilla

築師拆除舊有教會的房子，於1612年開始重建，在十七世紀初完成。可以說它幾乎是歷經一個半世紀，才建成現今這麼一座具有安達魯西亞矯飾主義風味的房子。

典藏品

當然所有展品，也因它的歷史改變而有所改變。它首先是基督教會的財產，在十八世紀轉讓給市立美術館之後，再納入十九世紀、二十世紀初私人捐贈的典藏品，直至最近幾十年，市政府又購得一些精品，成爲塞維亞最重要的公共財產。典藏品包括：繪畫、雕塑、瓷器、手工藝品、家具等。大部分的館藏品以十七世紀，屬於塞維亞學院派風格爲主。

主迴廊景觀 ©Museo de Bellas Artes de Sevilla

>一樓展室（1、2、3、4、5）

共有五間展室，全部裝潢皆是當時塞維亞寺院的模樣。內部裝潢比較出色的莫過於波布羅（Populo）寺院及1600年由德・瓦亞達雷斯（Hernando de Valladares）執行製作，位於聖・保羅寺院裡的阿爾基貝（Aljibe）迴廊拱門。另外在阿爾基貝迴廊內的磁磚是由德・阿古斯達（Cristobal de Agusta）在1577年製作的，色彩鮮明亮麗，非常具有塞維亞矯飾味道。

五間展廳的典藏品分別介紹如下：

1號展室：展出西班牙哥德風格之作品與塞維亞初創學院派風格的作品。廳內比較特別的有：德・貝達涅（Lorenzo Mercadante de Bretaña）和佩德羅・米藍（Pedro Millán）雕塑品、德・加斯托（Juan Sanchez de Castro）藝術協會藝術家的繪畫作品。

2號展室：十六世紀之際，由於歐洲義大利與法蘭德斯的藝術家湧入塞維亞，同時將文藝復興風格的繪畫帶進塞維亞學院派裡，例如：托利基亞諾（Torrigiano）的雕塑、阿雷何（Alejo Fernández）和馬汀・德・薄斯（Martin de Vos）的繪畫都有受其影響。然而當中最傑出的莫過於葛利哥、陸加斯（Lucas Cranach）的作品。

3號展室：這些木浮雕，可能是爲一些塞維亞學校製作的。當時它的作用是用於「藝術說明」：大概是要讓一些藝術家的思想建立共識，另外有些木浮雕卻只有裝飾作用而已。此展室最主要展品，還是以一位十七世紀矯飾主義風格的畫家巴契哥之作爲主，其二位特別學生：維拉斯蓋茲和加諾之作爲輔。其中大家都知道，維拉斯蓋茲是一位青出於藍勝於藍的高徒兼女婿！

4 號展室：這間展室存放舊有梅爾塞德·卡沙達寺院裡的收藏品。有巴契哥、阿隆索（Alonso Vazguez）的精作，也有塞維亞地區最具代表性的矯飾主義大師的作品，和一系列十七世紀之間非常普及的宗教塑品、肖像品等。

5 號展室：穆里羅和十七世紀塞維亞學院派之作。展廳位於古寺院裡的小教堂，置有一系列十七世紀塞維亞學院畫的作品，都是巴契哥後繼者之作，加上畫家穆里羅及十八世紀初塞維亞巴洛克之風的藝術家之作。其大師如：德·卡斯汀優（Juan de Castillo）、烏塞達（Uceda）、羅艾拉斯（Roelas）、蘇巴朗（Zurbarán）。

4 號展室：舊梅爾塞德·卡沙達寺院裡的小教堂一景

＞二樓展室（6、7、8、9、10、11、12、13、14）

6 號展室：此展廳展有一系列西班牙各地區的巴洛克繪畫藝術品，主要展出除了有十七世紀塞維亞學院派的作品外，還有托雷多、馬德里等學院派繪畫作品。最傑出的藝術家如里貝拉（José de Ribera）、墨索（Herrera el Mozo）等。

7 號展室：爲穆里羅專室。理所當然以穆里羅的作品爲主，也將其後繼者的風格做爲驗證：大致爲十八世紀塞維亞繪畫風格的藝術家之作。

8 號展室：展室八是爲瓦爾德斯·雷亞爾而設。這位畫家有著非常特別的畫風，他能用比較戲劇性的觀念與表達的方式，來讓我們了解其繪畫的意境。特徵在於動態的佈局上，堅定的筆觸，大塊色面的對比。

9 號展室：十七世紀歐洲繪畫的風格概況。基本上以義大利和法蘭德斯人的繪畫爲主。

10 號展室：蘇巴朗的風格深深受到塞維亞學院派影響。因此此展室的作品，大致是受到塞維亞影響的蘇巴朗風格之作，我們可由聖·保羅寺院、哥艾利（Coeli）、拉斯圭瓦斯（Las Cuevas）的聖母瑪利亞寺院這三座留有蘇巴朗風格之作的寺院得到印證。

11 號展室：十八世紀時，繼穆里羅與瓦爾德斯·雷亞爾之後，塞維亞由於政治勢力的沒落、經濟蕭條，使得學院派人士紛紛出走，許多藝術家走入馬德里藝術圈裡，融入當時正興起的一股新歐洲繪畫風格。不過在萬眾合流之時，在首都的哥雅卻獨撐著西班牙的繪畫史。所以此展室的作品稍嫌單薄，只有大師哥雅可寫，他的作品，大家都知道大部分是在「普拉多」，於此就如美術館史所寫的一段話：「以沒落的繪畫史來代替空白的這一段繪畫……」。

12 號展室：在漫長的十九世紀中，塞維亞學院派在西班牙藝術流派裡也慢慢恢復其「獨特風格」。最突出有：愛德

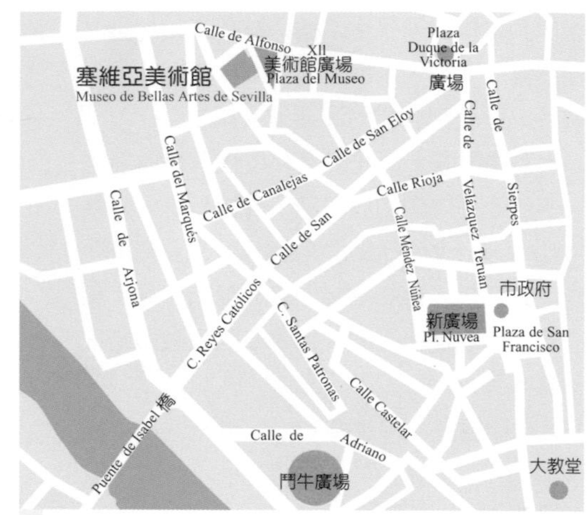

塞維亞美術館地圖

蘇巴朗　食堂中的聖雨果　油畫　262 × 307cm
1655

貢薩羅·畢爾包　做雪茄煙的女人

穆里羅　聖女依瑪　油畫　436 × 297cm　1650

華多·加諾（Eduardo Cano）、巴羅（Manuel Barrón）、維也加斯及貢薩羅·畢爾包。

13 號展室：陳列一些已恢復塞維亞繪畫風格的藝術作品，人稱：「塞維亞浪漫主義」與「民俗主義」藝術家的作品。其代表如：艾斯基維（Esguivel）、德·拉·維加（de la Vega）、貝格爾（Dominguez Becquer）、阿杜爾豐（Gustavo Adolfo）等。

14 號展室：在二十世紀中期的塞維亞幾乎已與歐洲新美學脫離，如果找得出也只有巴加麗沙斯的作品了，他的風格稍微顯露出與歐洲流派同步，尚有時尚的味道。其餘的就如美術館自己所說的一樣，二十世紀的作品只是一些特別挑選出來做爲陪襯的繪畫精品罷了！

馬拉加畢卡索美術館（預計2003年10月開館）

Museo Picasso Málaga

建館緣起

一座由媳婦及孫子「代勞」建立的美術館——馬拉加畢卡索美術館，結集了藝術家各時期的創作品，包括：油畫、素描、水彩、版畫、陶瓷、雕塑、筆記……等等共一八二件，與目前巴黎、巴塞隆納「畢卡索美術館」並列，成爲觀賞畢氏作品最好去處的頂三角地方。在看過了巴黎及巴塞隆納的「畢卡索」，不妨來一趟畢氏的故鄉馬拉加，神遊畢氏的作品，尋找一下爲什麼畫家會畫深深的藍天白雲？爲什麼藝術家會那麼喜歡畫鬥牛、海鮮之類的主題？爲什麼六十歲之後的大藝術家，還是念念不忘家鄉的風景呢？許多爲什麼，您走一趟馬拉加就知道了！但您可能要等到2003年10月份，因爲現在尚未整建好，估計需要等到2003年底才會開放。

畢卡索與第一任太太奧嘉生了第一個孩子叫保羅（也是畢氏第一位兒子）。保羅有兩個太太；第二任就叫克麗斯丁・路易斯-畢卡索（Christine Ruiz-Picasso）。保羅和克麗斯丁生了一個兒子叫貝爾南德（Bernard Ruiz-Picasso）；也就是畢氏的孫子：路易斯-畢卡索・貝爾南德。現在媳婦和孫子實現藝術家的心願（在馬拉加建立美術館），這個舉動，將人稱二十世紀最偉大藝術家的內心深處眞切地反映出來，假如藝術家現在還活著的話，假如當時政治環境允許的話，他也會想在他的家鄉建立一座美術館的。所以克麗斯丁集結了其他「畢氏繼承人」，共同將畢氏的作品帶到馬拉加，將1992年在馬拉加展出的「畢卡索古典主義」作品及1994至1995年在塞維亞和其他各國展出的「畢氏早期作品：路易斯-畢卡索・克麗斯丁典藏品」捐出。（其實這也是克麗斯丁一直想要做的事，完成她先生之父親的心願。）

典藏品

典藏品來自於克麗斯丁及其兒子。而一切建館行政作業皆要感謝捐贈人及安達魯西亞文化處雙方快速達成合議的結果，在合議書中說明雙方的權利與義務。捐贈人克麗斯丁捐出一筆資金（美術館以10年還期）及共一三三件包括十六張油畫、九件雕塑、四十四張素描、五十六張版畫、七件陶瓷、一本筆記本（內有三十六張素描）的典藏品。另一位捐贈人貝爾南德捐出二十五張油畫、二座雕塑、九張素描、十二件陶瓷、一本素描本，共 四十九件作品，兩母子加起來共一八二件作品，足夠成爲一座具有可看性的新美術館了。

整個作品價値由安達魯西亞文化處請蘇富比估算出24.000 millones（台幣將近930億），這個驚人的數字。其中30億由捐贈人捐出，900 億由貸款支付（作品抵押的貸款）。安達魯西亞文化處相關人士指出，這都要感謝克麗斯丁及其兒子「大方」的贊助，否則就算動用藝術品拍賣的錢來成立，也是不夠的！

然有人一定會問我，馬拉加畢卡索美術館能和其他兩座美術館相比嗎？我還是在此強調一下克麗斯丁及其兒子典藏的作品相當不錯，可看性很高，看過巴黎及巴塞隆納畢卡索美術館的人，這座美術館更是不應該錯過，其理由有二：第一，從典藏品來看有畢氏所有創作過程的精華作品，包括每一階段、各式材料、各種技術及各個時期風格的最佳創作，將畢卡索爲何是二十世紀最前衛的創造者一一詳加解說，讓您了解畢氏成功的理由，這是巴塞隆納畢館沒有的。第二，此館特別的作品如〈小女孩及她的洋娃娃〉（藝術家的妹妹羅拉，1896-1897）、〈奧嘉肖像〉（1917）、〈母與子〉（1921-1922）、〈帶白帽的保羅〉（1923）、〈瑪麗亞．特瑞莎．華爾德肖像〉（1938）、〈把兩手放在頭腦後的半身女子〉（1939）、〈坐在沙發上的女子〉（1946）、〈坐像的賈克林〉（1954）、〈沐浴者〉（1971）、〈男人、女人與小孩〉（1972）皆是數一數二的好作品，這是巴黎畢館沒有的。總之，此座美術館，是一座可以讓您看到畢氏一生創作路線及其演變的美術館，値得前往一遊。

基金會

爲了使捐贈人「希望」能夠「落實」，安達魯西亞文化處決定成立兩個基金會；一個屬於典藏品的基金會，一個屬於美術館的基金會。屬於典藏品的基金會，負責典藏、保護、推廣、借展……等等；屬於美術館的基金會，則有滿足捐贈人的心願：管理作品、美術館行政……等等功能。

建築物

而說到這棟建築物會被選來做爲畢氏美術館，其實也有其充分的兩個理由：

其一爲這座建築物是典型的十六世紀安達魯西亞歷史性建築物，是混合文藝復興及摩爾人風格的作品，我們稱爲「莫利那公爵之家」（Palacio Molina ）；也叫「貝斯瓜爾特館」（Buenavista 好視野的意思）。

建築物是在1530至1540年由建築師卡札那（Diego de Cazalla）重新修建，成爲大戶人家的豪宅，也就是莫利那家族之所在地，1679至1837年轉由佳貢・馬麗基（Chacon Manrique de Lara）買下成為「佳貢・馬麗基」的豪宅。經過幾世紀、幾代人，最後到了維亞愛模莎公爵（Villahermosa）時，被界定為古蹟，至1939年時更成為國家第一古蹟，從1946年起被國家收購，改為「市立美術館」至今。這座當時是維亞愛模莎公爵館，目前位於聖・奧古斯丁大道上（以前叫紳士街），與當地許多有名的歷史建築物如羅馬劇院、大教堂、摩爾皇宮、聖地牙哥教堂及聖・奧古斯丁教堂並列為名勝古蹟，所以選它做為畢氏美術館是最恰當不過的了！

馬拉加畢卡索美術館地圖

其二：除此之外，這座建築物所以被選為畢氏美術館，主要也是基於捐贈者克麗斯丁・路易斯－畢卡索的希望。她認為，這座建築物具有安達魯西亞傳統的建物特徵，高貴、氣派，有貴族的氣質，很適合當美術館。毫無疑問的，莫利那館是夠資格做美術館的，我們從它建物外觀的特色看出，不只有高貴的裝飾，也有當時摩爾人的防禦台。內部中庭非常高雅，一、二層樓有大理石柱環繞，強調出其特有的摩爾人手工木雕風格。除此理由可以使它成為美術館之外，為了使它成為一座好的美術館，此建物的內部也進行改裝。

就像許多世界級的美術館一樣，為了完美「馬拉加畢卡索美術館」，安達魯西亞文化處在1999年就開始進行全面整修，想把它改裝成當今一流美術館，使它在未來成為最佳與最實用的美術館，因此新蓋了一層大樓做為演講、教育、圖書館、資料室、辦公室……之處，在在想使這座美術館成為馬拉加市市民文化中心、市民聚會場所、市民休閒文化之地。對於喜愛畢卡索的讀者們，此處更是將來旅遊西班牙不可錯過之處，我們一起期待它的誕生。

實用資訊

Information

在西班牙的美術館，一般都是很麻煩的！怎麼說呢？因爲不只每年的門票可能會浮動，連一些館制度（開館閉館時間）也會跟著館長的調動而更改。尤其是馬德里皇宮，它不是因館長的關係浮動，而是因每一個大慶典或重要訪問者的關係決定關閉，所以到西班牙參觀美術館一定要事先做好資料準備，本書內有電話及網路可以詢問。

而在每一個城市都有觀光巴士可坐（除了哥雅之家與版畫美術館、勒雷素描美術館、冠卡西班牙人當代抽象美術館、薩拉曼加新藝術與裝飾藝術美術館、艾爾達鞋子博物館、達利戲劇館及玩具館），它可以把您送到想要參觀的美術館或附近，非常方便，建議您能多加利用。

而且巴塞隆納和馬德里等大城市更推出特惠聯票吸引參觀者，在本書內有詳細的說明。

另外畢爾包古根漢美術館，一張票可以看一天，您可以出去再進入，只要手上讓館員蓋上章即可。

最後，西班牙美術館幾乎都有安排免費參觀時間，您不妨看看本書每家美術館的資訊欄，可以讓您省下滿多錢的！

除此之外，未能詳盡的地方也請多多幫忙包涵，希望這本歷經四年多書寫的西班牙深度藝術之旅，能對欲了解西班牙文化藝術的藝文愛好者有所幫助！

國家圖書出版品預行編目資料

西班牙美術之旅＝Viajando a Través del Arte Español
／徐芬蘭著. -- 初版.
-- 臺北市：藝術家, 2002〔民91〕
面； 公分.

ISBN 986-7957-19-9（平裝）

1. 美術館－西班牙

906.8　　　91005208

西班牙美術之旅
Viajando a Través del Arte Español

徐芬蘭・著 Hsu Fen-Lan

發行人　何政廣
主　編　王庭玫
編　輯　江淑玲
美術編輯　黃文娟
出版者　藝術家出版社
台北市重慶南路一段147號6樓
TEL：(02)2371-9692～3
FAX：(02)2331-7096
郵政劃撥：01044798　藝術家雜誌社
總經銷　時報文化出版企業股份有限公司
桃園市龜山區萬壽路二段351號
TEL：(02)2306-6842
南部區域代理　台南市西門路一段223巷10弄26號
TEL：(06)261-7268
FAX：(06)263-7698
印刷製版　欣佑彩色製版印刷有限公司
初　版　2002年5月
再　版　2016年3月
定　價　新臺幣380元
ISBN　986-7957-19-9（平裝）

法律顧問　蕭雄淋

行政院新聞局出版事業登記證局版台業字第1749號